中华现代学术名著丛书

中国交易所论

杨荫溥 著

图书在版编目(CIP)数据

中国交易所论/杨荫溥著.—北京:商务印书馆,2023
(中华现代学术名著丛书)
ISBN 978-7-100-22253-2

Ⅰ.①中… Ⅱ.①杨… Ⅲ.①证券交易所—研究—中国 Ⅳ.①F832.5

中国国家版本馆 CIP 数据核字(2023)第 060161 号

权利保留,侵权必究。

本书据商务印书馆 1932 年版排印

中华现代学术名著丛书
中国交易所论
杨荫溥 著

商 务 印 书 馆 出 版
(北京王府井大街36号 邮政编码100710)
商 务 印 书 馆 发 行
北京通州皇家印刷厂印刷
ISBN 978-7-100-22253-2

2023 年 6 月第 1 版　　　　开本 880×1240　1/32
2023 年 6 月北京第 1 次印刷　印张 14⅝　插页 1

定价:88.00元

杨荫溥

(1898—1966)

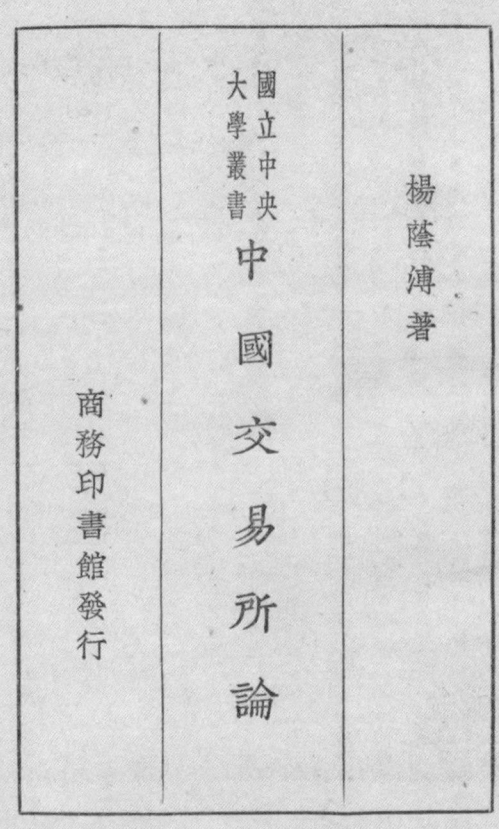

商务印书馆1932年版《中国交易所论》封面

出版说明

百年前,张之洞尝劝学曰:"世运之明晦,人才之盛衰,其表在政,其里在学。"是时,国势颓危,列强环伺,传统频遭质疑,西学新知亟亟而入。一时间,中西学并立,文史哲分家,经济、政治、社会等新学科勃兴,令国人乱花迷眼。然而,淆乱之中,自有元气淋漓之象。中华现代学术之转型正是完成于这一混沌时期,于切磋琢磨、交锋碰撞中不断前行,涌现了一大批学术名家与经典之作。而学术与思想之新变,亦带动了社会各领域的全面转型,为中华复兴奠定了坚实基础。

时至今日,中华现代学术已走过百余年,其间百家林立、论辩蜂起,沉浮消长瞬息万变,情势之复杂自不待言。温故而知新,述往事而思来者。"中华现代学术名著丛书"之编纂,其意正在于此,冀辨章学术,考镜源流,收纳各学科学派名家名作,以展现中华传统文化之新变,探求中华现代学术之根基。

"中华现代学术名著丛书"收录上自晚清下至20世纪80年代末中国大陆及港澳台地区、海外华人学者的原创学术名著(包括外文著作),以人文社会科学为主体兼及其他,涵盖文学、历史、哲学、政治、经济、法律和社会学等众多学科。

出版说明

出版"中华现代学术名著丛书",为本馆一大夙愿。自1897年始创起,本馆以"昌明教育,开启民智"为己任,有幸首刊了中华现代学术史上诸多开山之著、扛鼎之作;于中华现代学术之建立与变迁而言,既为参与者,也是见证者。作为对前人出版成绩与文化理念的承续,本馆倾力谋划,经学界通人擘画,并得国家出版基金支持,终以此丛书呈现于读者面前。唯望无论多少年,皆能傲立于书架,并希冀其能与"汉译世界学术名著丛书"共相辉映。如此宏愿,难免汲深绠短之忧,诚盼专家学者和广大读者共襄助之。

商务印书馆编辑部
2010年12月

凡 例

一、"中华现代学术名著丛书"收录晚清以迄20世纪80年代末,为中华学人所著,成就斐然、泽被学林之学术著作。入选著作以名著为主,酌量选录名篇合集。

二、入选著作内容、编次一仍其旧,唯各书卷首冠以作者照片、手迹等。卷末附作者学术年表和题解文章,诚邀专家学者撰写而成,意在介绍作者学术成就、著作成书背景、学术价值及版本流变等情况。

三、入选著作率以原刊或作者修订、校阅本为底本,参校他本,正其讹误。前人引书,时有省略更改,倘不失原意,则不以原书文字改动引文;如确需校改,则出脚注说明版本依据,以"编者注"或"校者注"形式说明。

四、作者自有其文字风格,各时代均有其语言习惯,故不按现行用法、写法及表现手法改动原文;原书专名(人名、地名、术语)及译名与今不统一者,亦不作改动。如确系作者笔误、排印舛误、数据计算与外文拼写错误等,则予径改。

五、原书为直(横)排繁体者,除个别特殊情况,均改作横排简体。其中原书无标点或仅有简单断句者,一律改为新式标点,专名号从略。

六、除特殊情况外,原书篇后注移作脚注,双行夹注改为单行夹注。文献著录则从其原貌,稍加统一。

七、原书因年代久远而字迹模糊或纸页残缺者,据所缺字数用"□"表示;字数难以确定者,则用"(下缺)"表示。

序

  本书之著述,实动机于民国十有五年。当时掌教上海光华大学,担任"证券及物品交易所"一学程。苦欧美各教本材料之不适于国情,因稍稍搜集本国材料,自编摘要,以资补充。十六年,转入国立中央大学商学院继续担任"中外交易所"一学程者,又两载。因得更事调查,随加修正。于十八年春,全稿告竣。应商学院诸同学之请,勉以付梓。原仅为将来授课时之参考,非敢举以问世也。本书初稿之成,得上海物品证券交易所会计科主任,熊宝荪先生之助力极多,敬此致谢。

     民国十八年七月杨荫溥序于上海国立中央大学商学院

目　　录

第一编　交易所总论

第一章　交易所概说 ·· 3
一　交易所之意义 ·· 3
二　交易所之起源 ·· 3
三　交易所之沿革 ·· 6
四　交易所之性质 ·· 10
五　交易所之种类 ·· 17
六　交易所之组织 ·· 18
七　交易所之政策 ·· 22

第二章　交易所之效用及弊端 ·································· 26
一　交易所之效用 ·· 26
二　交易所之弊端 ·· 31
三　交易所弊端之纠正 ·· 38

第二编　中国交易所概况

第一章　交易所之历史及现状 ·································· 45
一　交易所初创时之波折 ··· 45
二　上海已先成立之西商日商交易所 ························· 46

三　上海交易所未成立以前之各业公会及公所 …………… 47
　　四　交易所之民十风潮 ………………………………………… 48
　　五　交易所之现状 ……………………………………………… 53
第二章　交易所之组织及监督 ……………………………………… 59
　　一　交易所之设立 ……………………………………………… 59
　　二　交易所之内部编制 ………………………………………… 60
　　三　交易所之权限 ……………………………………………… 66
　　四　交易所之受政府监督 ……………………………………… 68
第三章　经纪人会员及交易之委托 ………………………………… 72
　　一　交易所之经纪人及会员 …………………………………… 72
　　二　经纪人公会 ………………………………………………… 75
　　三　经纪人之代理人 …………………………………………… 75
　　四　交易所交易之委托 ………………………………………… 76
第四章　交易所之交易情形 ………………………………………… 86
　　一　交易之种类 ………………………………………………… 86
　　二　交易之方法 ………………………………………………… 88
　　三　标准物品之选定 …………………………………………… 90
　　四　市场交易之情形 …………………………………………… 92
　　五　交易之登记 ………………………………………………… 98
　　六　交易之交割 ………………………………………………… 102

第三编　中国交易所之计算及会计

第一章　交易所之计算 ……………………………………………… 107
　　一　计算科之组织 ……………………………………………… 107
　　二　计算区域之规定 …………………………………………… 109

三　"未纳""了结"与"交割"之区别 …………………… 109

　　四　"价格"之种别 ……………………………………… 111

　　五　各种"差额"之计算 ………………………………… 117

　　六　各种证据金之计算 …………………………………… 120

　　七　经手费之计算 ………………………………………… 124

第二章　交易所之会计 …………………………………………… 126

　　一　会计科之组织 ………………………………………… 126

　　二　会计科目之订定 ……………………………………… 128

　　三　传票之运用 …………………………………………… 138

　　四　账簿之种类 …………………………………………… 142

　　五　表格之编制 …………………………………………… 146

第四编　中国证券及重要物品之交易实况

第一章　证券之交易实况 ………………………………………… 153

　　一　证券市场之历史 ……………………………………… 153

　　二　市场交易之种类 ……………………………………… 157

　　三　交易证券之种类 ……………………………………… 160

　　四　证券之套做 …………………………………………… 164

　　五　证券之掉期 …………………………………………… 166

　　六　证券之成交及交割情形 ……………………………… 167

　　七　行市及新闻之揭登 …………………………………… 169

　　八　市价涨落之主要原因 ………………………………… 176

第二章　标金之交易实况 ………………………………………… 180

　　一　标金市场之历史 ……………………………………… 180

　　二　标金市场之概况 ……………………………………… 183

目录

　　三　标金平价之计算 …………………………………… 186

　　四　标金交易之目的 …………………………………… 189

　　五　行市及新闻之揭登 ………………………………… 194

　　六　市价涨落之主要原因 ……………………………… 196

　　七　标金交易之势力 …………………………………… 199

第三章　纱花面粉杂粮等之交易实况 ……………………… 201

　　一　纱花棉布之交易实况 ……………………………… 201

　　二　面粉之交易实况 …………………………………… 217

　　三　杂粮油饼之交易实况 ……………………………… 223

附录

一　证券交易所法　民国三年十二月二十九日公布 ……… 233

二　证券交易所法施行细则　民国四年五月二十五日公布 …… 239

三　物品交易所条例　民国十年三月五日公布 …………… 244

四　物品交易所条例施行细则　民国十年四月十六日公布 …… 252

五　交易所法　民国十八年九月十四日立法院会议通过
　　　　　　　民国十八年十月三日国民政府明令公布 …… 258

六　上海证券物品交易所股份有限公司章程　中华民国
　　九年二月一日 ………………………………………… 268

七　上海证券物品交易所股份有限公司营业细则 ………… 276

八　上海证券物品交易所股份有限公司金银定期买卖
　　暂行规则 ……………………………………………… 299

九　上海华商纱布交易所股份有限公司营业细则 ………… 307

十　上海金业交易所股份有限公司修正营业细则
　　民国十四年印 ………………………………………… 341

十一	上海面粉交易所股份有限公司营业细则 ················· 353
十二	上海杂粮油饼交易所股份有限公司营业细则
	遵照民国十年六月九日农商部第八三九号批修正 ········· 367
十三	上海华商证券交易所业务规则 ····················· 384
十四	北平证券交易所业务规则 ························ 394
十五	宁波棉业交易所股份有限公司营业细则 ··············· 405
十六	滨江粮食交易所股份有限公司营业细则 ··············· 425
十七	滨江货币交易所办事细则 ························ 446
十八	交易所法施行细则 ······························ 448

第 一 编

交易所总论

第一章　交易所概说

一　交易所之意义

交易所者,为买卖大宗商品之常设市场,以调剂货物供需为目的者也。申言之,交易所者,为买主及卖主,于特定之时间,以有标准之商品,用特定之方法,经过特定人之手,依公定之市价,而实行买卖之货物集散市场也。其目的在图货物流通之便利,求价格标准之公平;而其结果,可以调剂金融,并可以预防企业上之危险。交易所英名为"exchange",德名为"brose",法名为"bourse",旧名为"取引所"。我国在昔曾称之为"懋迁公司";至民国法律上,始名之为"交易所"。细译各国名称,实俱不外"交换场所"之意。故以"交易所"名之,极为确当。其意义,于名称上盖已为表白无遗矣。

二　交易所之起源

草昧之世,民智未开,自耕而食、自织而衣,生活之需要,极为简单,各食己力,不相往来;故是时人民所负经济上之危险,仅存于渔猎畜牧之间,全部为生产上之危险,原无所谓交易也。

(甲)以物易物时代

迨后社会渐进,生活渐繁,一人所生,不足以自给。于是"通功易事";而分业生产之制度兴。此陶彼牧,或织或耕,各生产者,遂不能不以其所有,易其所无,互为"各得其所"之交易。但其时所谓交易者,不过为各生产者间之直接授受,故交易上尚无重大危险。此为以物易物时代。

(乙)间接交易初步时代

及至文化益开,交易益盛,授受之手续渐繁,间接之交易由起。是时,有商人者出,专任货物懋迁之业务,为各生产者交换货物之居间人。于是社会上经济之危险,遂由生产者与专司交易之商人,共同担负。生产者除负担全部生产上之危险外,尚须负担一小部交易上之危险;至交易上之大部分危险,均由商人负担之。此为间接交易初步时代。

(丙)间接交易进步时代

日后商业渐次发展;交通事业,亦日见进步;各项消息,渐以灵通;各地情形,渐以熟悉;于是交易上之危险,亦随之而减少。加以行商坐贾之分立;中央市场之发达;特种市场之设立;定期举市之盛行,俱足以为商人增知识广见闻之辅助。此外尚有商人间公会之组织,为流通消息,调查商况之无上机关,其效用足以预测供求之情形,而防遏物价之激变。于是商人于交易上危险之负担,逐渐减少;于商业上一定之利润,不难预期。此为间接交易进步时代。

(丁) 间接交易发达时代

当间接交易进步时代,商业上意外之损失,仍有不能逃避者,如农产物之受天然支配,既非人力所能增减其生产数量,则于交易上之危险,仍莫能免;又如远输异地之商品,因距离之较远,及运输之需时,交易上之危险,亦依然存在。迨后零售商,与批发商分立,而情形乃随之一变。自此交易上之危险,遂由批发商首当其冲。盖批发商一时间购入多量之货物,预为储藏,以应附近都市之需要,而分卖于各地之零售商。于其储藏期间内,倘物价稍有变动,或各地之需要,稍有增减,即难免有意外损失。因之,其负担危险,在商业上较一般普通商人为独巨。故自批发商兴,而普通商人之危险,随之减少,市场大部之商业,随之盛兴。此为间接交易发达时代。

(戊) 交易所兴起时代

顾 19 世纪中,蒸汽电流,相继发明;火车、轮船、电报、邮信等,设置大备。交通迅捷,运输便利,遂演成商业上之大革命。此后交易,非复域于一隅。各都市物价,往往为全国,或全世界之生产,及消耗所宰制。一地,或一国之消耗品,常须待远方,或他国之供给。往往于运输时间中,其物价之涨落,已影响及于消耗地。换言之,即物价之涨落,非复以一地、一域之状况为标准,实渐以全世界之供需为标准。故欲预测物价之涨落,非周知世界各国商情,不能正确。顾实际上欲时时为世界商情之调查,亦复极难精密,稍有失误,损失随之。在此种情形之下,商人实有不得不另觅途径,以资保障之苦衷。于是以投机为损失填补之法兴。其法维何?即一方买进实物,同时复于他方以定期卖出同量之空物;或于一方卖出实物,同时复于他方买进同量之空物。前者生损失时,以后者之利益填补之;后者生损失时,以前者之利益填补之。如此一买,一卖,相对并行,预防危险,明效大验,遂促进此种专业之发生,即所谓投机交易是。为此种投机交易而特设之场所,即所谓交易所是。故交易所之起源,实由于投机交易之发生;而投机交易之发生,实由于商业进步之需要,绝非偶然者。

以上所述,只限于物品交易之起源。至证券交易之发展,又另起一程序:盖须先有证券之存在,而后始有证券之交易也。证券之交易,实始于17世纪之末,是时东印度公司(East India Company)及黑特生海湾公司(Hudson Bay Company)之股票,于市场买卖,已极活动;而"多""空"(Bull, Bear, etc.)等名词,已俱实现。至18世纪之中,而巴黎交易所,及伦敦证券交易所,又先后成立。继之以19世纪之商业革命,自后铁路勃兴工业特盛,而股份公司之创设亦骤众。加以交通日便;往来日繁;市场之范围,既大扩充;投资之途径,因之改革。于是此种公定证券市价,及辅助证券买卖之常设机关,遂有推广扩充之必要。

三 交易所之沿革

交易所创设之历史,当以巴黎交易所为最早,远在14世纪之初,已具雏形,为拿破仑一世所创立。虽至1726年,重行改组,易名为"Paris Bourse"后,制度始告完备,然其创始组织之"Change de Paris",实于西纪1304年,已告成立,不得不推为世界最早之交易所也。

(甲)英国交易所之沿革

英国之物品交易所,当以伦敦之皇家交易所(Royal Exchange)为最早。该所为葛莱勋(Thomas Gresham)出资所建,于1571年,正式开幕,为众商交易集会之所。惟至今各业已俱有其自设之交易场所,相继退出;而此皇家交易所,遂仅为少数次要商家如纸业、药材等所占用。至英国物品交易所之较重要者,则有伦敦之商品水运交易所(Baltic Mercantile and Shipping Exchange, Ltd.),该所成立于1745年左右,专为谷类、油类、水运等交易。至今会员已在三千人以上。伦敦谷物贸易公会(London Corn Trade Association, Ltd.)成立于1878年,亦为谷类交易之重要市场。会员在五百人左右。此外利物浦亦有谷物贸易公会(Liverpool Corn Trade Association)一所,组织较早,于1853年,已告成立。会员在三百人左右。为全欧最大之麦类交易市场。利物浦棉花公会(Liverpool Cotton Association, Ltd.)成立于1812年,为世界棉市之中心,全英棉花之买卖,俱在该公会成交。会员已在五百七十人左右。至于英国之证券事业,于18世纪之初,仅有露天交易市场,位置于伦敦之交易街(Change Alley)。至1773年,始置一室于司威丁街(Sweetings Alley),有伦敦证券交易所(The London Stock Exchange)之组织。而今日世界之最大证券市场,于焉成立。照1910年之统计,证券交易所一项,英国已有二十家之多。会员总数,计达一千零三十七人矣。

(乙)美国交易所之沿革

美国之证券交易所,以纽约证券交易所(New York Stock Exchange)成立为最早,其势力亦最大。其创设之动机,当回溯至1792年。当时有证券经纪商二十四人,会订相互买卖之规约。惟未设会所,常以咖啡店为集会处。至1817年,始另设会场,共订章程,而交易所之雏形始具。当时交易之证券,仅有二十九种。除银行股票十种,及保险公司股票十三种外,他种证券,仅有六种,其后规模渐大,设置亦渐完备。至1869年,与证券经纪人公会(Open Board of Stock Brokers)及国家债券部(Government Bond Department)合并,而成今日之纽约证券交易所矣。至美国之物品交易所,则其最著者,为纽约物品交易所(New York Produce Exchange)、纽约棉花交易所(New York Cotton Exchange)及芝加哥谷物交易所(Chicago Board of Trade)。纽约物品交易所在1862年,得纽约省会之特许,设立于纽约。买卖谷物、棉籽油等十数种物品。此后特许状虽屡次变更,而其营业仍蒸蒸日上。自1907年以后,且兼营证券买卖,会员已在三千左右矣。纽约棉花交易所,成立于1871年,营业极为发达。美国棉花买卖80%,均在该所交易。其势力往往能影响日本、印度、埃及、英、法、德、美等国之棉花市价。其地位,仅略次于利物浦棉花公会耳。芝加哥谷物交易所,成立于1848年,为北美谷物市场之巨擘。欧、亚、非及南美诸洲之谷物市价,该所往往能操纵之。会员在一千八百左右,可谓盛矣。

(丙)日本交易所之沿革

日本于明治十一年(1878年),始有《交易所条例》之公布。而交易所之成立最早者,当推东京,及大阪两处之证券交易所。惟据大正元年(1912年)之统计,日本交易所之总数,合计已四十有八。经纪人几及一千三百名。资本总额,几达三千四百万日元。三十余年间,其进步之速,实至可惊人也。

(丁)我国交易所之沿革

我国之《证券交易法》,颁布于民国三年。而我国之《物品交易所条例》,则迟至民国十年,始行公布。至是而吾国之交易所法,粲然大备。至于实际上创办交易所之动机,则实始于光绪年间梁任公组织"股份懋迁公司"之倡议。至光绪三十三年,袁子壮、周舜卿、周金箴、叶又新等,重议创办。其预定组织,悉仿日本取引所办法。后以清政府未加提倡,而商人对于交易所之内容,又未能明晰,当时多视为无足轻重,以致议未果行。民国二年,农商部长刘揆一,曾一度招集全国工商巨子,开大会于北京,讨论设立交易所之必要。结果,议决于通商大埠,酌量分设,以为之倡。民国三年,财政部又有官商合办之提议,假定资本为一百万元,后以国内不靖,意见纷歧,遂致搁置。民国五年冬,虞洽卿与孙前总理,鉴于上海有设立交易所之必要,因有组织上海交易所之动议。拟具章程及说明书,呈请农商部核准,而当时部批,仅准证券一项,因未举办。而民国七年春间,有王璟芳、岳荣堃、曲卓新、李景铭等数十人,发起组织北京证券交易所,股本定额一百万元,于民国七年六月,竟得宣告成立。同年冬,日人创办之上海取引所,又发现于沪上。于是上海各交易所发起人,始又骤自沉寂中而变为急进。几经周折,至民国八年六月,虞洽卿等所发起之上海交易所,始蒙批准,并得有兼营证券及物品之特权。筹备几及一年,至九年七月,始正式开幕,即为今日之上海证券物品交易所。自该所成立以后,迄于民国十年冬,十数月间,各地交易所风起云涌。在上海一隅,先后发起者,竟有一百四十余家之多。此外如天津、汉口、宁波各要埠,亦莫不群相效尤,集资筹设,遂演成民十之交易所风潮。迄乎今日,其能安然存在者,在上海仅有六家。外埠则除北京证券交易所、宁波棉业交易所及滨江货币交易所等数家,尚为硕果之仅存外,其余各交易所,已随潮流而俱逝,只为历史上之成绩矣。

四　交易所之性质

(甲)交易所投机之特性

欲明交易所之投机事业,不得不先于投机之意义,略加解释,更进而略论投机与投资及赌博之区别。今分条述之于下。

(一)投机之意义

投机云者,为预测将来货物市价之涨落,冒险实做买卖,以谋获取利益之企图也。故其解释,有广狭二义。(子)广义之解释,凡一切冒危险以博利益之交易均属之。以一般囤积粮食之商人为例,囤积商人,于夏、秋间广收米麦,希望于未来数月中,因市价之变动,而从中获利。然市价之变动,往往有出人意料之外,致遭损失者。故平常商业,有获利之可能,同时亦有受损之可能,以广义言之,皆可谓之投机。(丑)狭义之解释,则指利用财产市价变动之机,以少数之资金,缔结契约,待价有涨落,双方仅收付其差金,不必定交现货之谓。交易所中所行之投机交易,与此相同。故关于交易所投机之解释,应为狭义者,而非广义者。

(二)投机与投资

　　投机与投资之性质,细究之,实迥然不相同。投资云者,以稳健之法,运用资金,以获得相当之安全利息,为最大目的。例如有某甲以素有储蓄,投资于确有担保之公债票,于交易所购进公债票面一万元。惟某甲既以投资为目的,故于公债购进后,即善为保藏,更不问其市价之为涨为落。只须公债之利殖未变,并能按期发息,即有时价稍下落,某甲必仍不愿出售。盖投资者之目的,一在本金之安全,一在利息之稳妥,此外即不复过问。投机者则不然,投机者常预测市价之变动,利用其涨落机会,或先买而后卖,或先卖而后买,于此一出一入间,期博其差额,以为赢利。故其希望在市价一时之变动,而不在永久本利之安全。乘价格低时,出资买进,待至价格高时,再行出卖,而坐收其涨价之利。或乘价格高时,抛空卖出,待至价格低时,再行补进,而坐收其价落之利。此投机者之所为,而为投资者所不取者也。又投机者之买卖,实际常仅付出少数之证据金,以为约定契约之担保,而不须为全额资金之付出。投资者则不然,交易时付价取货,两相清讫,而此项买进品物,亦即为投资者之财产。此又一不同之点也。

(三) 投机与赌博

世有以投机事业，为迹近赌博者，此论亦非出于深知投机交易之真相者。即以常情论之，投机与赌博，实有其显然差异之点。赌博以侥幸射利为目的；而投机之得失，则全视判断力之优劣而转移，此其异点一。赌博之胜败，纯归自然，难为预测；而投机则可以借经验及知识，默察市场之趋势，约略预知其市价之涨落，此其异点二。故吾人试依当事者之行为，而为客观之观察，则可以为下列之区别：(子) 投机者，系根据经验及知识，预测未来市价之涨落，以定买卖之方针，欲从中得其差益之谋利行为也。(丑) 赌博者，并非买卖，系因偶然发生之事件，而依之为金钱授受之契约行为也。

(乙) 交易所市场之特性

交易所与普通市场，虽同为货物交易之机关，然细究之，则两者性质，实完全不同。盖交易所者，为(1) 依一定之法律；(2) 于一定之时刻；(3) 在一定之场所；(4) 限一定之物品；(5) 由一定之商人；(6) 用一定之方法；(7) 为一定之交易者也。今试分条略释之。

(一) 依一定之法律行之

普通市场之交易，无特定之法律，以为限制。交易所则不然，交易所须依据交易所法，由政府特许，始得设立。交易所之公司章程及营业规则，均以不背国家特订之交易所法为原则。

（二）于一定之时刻行之

普通市场，于其交易时刻，大都不加规定。而交易所之交易，则有一定时间。每日则分早、午两市，每市又分开、收等盘。

（三）在一定之场所行之

普通市场之交易，其场所无一定之限制，随地皆可为之。交易所之交易，则须于交易所内一定之场所，做成买卖，始为有效。

（四）限一定之物品行之

普通市场，一切鱼、盐、蔬、果，均可交易。于物品之种类，绝无限制。于交易所则不然，在证券交易所之买卖，则只限于交易所认定之几种证券。在物品交易所之买卖，亦只限于交易所认定之一种或数种物品，如上海金业交易所之仅做金货，上海华商纱布交易所之仅做棉纱、棉花等货，均是也。

（五）由一定之商人行之

普通市场之交易，无论何人，皆得从事于买卖。而交易所则限于法律规定之经纪人。非本所经纪人，不得于所中从事买卖。凡所外顾客之欲于所中从事买卖者，亦须委托所中经纪人，代为执行。凡所中经纪人，须具有法律规定之资格，并须经政府之照准，始能营业。

（六）用一定之方法行之

普通市场，其买卖方法，大都不受政府之限制。而交易所之买卖,系依一定之顺序、方法及条件行之。此项规则,亦须经政府之认可,方为有效。

(七)为一定之交易

普通市场,大都为现金交易,银货两交,绝无牵累。信用交易,则各依习惯,大都先交货而后付银,并不一律。交易所则不然,现期交易,有现期交易之规则;定期交易,有定期交易之规则;约期交易,有约期交易之规则;绝无通融余地。

观上所述,则交易所市场之情形,与普通市场之情形,实有其迥然不同之点。盖交易所之市场,为一有统系、有秩序、有法律之组织。其交易有集中之权力机能。其分布之市价,常为一般市场奉为交易之准则。约言之,交易所实可称之为"市场之市场"。其势力之伟,往往可以应响及全国,或全世界之金融物价。实断非普通市场之所能望其项背者也。

(丙)交易所物品之特性

交易所之物品,必具四要件。兹分别略加说明如下。

(一)物品之价格须有变动但其变动须极难预测者

做投机交易者,并不恃货物之原价以冀利,实利用市价之变动以谋利。预料市价之将跌,则可以先卖而后买。预料市价之将涨,则可以先买而后卖。此投机者之唯一筹算。明乎此即可晓然于价格一无变动之货物,决不能在交易所买卖,而成为交易所买卖之目的物也。且交易所买卖之货物,不独市价宜常有变动。而其变动之状态，及程度，亦不宜易为人所预测，或易为人所左右。货物市价之变动，大都视一时供给及需要之情形而异。供给限于生产额，需要限于消耗额。故凡货物之生产额或消耗额不能预为推测，或用人力控制者，其市价之涨落，亦决难前知。倘以此为定例，则凡原产品皆备有此项要件。原产品如米、麦、棉花等，其消耗数量，固可用种种方法，调查而得其大概。但其生产额，则纯属天然。幸逢大有之年，收成极佳，生产增加，供给充足，而价格自低。不幸而收获不登，生产减少，供不敷求，则价格自涨。其价格之变动，全为天然力所左右。其变动之状态及程度，又决非人力所能预为推测，或与之抵抗。故原产品极适合于交易所之买卖。至于制造品，既为人力所制造，其生产额常视市面需要而为之增减。其供需之情形，既可预测。其市价之上下，不难预料。且大都可以人力左右之。故常不能为交易所之目的物。此外尚有大部为外国贸易之半制品，其供给需要，亦极难预定，故与交易所之买卖，亦极相宜。惟不论为原产品、半制品，苟其生产消耗额，为少数人所独占，则不能为投机交易之目的物。盖其生产消耗额，既为少数人所垄断，则其价格即不难为垄断者所操纵。例如原产火油，往时曾为投机之目的物。今则火油需要及生产之大部分，尽归炼制者所独占，交易所因亦不能把火油作为买卖目的物，此其一例也。

（二）物品之性质须极耐久而不易腐变者

交易所之买卖，往往于买进后，因市价之不合，须储以待价，相机始行脱手。苟非物质耐久，不易腐变，即时有强迫出售之虞。此中损失，将何从取偿？故物品如肉类、果类、鱼类、菜类等，均不适于交易所之用。虽晚近"冰栈"盛行，凡易变物品，于运输中，亦往往用冰块保存,能使历久不变;然终不能如米、麦、证券等物之能保存数月、数年、数十年者所可同日语也。

(三)物品之需要须极广繁且其运输须极便利者

无论何种物品,如在市场需要极少,销路不广,则营商者,对于此项物品,往往即不愿尽量进货,放手交易。盖防一旦销路停滞,致遭损失也。交易所之目的物亦然。交易所之交易,大都为大宗买卖。故凡用途褊狭,而需要不广之物品,不宜于大宗买卖者,亦不宜于投机交易。即需要广繁之物品,倘因物品体积上之关系,而运输极为不便者,则销路既不易推广,交易即不适于投机。故凡为交易所之目的物,应更备有需要广繁及运输便利之二要件。物品如米、麦、棉花等,为人人必需之品,且运输亦不甚难。证券如公债、股票等,运输既便,需要亦广,故最适宜于交易所投机之买卖。

(四)物品之实行授受须能用替代品者

用替代品云者,即交易所买卖之货物,得以一定之货样,或一定之标准,为交易之根据,于实行授受时,得依照交易所之规定标准,以同类之货物,互相代替之谓也。盖交易所中之买卖,与普通市场不同。凡普通市场之买卖大都于成交时价货两清,立为实物之交换。而交易所则不然。定期交易,须待到期交割时,始见实货。买卖双方,在交易所实行订约之时,此项货物或尚在运输及生产之中。则倘无一定标准,将来可以依标准以同类物品为代替,则届期交割,于该项特别物品适不能办到时,于交割即生障碍。故在交易所买卖之货物,必须可以同类货物相替代者,始为合格。如地基、房屋、书画、古玩等物,彼此既各有其特质,即无替代之可能,故绝不适宜于交易所之买卖。至如公债、股票等证券,最富有替代性,故亦最合于交易所之买卖。而米、麦、棉花等,虽因气候、地质、人力等之不同,于性质上似缺乏替代可能。惟交易所可依货质之高下,而定为等级。于实际授受时,即可以依此项预定标准,互相替代。有此相当补救,而此类物品,亦遂能保持其于交易所买卖之地位。

综上所述,则交易所与投机事业,实有其密切之关系。而交易所之市场,又有其特殊之情势。交易所之物品,又有其特具之要件。观此,而交易所之性质,已彰彰可见。

五　交易所之种类

交易之种类,大别之有二,即证券交易所,及物品交易所是也。

(甲)证券交易所

证券交易所者,专营公债、股票及其他一切有价证券交易之市场也。如上海之华商证券交易所属之。照民国三年所颁布之证券交易所法,其第一条云,"凡为便利买卖,平准市价,而设之国债票、股份票、公司债票及其他有价证券,交易之市场,称为证券交易所"。是谓证券交易所法律上之定义。其他有价证券云云,则似对于证券方面,尚有伸缩余地也。

(乙)物品交易所

物品交易所为重要物产之投机市场。照民国十年所颁布之《物品交易所条例》，其第一条云，"凡为流通货物，平准市价，及增进同业利益而设之大宗物品交易市场，称为物品交易所"。是谓物品交易所法律上之定义。至其交易物品之种类，于法律上并未加以限制。由各交易所创立时，自行规定。各物品交易所之名称，大都冠以交易物品之名称，以资识别。如以金类为交易之目的物者，称之曰金业交易所。以面粉及麸皮为交易之目的物者，称之曰面粉交易所。即其例也。

此外尚有兼营证券及物品者，则统称之曰证券物品交易所是。如上海之证券物品交易所。其交易物品，规定有七种之多，为有价证券、棉花、棉纱、布匹、金银、粮食油类、及皮毛。至于货币之交易，亦有另立交易所者。如日本在津设立之天津取引所，往时曾专做买卖日金老头票等生意，即吾国早经成立之北京证券交易所，往时亦曾专做北京中交两银行钞票交易，实与货币交易所，性质相似；而滨江货币交易所，则专以货币为交易物品，更不愧为货币交易所矣。

六 交易所之组织

交易所之组织，大抵可分为两种；一曰会员组织；一曰股份组织。会员组织，盛行于欧美。在日本则两制并行，各有则例。第成立者，以股份组织为多。其取会员制者，仅从前加东米谷取引所，及高田取引所二处。吾国之各业公会，亦系会员组织。而吾国已成立之各交易所，则俱取股份制。盖吾国旧日颁行之《交易所条例》，有交易所"以股份有限公司组织"之明文规定也。惟国民政府于民国十八年十月所公布之新《交易所法》，其第五条云："交易所视地方商业情形，及买卖物品种类，得用股份有限公司组织，或同业会员组织。"照此项规定，则将来吾国交易所，亦能适用会员组织矣。

（甲）会员组织之特性及其利益

会员组织之交易所，其特性大约不外下列四端：

（1）得在所中作买卖行为者，限于交易所会员，及享特许之经纪人，

（2）交易上之一切责任，概归买卖双方自行担负，遇有损害，所中不负赔偿之责。

（3）交易所一切费用，由会员出资分任之。

（4）会员组织之交易所，不得以营利之目的，征收经手费。

观此，则会员组织，实有其相当利益。在适宜情形之下，极有充分发展之可能。今试就其优长各点，略述如下：

（1）交易上一切损害，既各由买卖双方，自行负责，则买卖时对方之选择，自特为审慎。可以养成双方注重信用之美风，而杜绝滥做买卖之恶习。其利一。

（2）各会员既各审察信用以成交易，则对于信用不优，或存心不正之会员，即不愿多与往来，无形间置之于不利之地位。故在会

员组织下,各会员因切身关系,其自治心易于启发。其利二。

（3）会员组织之交易所,视会员如同一体,故会员在场为买卖交易者,对于交易所并无缴纳证据金及经手费之繁琐。交易所对于会员,亦并无代理计算及登账之必要。手续较为简便。其利三。

（4）股份组织之交易所,因负有买卖担保之责任,故买卖者一方违约,他方仍可向交易所要求赔偿,而不蒙其损失。遂致经纪人中往往有通同作弊,故意违约,以图赔偿损失之事。甚至经纪人有于交易所中,居奇垄断,操纵市面,使对方入于绝地,不能交割,希图交易所从中赔偿者。今会员组织之交易中,既不负买卖担保之责任,此种事实,即难发生。其利四。

（乙）股份组织之特性及其利益

股份组织之交易所,其特性亦有数端:

（1）得在交易所做买卖者,限于所内之经纪人。其他交易所之职员及雇员,均不得在所内做任何买卖。

（2）股份组织之交易所,负有买卖担保之责任。故对于由买卖违约而生之损失,统加赔偿。

（3）股份组织交易所,既系集资而成,其资本金另由股东担负,与在所内买卖之经纪人,毫无关系。其资本之最少数额,法律有明文之规定;且工商部认为必要时,得令其增加资本。

（4）股份组织之交易所,得以营利之目的,征收经手费。惟工商部认为必要时,得令其变更。

（5）股份组织之交易所,因负有赔偿违约损失之责,故须缴存营业保证金于国库。惟此项保证金,得以工商部所指定之有价证券代用之。

观此,则股份组织之交易所,亦有其相当之利益。今条举之如下:

(1)股份组织之交易所,有担保市场上一切买卖之责任。故在场交易者,可不问对方之为何人,而安心为买卖之发展。此其一。

(2)股份组织之交易所,照吾国条例,除应有当地同业行厂商号代表认定一部股额外,其余不论何人,皆得出资为交易所股东。故交易所资本金额之一部,可由公众募集,设立较易。此其二。

(3)交易所与为居间买卖之经纪人,既各为独立团体。休戚虽属相关,利害究难一致。故对于经纪人之行为,有监督之必要时,政府得转命交易所代为执行。此其三。

统观会员及股份组织之交易所,于理论上,试一为利害之比较,则会员组织似较股份组织为优。然反观吾国社会习惯,及信用现状,于事实上则又似以股份组织为宜。盖非俟社会上之商业道德,及当事者之人格财力,足以昭信公众时,决不能脱离担保制度而独立。即日本当局亦曾明见此旨,故于明治初年,政府即搁置其会员组织之成法,而更立股份组织之新制。盖亦深知绝无担保之会员组织交易所,于信用尚未十分确实,及自治尚未十分发展之商会社会中,决难有圆满之结果也。查立法院法规委员会拟订《交易所法草案》时,其说明中有云:"考欧美先进各国,其交易所本有股份有限公司组织,及会员组织二种。凡商业繁盛地方,已有资力雄厚,及信用巩固之买卖经纪人者,则其交易所大抵为会员组织;否则适用股份有限公司组织,使交易所得厚集资本,以保障经纪人之信用。衡之我国现状,自暂以股份有限公司组织为宜。然立法所以垂久远;而商业必期其进展。若以股份组织为限,未免画界自围。且现有之上海金业交易所、华商证券交易所等,按其实际,系同业公会所蜕化,而为会员组织之权舆"云云。似不无相当理由。最近公布之《交易所法》,于股份及会员两种组织,因两存焉。

七 交易所之政策

政府对于交易所所采之政策,不外干涉及放任二主义。欧洲比法诸国,及日本,均采干涉主义。我国亦然,对于交易所,立有专法,并置有监理之官。英美则反是,均采放任主义。于各交易所,听其完全独立,不加丝毫干涉,俾得发展自如,以应经济社会之需要。今试就干涉及放任二主义之利害得失,略加研究,以定其优劣之所在。庶几于实施时,知所适从。正不仅区区理论已也。

(甲)干涉政策之利害

干涉政策之利益,约有三端:

(1)在干涉政策之下,交易所之设立,须受政府之批准。倘政府派员调查结果,以为该地无设立交易所之必要时,得加以批驳。即其已经设立之处,迨后情势变更,政府认为无继续交易所之必要时,亦得命其解散。则交易所之设立与解散,既俱受政府之监督,自无滥设之弊。其利一。

(2)在干涉政策之下,政府既有交易所专法之制定,俾交易所有所遵守。此种法律,于市场上秩序之维持,经纪人资格之限制,交易所责任之范围,买卖时手续之程序,等等,俱有相当之规定。

当事者知所依归,而交易所之机能,始能为正当之发展。其利二。

(3)在干涉政策之下,政府往往有派遣监理官或特设监理机关之权力。于交易所之行为,为精密之监察。庶几弊端可减,而交易所亦能渐上正轨。其利三。

干涉主义虽有其利益各点,然弊害之处,亦在不少。择要述之,约有四端:

(1)交易所之存废,既惟政府之意志是凭,则或准或驳,其得当与否,即全视政府判断力之当否而定。政府派员调查,于地方商情能否有精密之稽察,于调查后能否不受有力者之运动,而保持其公平之处置。凡此种种怀疑,实有非吾人所能一旦释然于怀者。其弊一。

(2)繁文缛节,为近世复杂交易市场所最忌,而干涉之旁加,又有阻遏市场天然发展之可能。种种新法令之推行,旧法令之修正,监理官之干预,使交易所当事者应接不暇,莫知适从。其弊二。

(3)政府任命监理之官,称职者虽及时干涉,可借以防阻交易所之弊端。而滥竽者则干涉失宜,适足以障碍交易所之发达。甚有徒拥监理之名,而行其聚敛之实者。病商坏法,莫此为甚。其弊三。

(4)政府干涉过严,在交易当事者受苦既深,则交易不兴,而市场之衰象立见。否则弁髦法令,阳奉阴违,巧谋脱离政府干涉之羁绊,以致养成当事者欺诈之存心。其弊四。

(乙)放任政策之利害

既略论干涉政策之利害,当进而言放任政策之利害。惟干涉

与放任,其主义既立于相对之地位,其利害亦自有表里之相关。今试略陈其利点如下:

(1)交易所之行为,有充分自由,而交易所之机能,始能充分发展。斯言而信,则自由放任,为交易所发达之必要条件。盖交易所之发展程度,与商业社会之发达程度,恒相吻合,其进步实得之于自然。人力之干预,每反足为其发展之障碍。则采用放任主义,似可以收循序发展之效。其利一。

(2)交易所之组织及规程,政府毫不干涉,实足以启发交易所当事者之自治心,而授以自动增进信用之机会。交易所亦得借为健全之发展,以臻于基础巩固之地位。其利二。

至于放任政策之弊点,亦有其彰明较著者:

(1)在放任政策之下,于交易所之设立,政府既毫不干涉,其弊端往往流为滥设。在大都市有设立交易所之必要者,则同类之交易所,或设至数处,各为竞争。在小都市无设立交易所之必要者,或亦设有交易所。此类交易所,大都不自为正当之买卖,而专凭大都市交易所所公布之市价,以为赌博之具。坠社会朴质之风,启人民侥幸之渐,游民日多,正业渐废,而交易所之流弊大见。其害一。

(2)放任主义之政策,对于交易所之会员或经纪人,无论于其资格上,或行为上,大都不加以任何限制。一旦弊端之生,政府遂绝无抑制之术。此外对于交易所之组织或章程,及买卖方法,政府亦绝不参加意见,于是于一切规则手续,遂难跻于统一,而有参差不齐之病。其弊二。

放任与干涉政策之意义,既如上述。其利害得失,又各有其特点。则何去何从,似又成为问题。虽然,对于此项立论,尚有须为补充者。所谓干涉主义,决非绝对积极干涉之谓,于比较上侧重干涉者，即谓之干涉主义。所谓放任主义，亦决非绝对自由放任之谓，于比较上侧重放任者，即谓之放任主义。如英、美二国，虽采取放任政策，然亦不得谓为毫不干涉。比、法、中、日等国，虽采取干涉政策，然亦不得谓为毫不留放任余地。故所谓干涉放任云者，不过于比较上之侧重不同，定为区别。总之，无论为干涉，为放任，要当视社会之情状，而定其实施之程度。刚柔互用，宽猛相济，原不可以执一论也。

第二章　交易所之效用及弊端

一　交易所之效用

交易所者,为金融及商业上之一种保证信托机关。其效用在予物品及证券,以一种极有组织之继续市场。生产者可以因之以最平准之市价,购入其原料,及销售其出品。企业家亦可因之于极便利之市场,出售其股票,及投放其资本。故交易所实为金融商业上之一种分配机械。有此机械,而生产与消费,得以衔接。企业与投资,因以相连。其效用处,正不在少。今试分条略述之如下：

(甲)造成继续之市场也

继续市场云者,即于市场开市时间内,一切大宗货物之买卖,可以立时成交。于平常情形之下,其成交价格,且可不致涨落过甚。是谓继续市场之特性。此种市场特性,惟交易所具之。于交易所开市时间内,有大宗之卖主,即有大宗之买主以应之。有大宗之买主,即有大宗之卖主以应之。不必论其货物数量之为大为小,买卖决能立时成交。盖交易所为投机市场,多头空头,实无时不思乘机活动。市场有大宗之卖出,即予多头以交易之机。市场有大宗之买进,即予空头以抛出之会。市场卖出者多,则价格或略跌,而为多头者即有利可图。市场买进者多,则价格或略涨,而为空头者即有益可沾。在此种情形之下,大宗买卖,自随时可以成立。其价格之涨落,自决不致相差过甚。盖有卖者即有买者,其价格即下跌,亦必不致过跌。有买者即有卖者,其价格即上涨,亦必不致过涨也。

(乙)代负企业之风险也

交易所之主要运用,在于集中多量之需要及供给,而行定期之交易,使远在数月或半年后之货物,即得预为买卖。盖凡企业家之对于制造,于原料之购办,大都在若干时日之前,而出品之上市,则往往须在若干时日之后。有此若干时日之相差,于物价上既不能绝无涨落,于营业上即难免随有盈亏。有交易所定期买卖之可能,而此项风险,遂有保障。例如制造面粉之厂家,进麦与出粉,大都相距数月。而于此数月中,市价不能绝无涨落。惟知粉价与麦价,大致涨落相随。麦价涨,则粉价亦涨;麦价落,则粉价亦落。于是即可于出货前,同时在交易所为粉或麦之买卖,以资保障。假定面粉厂于十月进麦,须于明年三月,面粉始能出齐,则于十月进麦后,同时可以赴交易所(1)为面粉来年三月期货之抛出;或(2)为小麦来年三月期货之抛出,以防出货时面粉市价之跌落。假定面粉厂于十月抛出面粉三月期货,而同时未为小麦之预购,则可以赴交易所为定期小麦之买进,以防出货前小麦市价之上涨。如此行之,而企业家于此项市价变动之危险,遂得以之转嫁于交易所之投机者。

（丙）调剂异地或异时之供求也

同一货物，于甲地则供多于求，而同时于乙地或求多于供。同一货物，于若干时日前，则供多于求，而于若干时日后，或求多于供。此项差异，有交易所定期买卖之存在，即有调剂之可能。倘甲地则供多于求，而乙地则求多于供，即可于乙地交易所卖出期货，俟从甲地运到货物后，实行交割。奏截长补短之功，收注彼挹此之效，而异地之供求，互相投合。于时间上供求差异之调剂，亦同此例。于货物未产出以前，即能预为交易，于货物既产出以后，自无供多于求之虞。且也，交易所中之买卖，于未来之市况，大都俱预为测度。侦知某货之生产额减少，预测其未来之市价必涨，则人心看高，必相率赴市场买进，可使市价立时上腾。市价上腾，消费额大都随之稍减，而供求赖以接近。反之，倘侦知某货之生产额增多，预测其未来之市价必落，则人心看低，必相率赴市场卖出，可使市价立时下落。市价下落，消费额大都随之稍增，而供求又得以接近。故于新货未上市以前，即为新货生产额之测度，而为相当之买卖。于新货既上市以后，复预测将来需要之情形，而为相当之调剂。一年间之供求情状，赖此可无充斥或缺乏之虞。

（丁）平准异地或异时之物价也

物价之涨落，既视供求之关系为转移，则交易所既有调剂异地，或异时货物供求之效用，即有平准异地，或异时货物市价之可能。以地域言，则可举全国，或全世界物价变动之各种原因，集中于一单纯之交易市场。使各地之物价,除自其生产地,至各市场之运费外,可生略相平衡之倾向。以时间言,则可使现在及将来之供求,互相投合,而物价无暴涨与暴落之虞。例如收获期前,谷供必少,而价必昂。收获期后,谷供必多,其价必贱。交易所能以现在及未来之供求,合计而平准之,于两时供求之差,求一折中价格,使供求两方,均不受物价涨落过甚之损失。

(戊)流通商业之消息也

有交易所之组织,而物品之买卖集中。凡在交易所买卖者,对于交易物品之生产情形,消费现状,及其他一切有关市场之消息,莫不调查详尽。在交易所何物需多,何物供少,何货上涨,何货下落,一转瞬间,而此项消息,已遍传全国。其较有势力之交易所,如伦敦及纽约之证券交易所,一价挂牌,于数分钟内,即已电达各国。其消息之灵通,实至可惊人也。

(己)便利买卖之成立也

普通买卖,有买者卖者之征求,有媒介人之周旋,有物价之商订,有品质之鉴定。一次交易,必经多少周折,始获成交。往往有欲买者拥巨资而不知从何买进;欲卖者,拥余货而不知从何卖出。有交易所之成立,而随时能行随量之买卖。价格公平;等级分明;手续既极简单;交易因而便利。可以收买卖繁盛之效益。

(庚)促进企业之发展也

股票不能流通于市面,则募股既难,而股份有限公司之组织,即不能十分发达。盖投资者,及商人,均以资金之能流通为要义。断不愿以活动之资金,购不流动之股票。自有股票交易所之设立,则股票既有流通之机关,而股份公司,亦可随之而发达。且自有票据交易市场,而债票之发行,亦自易于流动;企业集资,益易着手;企业发展,益有进步。至于物品方面,自有交易所之买卖,而物品之活动性,随之增加。买卖无滞阻之虞,即企业有发达之渐。

(辛)指导投资之方向也

交易所之公定市价,为多数富有经验之商人,综合全国,或全世界之情形,观察现在,及将来之状况,测度供求,估计损益,从而酌定。故其行市之高低,实足为该货物确实需给,或该证券正确信用之表示。受此项表示之指导,而投资者知所适从,得为有益殖利之投资。

(壬)轻减恐慌之程度也

自商业方面言,则因交易所价格之涨落,为该物品现在,及将来供求确实之表示。企业家受其指导,可以预为戒备。有供多于求之趋势,则减其生产。有求多于供之趋势,则增其生产。使货物供求,常相调剂,无过剩与不足之时。则即有恐慌,其损失程度,必大为减少。自投机方面言,当商业兴盛,物价飞涨之时,看跌者以为涨势已足,即将逐跌,而大做空头;于是飞涨者不致过涨。当商业不振,物价逐跌之时,空头又以为跌势已足,即将上涨,而实行买回;于是逐跌者不致过跌。故交易所空头之卖空,及买回,直接有缓和物价过涨过跌之效用;而间接即有轻减恐慌程度之机能。

(癸)保护各业之出品也

我国最大出品如棉、茶等业,受外人倾轧而销路短缩者,不一而足。各业有交易所之组织,则以本业中人,主持本业贸易之要政。消息灵通,则时机不致坐失;规划周密,而市况得以保持。实权在各本业手中,即不致为业外人所操纵。

二 交易所之弊端

(甲)关于市场全部之弊端

关于市场全部之弊端,大别之有二点:

(1)一曰,应响真实之物价也。物价之高下,必依供求之强弱为标准,方合乎经济之原则。今交易所之定期交易,其买卖约定数目恒大,而实际交割额数恒小。大半仅以转卖买回,为差金之授受。此类交易,其买卖既非真实买卖,其供求即非真实供求。以空虚之买卖,造成空虚之供求,而其应响所及,则有扰乱真实物价之能力,使之起不自然不规则之涨落。

(2)二曰,增加赌博之机会也。自有交易所之兴,而赌博之机会,因之骤增。如(子)根据巨埠大交易所之市价,以为赌博。即较小城邑,无设立交易所之必要而滥设时,其日常买卖,并无独立市价,只以中央市场所定市价为标准,以决损益,而为差金之授受。此种买卖,实不过根据大市场之市价,以为赌博之具,并非投机交易。(丑)缴纳极微薄之证据金,以为赌博。美国证券市场中之"bucket shop",即其一例。"bucket shop"者,专凭中央证券市场市价之涨落,以决顾客之盈亏。顾客胜,则博店负;顾客负,则博店胜。在美国几成专业。无识之辈,趋之如鹜。此种不法交易,在日本亦风行一时,且不仅限于证券事业。为此种营业者,大都以经纪店楼上为根据地,顾客亦群集于此,以探听交易所市价。俟有合意之价格,即以买卖数额通知店员,并缴纳证据金以坚信约。今试以白米买卖为举例。日本交易所之白米交易,以十石为"买卖单位",谓之一"枚"。各店交易,则大抵以五"枚"。为最低限度。至证据金则极为微薄,大都为每"枚"一元,佣金则为每"枚"一角五分。倘于交易所米价为每石九元八角时,在店买进五"枚",只须付证据金五元。设下期市价上涨至九元九角或十元时,则实行出售清算了结,顾客原有赢利可图。惟倘下期市价下落,设为九元七角六分时,则店员即将顾客前账,加以计算,每石亏折四分,五"枚"合五十石,共亏折二元,并减去佣金七角五分。前存证据金,已仅剩二元二角五分。斯时顾客,不即出售了结,即须补缴证据金二元七角五分。否则,店员即自动为清算了结,以余款二元二角五分退还。其余二元七角五分,即为店中之赢利。此种交易,以五元,十元之资本,可以为多量之买卖。且于数小时中,损益立见,故颇盛行一时。

(寅)预猜交易所之市价,以为赌博。此项赌博,即预猜交易所下期市价或翌日市价之应涨应落;授受金钱,以决胜负之谓。在日本米谷交易所之经纪人、代理人,或雇员,常好为之。先为预测,后各下注,待交易所市价开出,而胜负始决。惟亦有以此业为专营,而居间得佣金者。买卖双方,于未赌之先,决定赌金数目,各出现金,交于专营之居间人。于市价开出胜负决定之后,居间人即以前收赌金,统交胜者。此种方法,显系赌博。在日本亦在禁止之列,然迄未能绝迹也。

(乙)关于经营投机者之弊端

经营投机者,于交易市场,往往上下其手,阴谋操纵。乘市价之涨落,谋从中以取利。弊端百出,笔不胜书。今举其荦荦大者五端于下:

(1)一曰,传播虚伪消息也。传播虚伪消息云者,即伪报企业状况,或散布谣言,或捏造不实消息之谓。此种消息,既无根据,自难持久。然仅此片刻之间,已足使市面受莫大影响。一涨一落,而造谣者已满载而去。甚有构通报馆,捏造事实,广布虚伪消息,摇动市面,以谋从中取利者。

(2)二曰,阴谋"垄断占买"也。"垄断占买"(corner)云者,即投机者个人,或数人,收买市场上某货全部,或大部;同时更设法使市价上涨,以引诱市场"空头",使大做卖出;待到期交割,因货物受占买者之垄断,市价非特不稍下落,且必飞涨不已;空头此时,已入牢笼,欲买进实货,以备交割,势非仍取给于占买者不可;占买者于此时,遂得任意增价,以博厚利;而空头且无法与之反抗。此种占买,于证券,及物品市场,均能实现。占买者先秘密收买某货之全部,或大部。同时于市场上,设法将该货市价高抬。一般看跌者,不知内情,见某货上涨,已达极巅,以为不日即有下跌之望。于是相率大做空头,争先出卖,以期他日价跌后再行"买回",从中取利。而不知彼时做多家之占买者,正尽量买进,市场全部,或大部之供给,既在占买者之掌握。空头即欲"买回",市场已无供给。于是价格飞涨,而空头只能任占买者之"予取予求",而莫能抗。其结果,则空头之损失过大,欲为弥补,不得不将在市场之其他买卖,亦为了结。而市场全部,亦必受其影响。

(3)三曰,利用经纪人为"相配交易"(matched order)也。投机者,以同月期,及等量之货物,以相同之限价,分别委托两经纪人,一方买进,一方卖出,以抬高,或压低该货自然之市价。设以抬高市价为目的,则可增高其两方委托之限价:一方依限价以高价买进,一方依限价以高价卖出,宛然一买卖成立,以此价挂牌,而市价确已上涨。反之,设以压低市价为目的,则可减少其两方委托之限价:一方依限价以低价买进,一方依限价以低价卖出,宛然亦一买卖成立,以此价挂牌,而市价似确已下落。此种动作,即受委托买卖之经纪人,或亦为投机者所傀儡。实际上,一买一卖,内幕只有一人,货物并未易主也。

(4)四曰,串同经纪人为"预约交易"(wash sales)也。投机者欲以人力高抬某货之市价,可串同另一经纪人,预嘱于彼以高价出售时,即为购进。并约定一切损失,仍归卖者担负。待后买卖成立,以此价挂牌,市价确已上涨。而在实际上,则货物亦并未易主,仅为一种虚伪交易,以混淆市场耳目。

(5)五曰,公司职员操纵本公司所发行之证券也。投机者合组公司,发行股票。迨夫公司成立,则不为公司实际事业之发展,而专设法令公司股票之上涨。于交易所中,或卖或买,忽放忽收,以便从中取利。混淆欺骗,扰乱市场,莫此为甚。

(丙)关于交易所经纪人之弊端

交易所之经纪人,虽大部分均为信用优良,顾全道德之商人;然亦间有不良分子,混杂其间。在欧、美会员组织之各交易所会员,及经纪人之资格极严;且其组织方法,有侧重信用,及鼓励自治之自然趋势:故经纪人之弊端较少。日本交易所,大都为股份组织,与吾国交易所现状略同。经纪人之舞弊,亦不一而足。此种弊端,大别之有下列四种:

(1)一曰,经手费之侵蚀也。侵蚀云者,即接受委托买卖定期货物时,欺瞒顾客,不上市场,用诈伪手段,中饱经手费之谓也。其侵蚀方法,亦有数种:(子)受顾客委托买卖货额相等时,两方均不上市场;表面上即以当日市价成交,而侵蚀其经手费之全部。(丑)受顾客委托买卖货额不相等时,不以买卖两方全额上场,而仅以其差额上场,或卖或买,借得侵蚀其两方未上场之一部经手费。(寅)受顾客委托买卖货额不相等而有差额时,非特不以买卖两方之全额上场;并不以其全部之差额上场,而仅以其差额之半数或几成入场交易。对于其侵蚀部分,经纪人冒险自为买卖之对手人。甚有对于差额全部,丝毫不上市场,而自为其买卖之对手人者。此种舞弊,实最不利于委托之顾客。于将来了结时,顾客虽获大利,有不能向经纪人索取之虞。盖交易所于此项买卖,既未在场交易,自无赔偿担保之责任。故于违约时,顾客实全无保障。此外如减少交易所之收入；避免交易税之征收；均为此种舞弊之附产品，有不能忽略视之者。

（2）二曰，买卖市价之虚报也。经纪人受顾客之委托，代为买卖；交易既成，往往虚报买卖市价，从中取利。买进时，高报市价；卖出时，低报市价。今以证券市场为例，设某日某种证券，各盘挂牌市价，为九十五元，九十五元一角，九十五元二角，及九十五元三角四种。经纪人受委托代为买进时，实以九十五元买进者，对于顾客，虚报其成交市价为九十五元一角，或二角，或三角，中饱其两价中之差额。经纪人受委托代为卖出时，实以九十五元三角卖出者，对于顾客，虚报其成交市价为九十五元二角，或一角，或虚报为九十五元，亦中饱其两价中之差额。此种舞弊，即欧、美交易所信用稍薄弱之经纪人，亦间有行之者。

（3）三曰，对方违约之通谋也。股份组织之交易所，对于交易违约时所生之损失，交易所有担保赔偿之责任。被违约者，可据订约之市价，责令交易所赔偿。于是信用薄弱之经纪人，往往有构通对方，故令违约。盖遇成交数额极大时，交易所之赔偿数额必绝巨，故意违约之经纪人，本无意继续营业，借此巨款，坐得瓜分之利。此种舞弊，于日本各交易所，往往见之。

（4）四曰，自为买卖之违法也。各国交易所法，大都有经纪人不得在交易所自为买卖之规定。诚以经纪人得在交易所自做买卖，则经纪人与委托人之利害，遂不无冲突之处。设一旦因交易而受重大之损失，委托人及交易所俱将受其牵动。立法至善，用意至深。而今日各国交易所经纪人，实际上自为买卖者极多，此亦一弊也。

(丁)关于交易所本身及交易所职员及所员之弊端

交易所本身之弊端,莫如在场买卖本所股票及希图脱卸赔偿损失之不合。至交易所职员及所员之弊端,则除在本所违法自为买卖外,尚有与经纪人通同舞弊之举。今分论之如下:

(1)一曰,交易所在场买卖本所股票之失当也。各业交易所,既各有其特定之交易物品,自应以该物品为限,而该所之股票不预焉。股票买卖,自有证券交易所代为交易,借免操纵之嫌,而收专一之效。而今日上海交易所之买卖本所股票者,又不一而足。

(2)二曰,交易所希图脱卸赔偿损失之倾向也。股份组织之交易所,有担保买卖安全之责任,一方违约,交易所即须赔偿被违约者所受之损失。故在此种制度之下,交易所往往遇有巨额之违约事实将发生时,即百计调停,亟欲免除其赔偿之责任。而其弊,遂不可胜言。

(3)三曰,职员,及所员,在本所自为买卖之违法也。交易所职员及所员,既系主持全所事务之人;多头,空头之详细账目,又完全在其掌握。故职员,及所员在本所私做买卖,与所中唯一买卖当事之经纪人,利害即有冲突,而间接与委托人,立于相对地位。甚或滥用职权,以达其不正当之目的,与经纪人及委托人俱有不利。此吾国交易所法,所以有"职员或雇员,均不得用任何名义,自行,或委托他人,在交易所为买卖"之规定也。而今日交易所职员,所员之自为买卖又极多。甚或身兼经纪人,而其名义,则非由亲友出面,即由其厂号替代;其交易,非委托于连枝之号,即授托于关系密切之家,以图蒙混。是不可不亟加取缔者。

（4）四曰，职员，及所员与经纪人通同舞弊之不合也。交易所职员，及所员，有监察经纪人之动作，及保障在所一切交易之责任，其地位何等重要。而交易所之职员，及所员，又往往有袒护一方，在交割时，受授现货之际，滥用职权，不就物品之等级价格，为公正无私之检查；而任意上下其手者，有时甚或构通经纪人，为秘密共同之营业。往往于应缴证据金数额，通融减收。甚或在交易所内通融现款，以济其急。更有纵容经纪人，在所外交易，日后承认其在所转账者。此种行为，实足以阻碍交易所之本能，而酿成不测之危险，亟应芟除者也。

三　交易所弊端之纠正

交易所之重要弊端，已略陈于前。然而欲为纠正，又岂易言？上述弊端，其一部，原为各国交易所所俱有；而其一部，如关系交易所经纪人，及交易所职员，及所员各项，则大半为股份组织之交易所所独有。倘能废止股份组织，而改为会员组织，则其弊可以不除而自去。然细察吾国商业现状，又似以股份组织之交易所，较为合宜。则欲为纠正，似非另筹他策不可。今姑陈数端如下：

（甲）经纪人资格之应从严规定及实施也

股份组织之交易所，经纪人数额增加，则委托买卖，定能随之增加；而交易所之利益，亦可随之丰厚。交易所往往为目前利益计，对于经纪人资格，不严重调查。遇有请求充当者，即代为呈请。

官厅更不加考察,任意批准,人数众多,流品自杂,于是经纪人之弊端遂百出。欲纠正此弊,于经纪人之资格,应从严规定。规定后,更应切实施行,不应如今日之视为具文。且经纪人营业保证金之数额,亦应酌量增加。一方面可以增厚经纪人对于交易所之保障;一方面可以取缔资产不丰,信用薄弱商家之滥充经纪人。若此则经纪人之流品自高,而经纪人之流弊,定能去其大半,如侵蚀经手费,虚报成交市价,及与职员,或所员通同舞弊诸端,或能减少其实现也。

(乙)交易所账目登记之应特为详尽及公开也

交易所账籍,常例于每一交易之成立,仅登载其买卖双方经纪人之商号,而于买卖双方之委托人姓名,并不更加登记。于是于一切交易之详情,遂失其真面目,而不易调查;营私舞弊,亦随之而起。经纪人上场买卖,究是否受人委托?其委托交易,究是否全数上场?其所受委托,究与本所职员,或所员是否有关?其所受委托,究有否为相配交易之疑点?其委托成交价格,究是否有虚报之情形?凡此种种,欲为调查,于今日交易所登记之账目,俱无从着手。倘交易所账目登记,能特为详尽,则于一切交易,既俱一目了然,有账可稽,非特官厅于检查时,将难于蒙混,即交易委托人,亦时时能确知其所委托交易之详情,欲从中舞弊,即不易着手。

(丙)损失赔偿公积金之应提存也

股份组织之交易所,于一切交易,既负担保赔偿之责,则其赔偿金之来源，自宜妥为筹划。凡一切小额违约之赔偿，未出经纪人所缴纳之营业保证金范围外者，与交易所本身利益无关，于此等赔偿，交易所亦从无希图脱卸之事，其应响于交易所极小。惟于巨额违约之赔偿，溢出经纪人保证金额之外者，交易所倘不能向违约经纪人强迫补足，即须负其损失。交易所因赔偿亏本，而宣告停业者，在日本已屡见不鲜。倘交易所于平时有损失赔偿金之提存，则有备无患。于事变之来，既不致出于希图卸责之下策；更不致因赔偿亏折致有停业之发生也。

(丁) 政府方面之应及时辅助及取缔也

政府之辅助及取缔，倘能因时制宜，实足以增进交易所之健康。如经纪人不受委托，而自为买卖之取缔；职员，及所员，在本所私营交易之厉禁；交易所买卖本所股票之取消；交割货物检查所之官立；与交易所有关各项起诉手续之删繁就简；专营赌博各小交易所之勒令停止，等等，倘能次第择要实行，于交易所前途，实不无小补。

(戊) 消息传播机关之应力求灵通及推广也

因消息传播机关之不能灵通，而造谣生事，垄断占买者，始能施其伎俩，以取利于一时，而陷经济社会于不安之境。今日欧、美各先进之国，于商业金融消息传播之速度，于数分钟内，往往可以遍达全国，或全世界之各大都会。此外如公私统计之发达，工商新闻之正确，商业会议之时集，皆足以减少不真实消息流行之机会，而直接应响于交易所之安全极大。

　　以上五端,为纠正交易所弊端之确有推行价值者。其推行之结果,虽不能于上述各弊端,芟除净尽。然行之得当,足以登交易所于较安全之地位,似无可疑者。

第 二 编

中国交易所概况

第二章

光通信の基礎

第一章　交易所之历史及现状

一　交易所初创时之波折

我国交易所创办之动机,实始于光绪年间,梁任公组织"股份懋迁公司"之倡议。其后光绪三十三年,虽有袁子壮等之重议创办;民国二年,虽有农商部招集全国工商巨子,开大会之创举;并有酌量于通商大埠,设立交易所之议决;民国三年,虽又有财政部官商合办之提议,事均中阻,未见事实。民国五年冬,虞洽卿与孙中山,鉴于上海有设立交易所之必要;并知我不自设,外人将有越俎代我设立之势,因有组织上海交易所股份有限公司之动议。拟具章程,及说明书,呈请农商部核准;至六年二月,部批始下,仅准证券一项。民国六、七年间,虞洽卿等,联合各业董,并得商会赞助,曾一再呈请,于物品证券两项,准予一并立案,俾得合办;而金业、股票两业,则又力主分办。同时诸人龙等,有设立上海证券交易所之呈请;金业公会施兆祥等,亦有设立上海证券金银交易所之呈请。上海各交易所发起人,正在争执相持之际,而北京证券交易所,忽于七年夏间,宣告成立。此为中国交易所成立之第一家。而虞洽卿等创办之上海交易所,亦几经周折,至民国八年六月,得农商部准其合办证券物品之训令。同年九月,修正章程,改名为上海证券物品交易所。筹备几及一年,至九年七月一日,始正式开幕。此为上海华商发起交易所成立之第一家。

二 上海已先成立之西商日商交易所

在吾国交易所未成立以前,上海一隅,西商,日商,已早捷足先登,各有交易所之组织。西商交易所,实远始于前清光绪十有七年,当时证券业西商,有上海股份公所(Shanghai Sharebrokers' Association)之成立:实即上海西商证券掮客公会,已具交易所之雏形。至光绪三十年,西商又有组织上海证券交易所之动议,酝酿年余,于光绪三十一年,遵照香港政府《股份有限公司条例》,正式开办,定名为上海众业公所(Shanghai Stock Exchange)。惟两所近已合并,上海股份公所之名称,随以取消。至日商上海取引所之发起,先后计有两次。其一,在美国注册由日人联合中、美资本家,共同组织。其一即上海取引所股份公司,系得日政府特许设立者。其营业种类,大抵相同:均以经理证券、纱、花等,为交易品物。惟前者发起在先,而迄未成立;后者则于民国七年冬。筹备竣事,即行开幕,时我国交易所之进行,正尚以分合问题,相持未下也。上海取引所资本,原为日金一千万元,其后曾有增减。营业方面,除八年下期,及九年上期,确有纯益外,其余各期,亏折居多。十一年下期,亏耗且至七百零六万余元之巨,因难以维持,于十六年一月二十日,已由该所理事会,宣告自动清理,其结果将不复存在。按取引所成立之时,原存有操纵上海市面之野心。民国七、八年间,上海各交易所发起人,所以骤自沉寂中变为急进者,此实其一动力也。

三　上海交易所未成立以前之各业公会及公所

据上而观,上海交易所之创设,当首推成立于光绪十七年之西商上海股份公所及成立于光绪三十一年之西商上海众业公所;其次当推成立于民国七年之日商上海取引所及北京证券交易所。至上海证券物品交易所,延至九年七月,始告成立,在沪上已在西商日商组织之后。虽然,此又不可以一概论。上海于正式交易所未成立以前,各业原各自有其组织,以利交易。实际与交易所,约略相同。如证券业之上海股票商业公会,于民国三年,早已成立。以九江路,渭水坊为会所,每日于上午九时,至十一时,聚集买卖。集合有一定场所;交易有一定时间,买卖证券种类,亦多至二十余种;其他如"行情单"之分送;佣金征收之规定;现期、定期买卖之举行,莫不应有尽有,俨然一小模范之交易所也。同时面粉业,亦有类似之组织,名曰,上海机器面粉公会;并附设贸易所,由同业合资组织,专谋面粉买卖之便利。其买卖,亦分现货、期货两种。现货交易,系客家向厂家买进,当时付价,由卖出厂家发出本厂栈单,凭单取货。期货交易,系客家向厂家订定期限,议定货价,成交时,由买进人先付定银,卖出厂家,填给成票,双方签印,各执一纸,以凭到期付清货价,换给栈单,凭单取货。然亦间有买卖空盘,专凭市价之涨落,为交易之盈亏者。其买卖方法,与交易所实无绝大不同之点。此外上海金业,亦素有金业公所之组织。其交易时间,分上午、下午两市;上午,九时开盘,十二时收市;下午,二时开盘,四时收市。观当时同业公订买卖规则,已粲然大备。对于定期买卖,亦有极精密之规定。目下上海金业交易所营业细则之一部。实即当时公所买卖规则之蜕化,其完备概可想见。照上例而观,则上海在民八以前,虽无交易所之名,已有交易所之实。日后相继成立之交易所,即由昔时公会或公所改组者,不在少数。如上述三例,实即为上海六交易所中三家之先驱。上海华商证券交易所,为上海股票商业公会所改组;中国机制面粉上海交易所,为上海机器面粉公会贸易所所改组;上海金业交易所,为上海金业公所所改组,固事实昭彰者。除上述三例外,其他各业,亦莫不有公会,或公所之组织;亦莫不辟有特别交易场所,以谋货物销路之推广,及客帮采购之便利。定期买卖,极为普遍,大半到期双方备款解货,交割清楚;亦有于未到期前因市价之涨落,而实行转卖或买回者。按其交易性质而论,实俱与交易所类似。但公会方针,非为营利;其组织,非公司制度,且不负交易上任何责任,虽与股份组织之交易所略有不同;而与会员组织之交易所,则相差极微也。

四　交易所之民十风潮

(甲)民十交易所之勃兴

　　自上海证券物品交易所,于民国九年七月一日,成立开幕后,半年间盈余,达五十余万元之巨。同时华商证券交易所,面粉交易所,杂粮油豆饼业交易所,华商棉业交易所,俱急起直追,积极筹备,先后呈准农商部,于十年春间,相继成立。开业后,更莫不股价飞涨,获利倍蓰。于是同声附和者,风起泉涌,于民十夏、秋之间,为交易所极盛时代。在上海先后成立者,有百四十余家之多。各埠如汉口、天津、广州、南京、苏州、宁波等处,亦相率效尤。即以上海一埠而论,其当时定名之光怪陆离,其交易物品之包罗万象,诚可谓极一时投机之能事。其定名之包含地域区分者,曰上海;曰申江;曰沪海;曰上洋;曰江南;曰中国;曰中华;曰南洋;曰东亚;曰亚洲;曰东方;曰五洲;曰九洲;曰大陆;曰全球;曰寰球;曰万国;曰国际;曰中外;中西;曰中法;曰中美;曰中欧;曰华夏;曰神州;曰世界等,种种区别。其定名之包含时间性质者,曰日市;曰夜市;曰晚市;曰日夜,曰昼夜;曰星期等,种种限定。其定名之包含交易物品者,曰证券;曰股票;曰公债;曰物品;曰物产;曰货币;曰棉业;曰棉花;曰棉纱;曰棉布;曰纱业;曰纱线;曰金业;曰糖业;曰纸业;曰煤业;曰豆业;曰麻袋业;曰砖灰业;曰丝经;曰厂丝;曰干茧;曰五金;曰骡金;曰烟酒;曰面粉;曰建筑材料;曰机制粉麸;曰油饼杂粮;曰茶叶;曰煤油;曰木植材料;曰柴炭;曰苎麻;曰夏布;曰烛皂;曰西药;曰绸货;曰丝织品物;曰粮食;曰板木;曰香烟;曰火柴等,种种名色,不一而足。且有不称交易所,而称商场;称市场;称交易市场;称交换所;称竞卖场;称通商市场者。五光十色,各极其招摇之能事。其资本之丰厚者,动辄一二千万元;其下焉者,亦动辄五六百万元;其资本之在五六十万元下者,盖不多觏。其成立批准,除数家呈准当时北京农商部外,其余就各领事注册者有之;就工部局领照者有之;就淞沪护军使署,或公廨,或法庭备案核准者有之;就外国政府保护者有之。奔走号呼,争前恐后,办法既不整齐,事权又未划一,于是民十风潮,祸机遂伏。

(乙)民十风潮之实况

交易所事业之发展,既不循正规。其过度之膨胀,终有崩溃之一日。投机既盛,市面资金,遂感缺乏。始则稳健金融界,先事收缩,以为预防。继则全部金融界,洞察危情,不敢放做。于是向之可以投机股票为借现之运用者,今则告贷无门矣。投机家之资金,既运用不灵,于是黑暗内容,一时尽露。公众亦裹足不前,而投机事业遂一落万丈。此自然之趋势,决不能幸免者。民十秋、冬之交,交易所之畸形发展,已成月盈必缺之势。加以年底日近,结束在即,资金之流通,益见滞阻。于是交易所遂有不可终日之势。已开幕而力不足者,只可停止拍板;方在筹备,而无意进行者,惟有发还股本。故十一月份交易所之组织,有三十八家之多;至十二月份交易所之新发起者,仅有一家;而解散停业者,则日有所闻。盖交易所事业,至此已成强弩之末,其能安度年关,勉强支持者,不过十之一二。加以民国十一年二月,法领署又有《交易所取缔规则》二十一条之颁布,于发起人之认股,及让股;交易所之买卖本所股票;及资本一部之划存银行,均有严密之规定。交易所之设在法领管辖范围以内者,因之大起恐慌。盖此项规则一行,交易所发起人之欲以本所股票为"翻戏"局面,从中获利者,已成绝不可能之事。于是停拍解散,命运益穷。至十一年三月间,据确实调查,仅区区十有二家,尚能照常营业。不及民十下期最盛时代十分之一矣。而同时津、汉各埠已发起,及已成立之交易所,亦或则停止进行;或则宣告清理,俱仅如昙花之一现,至今存在者,盖无几也。

(丙) 民十交易所事业发达之原因

据此以观,交易所自狂潮泛澜之际,以迄偃旗息鼓之时,为时仅及半年;其进也固锐,其退也亦速。就其盛衰之迹,以考其起伏之因,其中固不无重大原由,可资借镜:一曰,大利之引诱也。当交易所创办之初,发行股票,原极困难,经数月之奔走,始得集资成数,成立开幕。其后利市十倍,票价飞涨,局外公众,始争相购买,惟恐居后。当时如愿者,虽不乏人;向隅者,实占多数。而大利当前,又不甘坐失机会。于是组织交易所者,遂急起直追,靡然从风。是为交易所事业发达之第一原因。二曰,投机之适投众好也。好赌为人性之弱点,于是借投机以满足其赌欲者,趋交易所遂如鸟之投林。凭一时之眼光,为定期之买卖。看高,则做多头;看低,则做空头。幸而中,则坐获巨利;不幸而不中,亦不难再起,以图最后之胜利。彼此钩心斗角,操纵时价。我国人赌性素富,投机之兴,适中所好。是以一倡百和,不可遏止。是为交易所事业发达之第二原因。三曰,商人知识之幼稚也。吾国商人,知识幼稚。对于商业原理,既未研究于先;对于新创事业,又未考虑于后。风尚所趋,惟知仿效。彼既以发起交易所而获利,我断不至以发起交易所而受亏。且自行组织,则所中重员,自我支配;理事,董事,唾手可得。为增加声价,而创办交易所者,正不乏其人。是为交易所事业发达之第三原因。四曰,正当商业之不振也。民国九年,各国经济界,受战后之反动,日、美两国,叠呈恐慌;英、法商况,尤见萧条。上海输出贸易,遂大为减色。至于输入贸易,则以先令奇缩,成本陡增,当时输入业,且曾发生大恐慌。加国家多故,天灾人祸,接踵相寻。

国内商业,既受其影响;正当投资,亦因以疲呆。此种现象,原非数月时间,所能恢复。故民十金融,遂未有若何起色。加以七月间,中法银行,骤然倒闭。应响所及,谣诼繁兴,向之以外行为可恃者,至是纷纷提现。资金既乏正当之用途,而投机事业,因得乘时而起。是为交易所事业发达之第四原因。

(丁)民十交易所事业失败之原因

至于交易所事业之失败,更有其彰明较著之原因。大凡一事业之创兴,苟非适合社会之需要,决难维持于不疲。交易所兴商业市场,既有密切联带关系,断未有商业呆滞,而交易所独能活泼者。证以民十之商情,上海一隅,断无百四十余家交易所存在之需要,他埠更无论矣。以美国工商各业之发达,货物贸迁之繁伙,股票债券之流行,而全国交易所,尚不过二三十家。我国之情形如此,而交易所之发达如彼,此其应失败之原因一。交易所之利益,全恃交易成立后,买卖双方经手费之征收。故交易所之买卖愈盛,则其利益亦随之而俱增。今以有限之营业,分之于日增月盛之交易所。交易所之成立愈多,而各交易之营业愈少。其结果,则因收入减少,而趋于入不敷出之一途。此其应失败之原因二。上海各交易所之成立,其应时势之需要,为诚意之组织者,固不乏其人。然因一时之投机,并无永久之企图者,亦大有人在。目的既错,失之千里。故创办伊始,于组织之良好与否;用人之适当与否;前途之能发展与否;种种永久计划,概不计及。惟望股票上场,立时飞涨,转售时坐获重利,即与公司脱离关系。此后公司命运,不复过问;我收其益,人受其殃。于事实上,当时交易所股票,实有于短期间内,飞涨数倍者。甚至有公司尚在组织，股票尚未发行，一纸认股凭证，亦可上场买卖，高抬市价。目的错误，欺骗一时。此其应失败之原因三。在交易所买卖各物品，其第一要件，即须有规定标准，及编制等级之可能。标准既定，而交易始有凭借；等级既定，而替代始能实行。交割时，以高货替代，其值应增；以低货替代，其值应减。有替代之机会，应不致有操纵之发生，其命意实至深远。而当时上海交易所，竟有以绸货、柴炭、泥灰，为创设交易所之目的物者。试问其标准等级，将如何规定？此外于烛皂、麻袋等货，当时亦有交易所之进行，试问此类货物之供需状况，有成立交易所之可能否？发起人之昧于交易所原理，几近滑稽。此其应失败之原因四。交易所之经纪人，为所内买卖之主力，非对于该业立有牌号，且经验素富，名誉素高之商家，不足以资号召而坚信用。断非一时召集之乌合群众，所能胜任。目下存在之各交易所。其经纪人何一非从前各公会中同业。正当商人，自有其相当资格；必不致存心欺诈，专启弊端。且其宗旨，必较为稳健；其营业，必较为固定，所中交易，亦可随以稳固。今集市中浮夸之辈，而欲托以交易经纪之重任，其不能持久，实意中事。此其应失败之原因五。有此五端，而民十交易所，遂不数月而同归于尽。其能兀立至今者，在沪上仅有数家，在外埠仅有四五家。

五　交易所之现状

上海现存之交易所，统计仅有六家：即上海证券物品交易所，上海华商证券交易所，上海华商纱布交易所，上海金业交易所，中国机制面粉上海交易所,上海杂粮油饼交易所是。兹分别略述其概况如下。

(甲)上海证券物品交易所

上海证券物品交易所,成立于民国九年。其资本总额,为五百万元,已全数缴足。规定经纪人数,为每种物品五十名。其交易物品,原定七种:(1)有价证券;(2)棉花;(3)棉纱;(4)布匹;(5)金银;(6)粮食油类;(7)皮毛。惟民国十七年间,上市物品,仅标金、棉花、棉纱三种。标金用继续买卖,而纱花则用竞争买卖。据十六年底情形,棉纱以欢喜牌,及云鹤牌为标准;棉花则以汉口细绒为标准。定期期限,为六个月。每日前后两市,各做四盘。照该所第十四期决算报告,自十五年十二月一日起,至十六年五月底止,经手费之收入,达十七万五千五百元之数;而该期仍属亏折,其纯损为一万三千三百余元。惟该所自十八年六月起,已停拍纱花,改开证券矣。

(乙)上海华商证券交易所

上海华商证券交易所,为原有上海股票商业公会所改组。为范季美、张慰如等所发起。其资本已实缴一百万元。规定经纪人为五十五名。其交易证券,以公债为多:如"整理六厘""偿还八厘""七年长期"等,俱为主要交易证券。自十七年四月起,更加入国民政府所发行"二五库券""卷烟库券"等。其市场概用继续买卖。定期交易仅以二月为限。照该交易所十六年上期营业报告,经手费之收入,达三万二千八百余元;而营业费用,则达五万三千七百余元:故有二万二千九百余元之营业损失。

(丙)上海华商纱布交易所

上海华商纱布交易所为荣宗敬、穆藕初等所发起。于民国十年七月一日,正式开幕。其资本总额为三百万元,已实缴半数。其交易物品分(1)棉花、(2)棉纱、(3)棉布三类。其经纪人定额,棉花、棉纱各为八十名;而棉布则为二十名。据十七年情形,上市物品,仅棉花、棉纱两种。棉花以汉口细绒为标准;棉纱则以人钟牌为标准。定期交易,至多以六个月为限。概用竞争买卖。每日午前、午后两市,各做四盘。照十五年上期营业报告,经手费之收入,达四十万零六千余元,计获纯益二十一万八千余元。

(丁)上海金业交易所

上海金业交易所为施善畦、徐补荪等所发起,为原有上海金业公会所改组。于民国十年十一月十三日,正式开幕。资本实收一百五十万元。其经纪人定额为一百三十八人。其交易物品为:(1)国内矿金;(2)各国金块,及金币;(3)标金;(4)赤金。而实际上市物品,仅有标金一种。标金以上海通行九七八成色为标准。每"平"七条,计重漕平七十两,以此为买卖单位。定期交易,以两个月为限。据该所十五年上期决算报告,佣金收入达五十一万四千八百五十余元之巨。其交易绝大,故该期纯益金亦达三十一万元云。

(戊) 中国机制面粉上海交易所

简称为上海面粉交易所，由荣宗敬、顾馨一等。发起组织。成立于民国十年，为原有上海机制面粉公会贸易所所改组。至今交易所地址，仍附设民国路公会内。其资本定额，为五十万元。其经纪人定额，为五十五人。其交易物品，为机制面粉及麸皮。定期契约期限，为三个月。其买卖用继续方法。粉、麸俱以一千包为成交单位。

(己) 上海杂粮油饼交易所

上海杂粮油饼交易所，为陈子彝、蔡裕焜等所发起。于民国十年二月，开始营业。资本总额，为二百万元。经纪人定额，为一百人。其交易物品，除米、谷外，凡属于杂粮种类之豆、麦、油、饼、芝麻等各货，均得买卖。依据该所民国十三年七月修订买卖规则表，计有(1)大连黄豆、(2)大连红粱、(3)小麦、(4)豆油、(5)豆饼五种。定期契约，大都以四月为限。

至于上海以外之交易所，则惟北平证券交易所，宁波棉业交易所，滨江粮食交易所，及滨江货币交易所，至今尚继续开市。此外津、汉各埠之交易所，已随民十之风潮而俱逝。

(庚) 北平证券交易所

北平证券交易所，成立于民国七年，为中国最先成立之交易所。股份定一百万元。经纪人定额,为六十名。定期买卖,分本月,下月,再下月三种。其买卖公债,以额面五千元,股票以五股为单位。照十六年情形,在场交易证券全部,均为公债:如"九六"。"七长""整六""整七""五年""十四年"等。惟因时局不靖,内债有动摇之势,买卖稀少;故几全年未做定期交易,只开现期买卖。据该年营业报告,合经手费,及利息等收入计算,尚有纯益五万七千余元。

(辛)宁波棉业交易所

宁波棉业交易所设宁波,江厦。原定资本一百三十万元。经纪人定额为五十名。其交易物品,限定棉花一种;而不限棉花之种类。定期交易,以继续买卖方法行之。其期限,为一个月,至三个月。买卖数量,以"对"为单位;每"对"两包,每包六十斤,即每对一百二十斤。

(壬)滨江粮食交易所

滨江粮食交易所设吉林,哈尔滨。原定资本,为国币八十万元。经纪人定额八十名,其交易物品包含大豆、小麦、面粉、豆油、豆饼、杂粮六种。其交易分现期、定期、约期三种。现期契约,以五日为限;依相对买卖、投标买卖,或竞争买卖行之。定期交易,以三个月为限;依竞争买卖之方法行之。约期交易,以一百八十日为限。其买卖数量,俱以一"车"为单位。

(癸)滨江货币交易所

滨江货币交易所原定资本为国币二十万元。以"各种货币买卖之担保,对于买卖主双方收取佣金,为营业目的"。除现期,约期外其定期分为三种:甲种五日;乙种十日;丙种十五日,至多不得过三十日。对于交易数量之限度,订为三等:甲等以三十万元为限;乙等以二十万元为限;丙等以十万元为限。

第二章　交易所之组织及监督

一　交易所之设立

交易所设立手续，各国法律，均有规定。据我国新颁《交易所法》所载，其第一条云："商业繁盛区域，得由商人呈请工商部，核准设立买卖有价证券，或买卖一种，或同类数种物品之交易所。"据其第二条之规定，则无论为证券，为物品，买卖同一物品之交易所则一区域内仅限其设立一所。其区域之分划，由政府定之。因交易所本为便利买卖，平准市价而设，若一区域内有两处之同类交易所，市价既难免参差，交易又不能划一，自有其不利之处。惟据上海现状而观，买卖标金者，除上海金业交易所外，上海证券物品交易所，又得兼营。而证券一项，又有上海华商证券交易所，及上海证券物品交易所两处，同时存在。与上述同一区域内，不准设立同样交易所之规定似相冲突。为谋补救起见新颁《交易所法》之第五十五条云："本法施行时，现存之交易所，如在同一区域内，有同种营业者二所以上时，应自本法施行之日起，三年以内合并。不依前项规定合并者，统以本法施行后，满三年为限；限满解散，不得续展。"观此，则政府对于同一区域内，设立两同种类交易所之取缔，似已具有决心矣。

至设立交易所之手续，须由发起人具呈，连同规定应备文件，禀由该管地方官署，转达工商部核准，暂行立案。于认招股本足额，并开创立会终结后，由职员具呈，连同规定应备文件，禀由地方官厅，转呈工商部，核准设立，给予营业执照，始能正式开业。

交易所之营业期间，自设立后，以十年为限。盖一地之商业状况，时有变更。故对于其设立期间，亦不得不加以限制。如满期后，该区域内商业上，仍须该项交易所之调剂，得准原定年期，呈请政府核准，予以续展。

二 交易所之内部编制

交易所内部之编制，各视其规模之大小，范围之广狭，事务之繁简而定。其编制之内容，在会员制度下成立之交易所，在吾国尚无此项组织之存在，兹姑不论。即吾国股份组织各所，有专营证券者；有专营物品，而仅限于一种买卖者；有专营物品，而同时兼做数种买卖者；有兼营证券及物品者。其规模，范围，事务，既各不同，其编制之繁简，自亦因之而异。今姑择其内部组织之较为完备者，列系统表如下。至规模较小，或较大之交易所，其组织自略有增减。如上海华商证券交易所，仅设常务理事一人，而另设经理，及副经理。如上海机制面粉交易所，并不设常务理事，而加设副理事长一人。而上海金业交易所，则并无名誉议董之规定。此外各交易所于分科定名，亦不无异同。至各科之内部组织，更各有分别。大抵分股办事多至六股，少则三股，概视事务之繁简而定，固不可以一概论也。

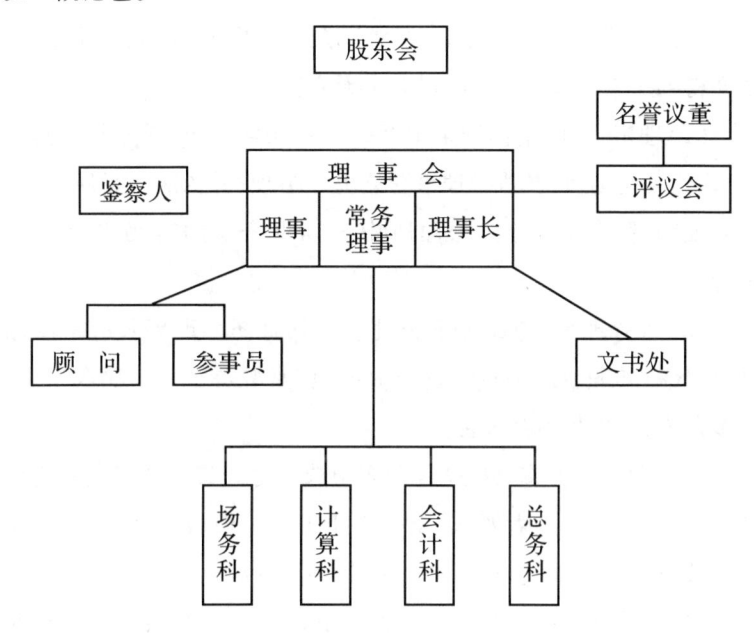

```
                        ┌─────────┐
                        │ 股东会  │
                        └─────────┘
                                          ┌─────────┐
                                          │名誉议董 │
                                          └─────────┘
          ┌───────┐  ┌─────────────────┐  ┌─────────┐
          │鉴察人 │──│    理 事 会     │──│ 评议会  │
          └───────┘  ├─────┬─────┬─────┤  └─────────┘
                     │理事 │常务 │理事 │
                     │     │理事 │长   │
                     └─────┴─────┴─────┘
          ┌──────┬──────┐         ┌──────┐
       ┌─────┐ ┌──────┐          │文书处│
       │顾问 │ │参事员│          └──────┘
       └─────┘ └──────┘
              │
       ┌──────┬──────┬──────┬──────┐
    ┌─────┐┌─────┐┌─────┐┌─────┐
    │场务 ││计算 ││会计 ││总务 │
    │科   ││科   ││科   ││科   │
    └─────┘└─────┘└─────┘└─────┘
```

(甲)股东会

股东会由全体股东组织之，每年举常会两次，由理事长召集之。于必要时，得召集临时股东会。凡交易所理事，监察人等重要职员，均须由股东会投票选举。凡关于交易所一切重大事务，亦均须由股东会讨论议决之。

(乙)理事会

理事会由理事长，常务理事，暨理事组织之。会议关于交易所一切重要事项。开会时,依全体理事名额,须有过半数以上出席,方可开议。其会议事项,以出席理事过半数表决之。至于监察人,虽亦得列席于理事会,陈述一切,但无表决之权。

(1)理事长,由全体理事中互选之。任期二年,或三年。其职掌,系代表交易所,及执行理事会议决之事项;并依照交易所章程,营业细则,暨各项规定,总理所中一切业务。间有另设副理事长者。

(2)常务理事,辅助理事长处理一切业务。理事长有事缺席时,得代行其职权。平日于营业时间,应常驻办公。其额数不定,至多六人,由理事中互选之。

(3)理事,由股东会就全体股东中选举之。其名额视交易所范围之广狭而定,至少者四人,至多者十七人。但被选之资格,至少须有该所股份若干股,并年龄须在二十五岁以上。

(4)监察人,亦由股东会就股东中选举之。名额自二人至四人。资格与理事同。其职权,为监察交易所业务进行之状况;及调查股东会议案之执行。除开股东会时须作报告外,遇必要时,有检查财产状态,及请求召集股东会之权;并能列席于理事会。

上述各职员,其姓名应呈请政府核准,并须注册。如有下列各款情事之一——非有国籍者;无行为能力者;受破产之宣告者;褫夺公权,尚未复权者;处一年以上之徒刑,在执行完毕,或赦免后,未满五年者;照新颁《交易所法》第四十五条至第五十条之规定,被处刑罚,在执行完毕,或赦免后,未满五年者;在交易所受除名处分,未满五年者——即不得被选资格。又交易所职员,不得用任何名义,即行或委托他人,在交易所为买卖;并不得对于该交易所之经纪人,供给资本,分担盈亏,或与经纪人之营业,有特别利害关系。工商部发觉交易所职员，有注册情事，或违背规定时，得令其退职。

(丙) 评议会

评议会，以理事及名誉议董组织之。名誉议董数额，照上海证券物品交易所规定，计有十五名之多。由交易所延聘，任期二年。须具有工商业上之学识，或有丰富之经验者，方为合格。凡关于交易上发生事故，或异议时，得由评议会评议之。凡关于交易所所营之业务，及营业上之方法，认为有改良，或修正之必要时，亦可由评议会讨论决定后，由理事长执行之。

(丁) 顾问及参事员

顾问及参事员，各由理事会议决聘请。可参与交易所各重要事务，并负指导之责。凡市场买卖，有不正当之行为，或呈不稳妥之现象时，顾问，及参事员，应取适当手续，设法消除；并须时时熟察市场趋势，以期防患于未然。故此项职守，平时虽似非必要之机关，而其对于交易所安全方面，实负有重大之责任。非具远大眼光，并洞悉商业经济学识者，不克胜任。

(戊) 所员

所员，由理事长委任之，而受理事长之指挥，各掌管其分内之事。有主任、科员、纠察员等。兹将职务，叙之如次：

(一) 主任

分文书主任、各科主任及副主任三种。受理事之指挥。文书主任,掌理机要文件,及参与机密计划;各科主任,掌理本科事务;副主任辅助之。各科分股,股尚各有股正。

(二) 科员

有技师、技术员、书记员、调查员、助理员等。技师受上级之指挥,掌管关于技术上之事项;技术员则辅佐之;书记员及调查员亦受上级之指挥,辅佐主任、副主任、各股正,办理及调查本科各股事项;助理员则辅助之。

(三) 纠察员

受理事长及常务理事之命令,考察经纪人及所员办理一切之情状。关于所内卫生、风纪、治安等务,或从实报告之,或设法纠正之。

以上所员,未得理事长之许可,不得兼任其他职务,或经营其他事业。且无论以何种名义,不得在所属之交易所,或其他之交易所,为买卖及有关买卖之行为。又凡关于一切职务上之机密,及从未发表事项,与重要文书内容,应负保守秘密责任,不得私自泄露;退职后亦同。

(己) 各科职掌

交易所之分科,每因事务繁简,而有不同。普通除文书处外,另设四科,即总务,场务,计算,会计。惟事务繁赜时,又于各科之下,分设各股,以分事权,而一责任。每科置主任、副主任各一人,科员若干人。用以处理各科事务。至文书处,或称秘书处,直隶于理事部内。专司关于所内一切重要文书,并记录等事。此项职权,异常重大。故其主任,往往由本所理事兼任之,与各科不相混合。

(一)总务科

总理交易所文书、报告及内部一切杂务。如关于文书之拟稿及收发;关于章则及纪录之编纂;关于重要印章、锁钥之掌管;关于全体卫生及风纪之维持;关于所员和夫役,勤惰、进退之决定;关于经纪人注册、除名、废业等事之办理;关于股东会之召集;关于股份转让、过户之手续;关于报告、统计、调查、出版之编辑;关于采办、设备、营缮、修理等之进行,均归总务科职掌。

(二)场务科

又名市场科,或营业科。总理市场上一切买卖,及交割事务。如开市、闭市之执行;市场秩序之维持;交易时拍板、登账、悬牌等务之分任;交割前物件检查,存堆之处理;及交割时收货、交货之进出,均归场务科职掌。

(三)计算科

交易所各科以计算科为最繁。凡一切市价差额、证据金、经手费之计算,买卖统计之编制等事项,均属之。

(四)会计科

掌管现金,及代用品之出纳;与账簿之记录,及保管等务。

三 交易所之权限

(甲)交易所违约之处分

违约处分者,交易所因经纪人不履行契约,或不缴纳应缴之款项,对于经纪人加以处分之谓也。经纪人应受违约处分之情事有四:(1)买卖当事者,届交割时,不履行交割;(2)经纪人不缴纳证据金,经手费,损失金,及计算差金等;(3)因代用品价格变动,致保证金不足时,而经纪人不能于指定期限内,将现金或其他证券,如数缴纳;(4)经纪人对于交割时,缺少或不合格之交割物,应行补足者,在限期内,不为补足;或补足物,仍不合格,应行更换者,在限期内,不为更换;或虽更换,而其数量,仍有百分之十以上不合格。

至于违约之处分,则因交易种类而有不同。现货交易,及定期交易,各有其违约之处分。大抵不外赔偿金之罚缴,由违约者,偿与被违约者。普通规定凡现期交易发生违约时,交易所将其约定价格,与交割日之现期公定市价相比较,而计算其差额,并加以差额百分之几之赔偿金,偿与被违约者。照上海华商纱布交易所之规定,此项赔偿金,为差额百分之五十;而普通规定则大都仅为百分之十。至定期交易,如任约定期内,发生违约时,交易所得自违约日起,于一定日期(普通七日)内,指定任一经纪人,对于违约物件,而为转卖,或买回,或依投标方法,定其承受人。被违约者,除照收应得之利益外,尚可另得赔偿金。此项赔偿金,大都以被违约物件总代价百分之五,或十为标准。

违约之经纪人,对于交易所,有负担一切赔偿之责任。对于(1)交易所代违约者垫付与被违约者之赔偿金,及利益金;(2)交易所代付之款项,因违约而致有收不足数者;与(3)因违约,而致交易所发生一切之费用等,违约经纪人应负赔偿责任。除以保证金,证据金,经纪人商号让渡金,及预缴之物件,并其他之一切债权相抵外,遇有不足时,交易所可仍向违约者追偿;若有余剩,亦应由交易所归还违约者。

(乙)交易所之公断

公断者,即经纪人与经纪人间,或经纪人与委托人间,因买卖而发生争议,由交易所立于仲裁地位,而使之息争和解之行为也。凡遇上述之争议时,由当事者双方提出,以不起诉法庭为条件之请求书,请求公断时,交易所得临时组织公断会审理之。照上海证券物品交易所之规定,公断员就该所职员,名誉议董,及审查委员中,临时公推三人而照上海华商纱布交易所之规定,则公断会系就该所职员,经纪人公会委员,及审查委员中临时公推三人组织之。公断会判决后,双方均不能再持异议。公断会对于理屈者,得酌征公断费。其双方主张各有一部理由者,公断费可使其平均负担之。

(丙)交易所之制裁

制裁者,即交易所因制止不正行为,所施之各种惩戒规则也。如停止集会,限制入场,及停止交易,罚金,除名,解职等制裁行为,皆是。兹分述如下:

(1)交易所遇有下列事项,得停止集会之全部,或一部,或限制入场:(子)市价涨落不稳时,或虞有发生不稳妥之趋势时;(丑)不缴纳证据金,或认为交易有窒碍时;(寅)交易所认为必要时。

(2)经纪人,及代理人,遇有下列事项,得停止其营业,或课以过怠金,或施行除名处分,或令其解职:(子)为不稳妥之买卖,或集会不合法,或有故意紊乱市场之行为,及将为而未成事实时;(丑)任意增减委托佣金,或违反交易所章程细则,及其他规定,与指定,或不遵守经纪人公会之规约,及规定;(寅)在市场为粗暴之行为,交易所,及经纪人间认其为扰乱秩序者;(卯)无正当理由,在交易所不为交易,在六个月以上者;(辰)违反一般商业道德,交易所,或经纪人间,认为丧失信用者。

(3)交易所遇有下列事项,不担保其交易之履行;且得行使除名处分:(子)应缴纳,预缴证据金之经纪人,不将该证据金送交易所,而为新买卖者;(丑)流布虚伪之风说,行使诡诈之买卖,以谋摇动市面者;(寅)以不正当之手续,企图交易所之赔偿者。

四 交易所之受政府监督

政府处理交易所之政策,有放任及干涉两主义;二者各有其利害得失，已略述于前。大约在法律完备，经济发达之国，交易所之需要，出于自然，欲禁厌之，不独不当，抑且势有不能；故国家所采对待方针，务在举其利而抑其弊，其趋向遂偏重放任。至经济组织尚未十分完全，商业知识及道德，尚未十分发达之国，则交易所事业，往往不循正轨，弊害百出；故国家所采对待方针，亦遂不得不取干涉主义。吾国情形，即其一例。今分别略论之如下。

（甲）交易所法之厘订

吾国《证券交易所法》三十五条，公布于民国三年十二月。于其明年五月，又有《证券交易所施行细则》二十六条，及《附属规则》十三条之公布。嗣后于民国十年三月，又续布《物品交易所条例》四十八条；四月，公布该条例《施行细则》三十六条；及《附属规则》十六条。于民国十八年十月，国民政府另有《交易所法》五十八条之颁布。细绎条例，及细则条文，政府对于交易所，系采取干涉主义，实无疑义。其最堪注意之点有七：

（1）限定交易所设置之场所，使易为监督。同时即以防止过度投机之蔓延。故旧有《证券交易所法》，暨《物品交易所条例》，及新颁《交易所法》，俱有规定交易所地区之明文。

（2）限定交易所营业之时期。以十年为期满，使地方商情，与交易所之需要，得时为调节。

（3）限定交易所之交易种类。及买卖期限；并禁止在交易所以外，以差金买卖为目的，设立类似交易所之市场，而所买卖。防极端投机，以抑制类似赌博之行为。

（4）限定交易所经纪人之资格。勿使资产有限，信用缺乏，智识浅陋,及经验薄弱之商家,出入其间,为不安全之交易。并严订交易所职员之资格,使交易所之管理,常能健全。

(5)规定交易所违法行为之处分。遇交易所有违背法令,或妨害公益,或扰乱公安时,政府有(子)解散交易所;(丑)停止交易所营业;(寅)停止,或禁止交易所一部分营业;(卯)令职员退职;(辰)停止经纪人或会员之营业,或予除名之权。

(6)规定交易所视察员之派遣。凡当工商部认为必要时,得派遣临时视察员,检查交易所之业务,账簿,财产,及其他一切物件;以及经纪人,或会员之簿据。

(7)强制交易所章程之修改。凡当工商部认为必要时,得令交易所修改章程,或停止、禁止、取消其决议案及处分。

(乙)交易所监理官之特派

民国十五年九月,北京,农商部有《交易所监理官条例》之公布。当时并派谢铭勋为上海交易所监理官。监理官之职权:为(子)关于稽核交易所买卖账目事项;(丑)关于征收交易所税收事项;(寅)关于交易所其他一切事项。监理官对于所辖区域内之交易所,每所并得委派驻所委员一人,代表执行各项任务。此为北京政府,对于交易所态度,纯取干涉主义之明证。

(丙)金融监理局之成立

民国十六年十一月一日,国民政府有金融监理局之成立,设事务所于上海。照其条例,共分三课。其第二课之职掌,有审核交易所业务,及检查其财产之规定。同时上海交易所监理官,即被裁撤,归并金融监理局办理,以一事权。

(丁) 财政部泉币司之设置

金融监理局成立仅十阅月,财政部即有泉币司之设置。所有金融监理局事务,自后概归该司继续办理。而金融监理局,亦即于十七年九月一日停止办公。交易所之监督,无论其属于特设之监理局;或附设之泉币司,其表示国民政府对于交易所之趋重干涉主义,则一也。

第三章　经纪人会员及交易之委托

一　交易所之经纪人及会员

(甲)经纪人及会员之资格

经纪人在股份组织之交易所内,为唯一之买卖当事人;而会员则在同业组织之交易所内,为唯一之买卖当事人。故凡欲为经纪人或会员者,须有相当之资格。以现状而论,吾国各交易所,虽俱为股份组织,而其经纪人资格之规定,则大致具有会员性质。如上海金业交易所经纪人,则以"金业公会所注册之同行各店经理人"为限;上海杂粮油饼交易所经纪人,则以"向业杂粮种类之行号"为限;宁波棉业交易所经纪人,则以"向业棉花之同业华商"为限。此外或须得经纪人,或同业两人之介绍;或须得理事会之议决,及经纪人公会之同意。并须提出志愿书,载明交易种类,及资本数目;附加商事履历书等,以便交易所之调查,及参考。

凡欲有经纪人者对于上述经过手续,交易所已认为满意时,由交易所禀请工商部,核准注册,再由工商部给与营业执照。凡同业组织之会员,则无须呈部注册。惟非有国籍者,依法不得为交易所之经纪人及会员。此外如无行为能力者,受破产之宣告者,褫夺公权,尚未复权者等法律规定,与上述交易所职员同。有各款之一者,亦不得为经纪人及会员。

(乙) 经纪人之种类

以现状而论,吾国既尚无同业会员组织交易所之存在,则对于会员之情状,只可暂置勿论,而仅为经纪人现况之略述。经纪人之种类有二:即现期经纪人与定期经纪人。定期经纪人,能兼为现期经纪人;且取得一种定期经纪人之资格者,经交易所之承认,能兼为他种之定期买卖。定期经纪人,以交易所经营之交易物件,每种若干人为限;其额数,由交易所规定之,如上海证券物品交易所之定为每种五十名。

(丙) 经纪人之权利义务

定期经纪人,在交易指定之地点内,能设置营业所,从事买卖。受人委托时,可向委托人征收报酬。但于指定地点外,不论以何种形式,皆不得为定期买卖之营业。更不能在交易所市场之外,行定期买卖,或类似之买卖行为。经纪人对于交易所一切公告之事项,作为已知论,不得推为不知。交易所并有检查经纪人账籍之权利。

(丁)经纪人保证金之缴纳

经纪人在交易所参加买卖,对于交易所常负有重大之责任;故有身份保证金之缴纳,以为履行义务之担保。至此项保证金之征收,以每项物品征收若干金额为限。如北平证券交易所经纪人保证金为现洋五千元;及滨江粮食交易所经纪人保证金为"国币二千元以上,"均是。惟设同一经纪人,兼营两种以上之定期买卖时,其应缴纳保证金之金额,得酌予减少。设定期经纪人,兼为现期经纪人时,得免纳现期经纪人之保证金。惟遇必要时,交易所仍得随时向之征收。保证金之缴纳,不必定为现金,亦可用代用品为代替。所谓代用品者,即经交易所指定之有价证券,或银行存款证,或其他之货币等均是。但代用品之价格,须由交易所随时估定之。倘因价格变动,致估核不足原规定之金额时,可令经纪人随时补足。于必要时,交易所得令经纪人换纳现金。

(戊)经纪人之资格消灭

经纪人资格消灭之可能,大约不外下列数种:(1)商号之转让。凡经纪人以在交易所登记之牌号,自愿转让他人时,无论受转让金与否,皆应于事前报告交易所,得交易所之承认,始可转让。惟转让人,于转让后,未满二年,不得再于同一地域内,为同种交易所之经纪人,以维持受让人之利益。(2)营业之废弃。凡经纪人因种种之原因,得声明废业,自动取消其经纪人之资格。惟废业时,须提出废业理由书,并将营业执照,入场证,及交易所发给之牌号,缴还交易所。(3)死亡,受除名处分,撤销注册,及其他原因,皆足使经纪人资格消灭。惟如经纪人于资格消灭后,尚有交易关系,并未清理,一切仍须负责,应从速委托他经纪人了结之。如本人置之不理,则由交易所指定他经纪人,代为结算。将其债权债务,互相抵消。有余给还,不足补偿。若经纪人资格消灭之原因为死亡,则此项清理,应由其承继人处置。

二 经纪人公会

经纪人公会者,乃经纪人增进其营业上共同利益,及矫正其弊害,所组织之团体也。凡经纪人皆当加入公会,而遵守公会之规约。公会可因交易之种类,设立各部。并须推选职员,及议董,以执行事务,评议一切。但职员,及议董之选任,或改选,或解任,皆当报告交易所。如交易所认职员,或议董,为不胜任时,得令其解职。会议时,交易所有列席之权。若对于规约,及各种规定,或议决事项,认为不适当时,可令其变更一部,或全部。于必要时,且有取消其以前已承认事项之权。观此,则交易所之对于经纪人公会,实趋重干涉主义。

三 经纪人之代理人

经纪人在交易所从事买卖,能另置代理人。经纪人置代理人时,须将代理人之履历书,送交交易所,经交易所承认,方可代理职务。若交易所认代理人不适当时,可以命其解职,或停止入场。又代理人之代理取消时,经纪人须即将取消情由,向交易所报明。代理人之额数,以每经纪人,每交易种类若干名为限。其数由交易所规定之。代理人之资格,与经纪人同。但在同一交易所内之其他经纪人,或代理人,不得兼任。

四 交易所交易之委托

交易所中买卖,实际上所员,经纪人,及代理人,自做买卖者颇多。然其交易之一部,则为所外顾客之委托代做者。凡所外顾客委托经纪人(或将来有会员组织交易所成立后之会员),代为在所内买卖者,曰委托人。经纪人系立于受托地位,故曰受托人。因交易所之买卖,规定以所内经纪人为限,所外顾客,非另托所内经纪人,不得在所内买卖。经纪人受委托人之委托,所做买卖,交易所亦只认经纪人为买卖之主体。委托人关于买卖交易上之一切事项,除与其所委托之经纪人直接办理外,与交易所绝无关系。兹将委托人,与经纪人间,通行规约,分述于下。

(甲)交易事项之委托

委托人委托经纪人在交易所买卖时,当发出委托书。书内对于下列各项,须有明白之声明,俾经纪人得依照办理。

(1)种类。如何种证券;或何种物品是。

(2)数量。公债以票面计;股票以股数计;物品以件数,或担数计。如标金以七条为单位,则至少当做七条,或十四条;棉花以一百担为单位,则至少须做一百担,或二三百担。

(3)时期。如物品期货交易,限时至多六月;证券则至多三月。如买卖本月期货,则应记明本月;如买卖下月期货,则应记明下月。

(4)价格。委托时之买卖价格,大致可分两种:一曰随价买卖,即不问价格,任市场自然趋势,照市价成交是也。一曰限价买卖,即委托人预定价格,非至其预定价格范围内,经纪人不能代为成交是也。

(5)市盘。交易所中交易,分前市、后市;每市中,又分开盘、二盘、三盘及收盘等。委托人如欲规定于何市、何盘买卖,亦当说明。

(6)买或卖。所委托者为买进;或为卖出,亦应说明。于此点倘有错误,将来进出极大。

经纪人收顾客之委托,因内容不明,尚须调查时,于此时间中,对于该项委托,不生效力。惟经纪人须从速关照顾客,使重行明白解说,以便进行。倘委托书虽不甚明了,尚可勉强了解时,经纪人不必另俟调查,可依常情了解行之,委托人不得异议。

(乙)成交事项之通知

经纪人收受顾客委托书后,并依照委托做成交易时,须即时通知委托人。其通知书中,应将交易物件之种类,期限,数量,价目,时日,及其他必要事项,一一记载明白;并由交易所加印证明,然后交付委托人。此项通知书,可送往委托人之住所,或营业所;以通常能达到之时间,作为已经达到论;倘有迟到,或不到,经纪人不负责任。

委托书正面

约定价格 _____

今委托		
寿。记实号于	市	盘
代卖出	月	期
		件
指定价格		
委托人		
卖	月	日

委托书反面

约定价格 _____

卖原买		件数	价格	盈	亏
月	日				
抵 过 净					
场务 科章				会计 科章	

买卖通知书

现定期卖出通知书

承　委托在上海证券物品交易所卖出下列物件兹按照该所章程营业细则及其他规定并经纪人公会规约。与诸规定卖妥特将期限数量价格通知如下

市　　　月期种类　　　件

	盘	件数	每件价格	摘要
细目	开	件	两元	
	二	件	两元	
	三	件	两元	
	收	件	两元	

此上

宝号
台照
先生

上海证券物品交易所
　　　　　　　　　　　郑寿芝
第　九　号　经　纪　人

中华民国　　　年　　月　　日

注意：

本通知书须依上海证券物品交易所营业细则第二十八条及第二十九条由该所盖印证明否则无效；

本通知书如未经该所盖印委托人可要求经纪人向该所盖印；

本通知书如记载于往来簿或已了结或到期交割清楚后作废；

如欲请求揭算务希随带此通知书为要。

(丙)收受物件之处分

经纪人对于委托人之收受物件,如证据金、代用品及交割物件等,于下列情形之下,有随意处分之权:

(1)委托人不将证据金,或交割物件,或交割代价,或损失金,或其他款项,或物件,依时交付时。

(2)各种证据金,或其他代用品,因种类,或价格变更,而致金额不足,委托人未于规定时限内,为相当之补缴时。

(3)经纪人须为委托人代付款项时。

(4)因种种原因,致经纪人须将该项委托,不得委托人同意,代为了结时。

(丁)成立交易之了结

经纪人受顾客之委托,为代理买卖,于交易成立后,有下列事情时,经纪人不必待委托人之同意,得了结其买卖:

(1)委托人未将证据金按时缴纳时。

(2)委托人违反交易所细则,或经纪人公会规约时。

(3)经纪人虽得有委托人已经寄送证据金之通信,然于所限定时间内,尚未收到时。

(4)委托人应交割之物件,或代价,至交割日前二日,尚未交付时。

(戊）限价买卖之规律

经纪人受限价买卖之委托时，倘为限价卖出，则其卖价须在限价，或限价以上；倘为限价买进，则其买价须在限价，或限价以下。经纪人于开市时间内，遇市场价格，与受托之限价买卖接近时，即须立时发限价之卖声，或买声，至受托全部之成交为止。惟限价委托，虽其买卖价格，有预定限制，然亦须予受托经纪人以一个"叫价单位"之伸缩权。以上海华商纱布交易所之叫价单位为例，其棉花每担之叫价单位为五分；棉纱每大包为一钱；棉布每匹为一分；买卖成立，其逾越限价，在叫价单位范围内，委托人不得否认之。

(己）交易价格之分割

经纪人受一人，或数人限价之委托，而做成交易之价格，不能各别分割时，可就其限价范围内之约定价格之平均数，定为一个价格，而报告之。受一人，或数人不限价之委托，而做成交易之价格，不能各个分割时，亦可以其约定价格之平均数报告之。再经纪人代委托人所做之交易，若不能做成全部，可以仅做其一部。

(庚）违约损失之赔偿

因委托人违反委托规则，致经纪人受交易所之处分，其所生一切损失，委托人应负赔偿之责任。

(辛)证据金之缴纳

证据金,为委托人对于经纪人,因定期交易,而生债务之担保品;所以保证交易约定之确实,且于不履行契约,致对方感受损失时,可以之充损失赔偿之用者也。故委托人于市场买卖成立后,即应将相当之证据金,交付于经纪人。至于此项证据金,非至委托人清偿一切偿务后,不得退还。证据金之种类有三。

(一)本证据金

本证据金,又曰原定银。为定期交易成立时,买卖双方缴纳之证据金,用以为契约之保障。其缴纳之金额,恒依交易所规定之比率;惟不得超过其规程中预定之范围。此项范围,恒照价格百分计算,如上海证券物品交易所规定不得超过于记账价格百分之三十之范围。至本证据金征收实数,如滨江货币交易所,规定每买卖货币万元,征收大洋千元;上海金业交易所,规定每买卖标金一条,征收规银十两均是。

(二)追加证据金

追加证据金,又曰续证据金,或追加定银。以买卖成立日之记账价格,与每日记账价格相比较,设其差额达于本证据金之半数时,不论若干次,由损者一方加纳之证据金也。例如于记账价格三百五十两时,买进标金一平,缴纳本证据金银七十两;至数日后,标金价落,其记账价格,跌至三百四十五两时,每条损失五两,一平共损失三十五两,已达前纳本证据金七十两之半数。经纪人即可向委托人追加证据金三十五两,转交交易所,以资保障。此项追加之三十五两,曰追加证据金。

(三)增加证据金

增加证据金,又曰特别证据金,或增加定银。因市价有非常变动,或虑交割时,有窒碍及其他情事,而交易所认为必要时,对于现存买卖,或新做买卖,按本证据金若干倍,通常为三倍之范围内,由买卖当事者双方,或一方缴纳之。民国十七年五月,因济南发生惨案,当时对日宣布经济绝交。上海华商纱布交易所因日纱登记关系,卖气极盛,市面紧张,因公布于十九日起,新做棉纱交易,每包加收现银十二两,连前规定本证据金九两,共为二十一两,即其一例。而北平证券交易所,规定之特别证据金,其性质,与此完全不同。该所之特别证据金,系"经纪人为请求超过制限之买卖",经该所之许可,"照本证据金之半额,向买卖两方或一方特别征收之"金额。观此,则此项证据金之征收,纯系经纪人个人之关系,与前例不同。此种名词上之混杂,不可不注意者也。

此外尚有所谓预缴证据金者。此种证据金之征收,因经纪人为巨数交易;或已有巨数交易,而欲更做新交易,交易所认为有危险;或市价有非常之变动,或恐交割难免窒碍时。得令经纪人一方,或双方,关于其全部,或一部之新买卖,依本证据金之数额,预先缴纳之。如民国十三年八月,上海公债市面,大起恐慌,华商证券交易所,于该月二十日,宣布暂行停止交易。至二十五日,重行开市后,即有预缴证据金之规定:凡新做交易,每万元须预缴证据金六百元;俟交易做成后,续缴证据金四百元,即其一例。同时经纪人于受托时,亦可使委托人预缴现金,或其他物品,作为预托金。

交易所对于证据金,有时亦能免其缴纳者。如遇同种类、同期限、同数量、同价格之同时买卖两存者,其一方,或双方之证据金,得免其缴纳。如经纪人将卖出之物件;或交易所发出之栈单;或交易所指定仓库所发出之栈单。预先送存交易所者,亦得免纳其应缴之证据金。

证据金除增加证据金,定须用现金外,其他证据金,亦可用交易所指定之有价证券,银行存单,或其他之货币代用之。

(壬)费用报酬之交付

委托人于委托经纪人,代为办理买卖后,即有交付一切应纳费用,及报酬之义务。其种类如下:

(1)经手费。为交易所所征收,其金额虽有一定之范围,然因交易种类,物品种类,价格高低等之不同,而有差别。大约定期交易之经手费,常较现物交易者为多。因对于定期交易,交易所负责较大也。普通公债票,以票面金额为计算经手费标准;而公司股票,则依其时价计算之;其他物品,或以数量计算,如大连黄豆期货,每一车(作五百担)征收二两五钱;或以价格计算,如棉纱期货,登账价格未满一百两者,每一大包,或四十捆,征收一钱;过一百两,而未满一百二十五两者,征收一钱一分三厘。其缴纳时限,与本证据金同。

(2)委托佣金。为委托人对于经纪人之报酬。其征收数额,较经手费为多。但须按照经纪人公会议定之数收受,不得任意增减。至其计算方法,则与经手费同,亦以交易种类、物品种类、价格高低等,而有差异。

上海杂粮油饼交易所各种物品经手费及佣金表（十三年七月修订）

物品标准	单　位	经手费（单位：两） （直抵不再纳）	佣金（单位：两） （直抵不再纳）
轮船大连平格黄豆	一车	2.50	7.50
轮船大连黄豆	一车	2.50	7.50
轮船大连红粱	一车	2.50	7.50
二号大粒小麦	五百担	2.50	7.50
标准有边豆饼	一千斤	1.25	3.75
标准光边豆饼	一千斤	1.25	3.75

上海华商纱布交易所棉纱经手费及佣金表（根据该所第十届报告书）
（棉纱买卖以一大包合四十捆计算）

登账价格（单位两）	经手费（单位：两）	佣金（单位：两）
75—99	0.100	0.40
100—124	0.113	0.45
125—149	0.125	0.50
150—174	0.138	0.55
175—199	0.150	0.60
200—224	0.163	0.65
225—249	0.175	0.70

（3）其他如交割时，因亏折而应交之损失金；经纪人因办理委托买卖，而代为垫付之特别费用，俱可向委托人照实数征收之。

第四章 交易所之交易情形

一 交易之种类

交易所交易之种类,可分三种:即现期交易,定期交易,及约期交易。

(甲)现期交易

现期交易,又称现物交易,或立时交易,即于买卖契约缔结后,立为代价,及货物授受之交易也。其交易成立步骤,大抵先凭货物之品名,或标准,约定价格。至其实行授受期间,则因系大宗现场,欲于立时交割清楚,往往为实际所难行,习惯上恒与以多少之预备日。此种预备日,各国规定不同,我国证券则定为七日;物品则定为五日:即自买卖成立之日起算,七日,或五日内,必须履行契约,为代价及货物之交割也。但其物品须经检查,或称量者,得更延期五日。现期交易,不得为转卖,买回;且无故不得约。

(乙)定期交易

定期交易,或称限月交易。即于预定之月期,为授受货银之日,而其间有转卖买回之自由者也。此种定期交易之发生,乃因商业,及信用制度,已臻完美发达程度;虽货物尚未运达市场,在输送之中,即可依商标牌号,以为买卖之预定;更有就当时尚未产出之物品,依标准而预定其交易者。其定期时限,证券以三月为限;物品如棉花、纱布等品,有长至四月,或六月者。如于七月内买进,或卖出第二月期货,则限期为于八月底交割,即曰八月份期货。买进,或卖出第三月期货,则限期为于九月底交割,即曰九月份期货。大概每月期之交割日,定为该月最终营业日之前一日;故九月份期货交割,即须于九月三十日之前一日,九月二十九日,实行交割。倘三十日为星期,或例假,则须推前一日,于九月二十八日,实行交割。惟定期买卖,于未到期以前,可以自由转卖,买回,以脱离关系。盖转卖者,为买主举其已买进之期货,于尚未到期之前,即以原货转卖,而不为到期货物之领受。买回者,为卖主于未到交割时期以前,将日前卖出期货,照数买回,而不为到期货物之交付。故其结果,买卖双方,俱不为实物及代价之授受,仅须经一度差额之收付,即可将从前买卖,实行了结。此为定期交易者,所以得以小额之资本,从事于巨额之交易也。又定期交易,尚有所为"掉期"者,即如于七月内买进,或卖出八月份期货时,于八月份未到交割期以前,得商定延期至九月份交割。于交易所内,举行此种掉期手续。大都每月有指定日期,如上海证券物品交易所之标金交易,则以每月十六日为掉期。倘掉期时,遇有市价相差,则须为差金,或贴补金之收付。

(丙) 约期交易

约期交易，或称立限交易。即买卖双方，于契约缔结后，自行约定交割日期，为物品与货价之授受。如上海证券物品交易所之棉花、棉纱、布匹约期交易；上海杂粮油饼交易所之各种约期交易，均以六个月为限。意即买卖双方，于成交后六个月内，可以随意约定一日，为买卖之交割；非若定期交易之每月份，均确定以最终营业日之前一日，为交割日也。

二　交易之方法

交易所交易之方法，在上海各交易所所通行者，不过三种：即投标买卖，继续买卖，竞争买卖是也。

(甲) 投标买卖

投标买卖大抵先由经纪人将投标买卖之物件，一一举其品名、数量、交割期等要件，请求交易所，揭示市场。于指定之日期，以记名投标之法，使竞争其价格。投标卖出之时，则以记入最高价者为确定之买主；投标买进之时，则以记入最低价者，为确定之卖主。倘此最高买主，或最低卖主愿买进，或卖出之数量，尚未及买卖物品之全额时，其余数可顺次约定次高买主，或次低卖主，至数量全额,买进,或卖出为止。投标买卖,亦得预为限价:限至少须得何价,始愿卖出;或至多不出何价,始愿买进。惟对于此项限价,须于事前书明盖章,封固交交易所,代为收存,不应于投标前公布。使开标后,最高买主愿出代价之数,在限价之下;或最低卖主,愿出代价之数,在限价之上,则其买卖,均不能成立。此种买卖方法,大都于现期交易时,适用之。

(乙)继续买卖

继续买卖,又称相对买卖。即买卖两经纪人,依交易所之货物品名,相对约定成交之谓。故凡买卖双方,数量及价格相合时,交易即能成立。如此继续行之,每一月期之买卖,有一次成交,即有一个价格;有十次成交,即有十个价格。当时由市场公布。买卖双方,各自寻主顾,自相约定;并不由拍板人视供求情形,代定每盘,每月期之价格标准。竞争至若干交易成立后,买卖呼价,相差渐多,已无成交之可能时,拍板人拍板一下,而一月期之买卖,始告终结。上海如华商证券交易所之证券买卖;中国机制面粉交易所之面粉交易;宁波棉业交易所之棉花交易,等等,皆用此法。

(丙)竞争买卖

竞争买卖,即依照交易所之预定顺序,及买卖规则,分别各月期,及各盘,集多数买卖双方经纪人,互相竞争。或卖者,与卖者竞,而争相减价;或买者与买者竞,而争相增价。买卖呼价同意时,则各招呼,或击掌以示约定。同时尚未约定者,仍各自为买卖之竞争。一价呼出,卖者少而买者多,则价格随涨;卖者多而买者少,则价格随落。拍板人高登台上,专注意经纪人之买卖手,(右手)及其呼价。至相当时,以某价格成交最多,及最近成交价格,与中心价格,为三大标准,酌定一公平价格。于未拍板前,举手作势;并将酌定价格,高声呼出,使买卖双方经纪人,均注意之。倘各经纪人并无异议,则拍板一下,而一盘,一月期之价格定。通盘此月期先后约定各买卖,须均照此约定价格成交结算。倘已约定买卖之经纪人中,见酌定价格,对于己之限价不合时,可即伸保护手。(左手)转卖,或买回,使与前已约定之买卖相销。意即于同盘中经纪人,有先以高价卖出,以拍板员所约过低,不愿以此成交者,可伸保护手,速即买回,使买卖两抵。反之,有先以低价买进,以拍板员所约过高,不愿以此成交者,可伸保护手,速即转卖,使买卖两抵。若伸保护手时,欲买回而无人愿卖时,拍板员须加价约高。反之,欲转卖而无人愿买时,拍板员须减价约低。必待各经纪人,无伸保护手时,然后拍板一下,而一盘中一月期之价格,遂以约定。本盘本月期先后约定各买卖,不论其约定时用何价格,均以此最后拍板价格结算。故竞争买卖,每盘,每月期,只有一个约定价格。此种买卖,上海华商纱布交易所,上海证券物品交易所,滨江粮食交易所等之定期交易,多用之。

三　标准物品之选定

于商业信用,尚不十分发达之前,即一切大宗交易,亦大都凭借现货之授受;见货论价,毫无假借,是曰现物交易。迨后商业信用，渐形发达，大宗交易，可不凭实货之存在，仅依货物标准，或品名，为买卖之预约。如上海华商证券交易所之证券交易，不必立时以证券相授受，只依凭证券之品名，为交易之根据，如整理六年公债等，是曰品名买卖。如上海华商纱布交易所之棉纱交易，则以申新第一厂人钟牌为交易标准，成交时不须现货，交割时有所依凭，是曰标准买卖。品名买卖，如债券股票之类，其品名即足以代表其内容品质者；始能适用。至其他物品，如棉纱、米、麦之类，品质既有差分，价目自难划一，于是不得不定一标准，以为定货时，及交割时之准则。其办法大都由交易所依货物之品质，制为等级表。择其同类中品质中正者为标准，以此标准，与其他品质，比较其优劣，而定其相差价格之多寡。买卖成交时，悉依照标准物品，约定价格。至买卖交割时，不必定以标准物品相授受。如交付之货物，其品质较优于标准时，买主得依等级表之规定，增加其应付代价。反之，如交付之货物，其品质较劣于标准时；买主得依等级表之规定，减少其应付代价。更以上海华商纱布交易所之棉纱等级为例，查该所第二十九期棉纱等级表（有效期间为十五年一月一日至一月三十一日），其顺手十六支纱，除以申新第一厂之人钟牌为标准品外，其与标准相等品，有恒丰厂之云鹤牌等，七八种。比较标准为上者，有永安厂之金城牌，则增价三两；振泰厂之鸿福牌等数种，则增价二两；大生厂之魁星牌等数种，则增价一两。比较标准为下者，有振兴厂之球鹤牌等数种，则减价一两；此外减价二两，三两，四两者，尚有多种；至东方厂之文明牌，则减价且至六两之多。棉纱交易，一切买卖契约，虽皆以人钟牌为标准；然日后交割，可用相等品之云鹤牌等；较上品之金城牌等；较下品之球鹤牌等，为替代品。惟于价格有相差时，仍须增减耳。惟货物品质，每因原料上，及制造上之关系,而时有不同。于是对于物品等级表,遂不得不时加检查,重为订定。如华商纱布交易所之棉纱,及棉布等级表,以一个月为审定有效期间;而其棉花等级表,则以二个月为重订期限。凡列入等级表之物品,交易所皆储有货样,以备交割时检查之用。又等级表中未载入者,如欲用于交割,亦可请求列入。惟此项请求,必须于交割期前四十日为之,方为有效。

四 市场交易之情形

主持,及管理交易市场,为交易所主要业务之一。于市场之处理维持,设有场务一科,以专责任。交易所市场交易情形,极为复杂,今试分条略述之。

(甲)市场布置

市场之布置,除中心为经纪人买卖市场外,场之内端,建有高台,台上有监场理事,或主任一人;拍板员一人;传声员三四名不登;登账员一人。或坐或立,俱集近台边,面临买卖市场。监场理事,或主任,所以监视市场交易进行情形。拍板员,则专为最后约定价格之决定;或每盘每月期买卖终结之宣告。传声员,则注意场中各经纪人买卖之成交,传报登账员,由登账员分别登记。台后更有对账处,为买卖双方经纪人所自记之小场账,与台上登账员所记之大场账,相核对之处。倘有遗误,以"三从二"之法决之。台后更有翻牌处,由翻牌员一人司之,专司翻动台后高悬何市,何盘,何种

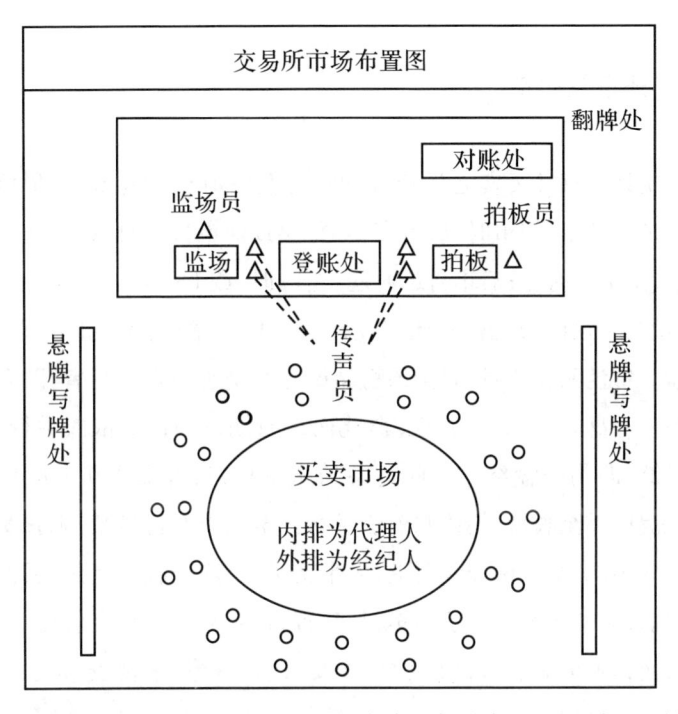

```
┌─────────────────────────────────────────────┐
│          交易所市场布置图                    │
│  ┌──────────────────────────────────┐  翻牌处│
│  │                    ┌────┐        │        │
│  │                    │对账处│       │        │
│  │   监场员           拍板员         │        │
│  │    △      △  △    △             │        │
│  │   │监场│  │登账处│ │拍板│         │        │
│  └──────────────────────────────────┘       │
│                  传                          │
│                  声                          │
│      ○ ○ ○ ○ ○  员  ○ ○ ○ ○ ○             │
│悬   ○             员           ○    悬      │
│牌  ○     ┌──────────────┐       ○   牌      │
│写  ○     │   买卖市场    │       ○   写      │
│牌  ○     │ 内排为代理人  │       ○   牌      │
│处  ○     │ 外排为经纪人  │       ○   处      │
│     ○    └──────────────┘      ○            │
│      ○ ○ ○ ○ ○ ○ ○ ○ ○ ○ ○ ○              │
└─────────────────────────────────────────────┘
```

类,何月期之牌。设此时场中所买卖者,为前市,开盘,十一月期,人钟牌标准棉纱,则翻牌处,即应将上列各牌翻出向外。随买卖之更变,而翻动各牌。一月期交易终结,则另翻出下月期之牌;一种类交易终结,则另翻出下种类之牌。一盘交易终结,则另翻出下盘之牌。市场两旁,为市价悬牌,写牌处。每一约定价格成立,拍板员大声报告后,即由写牌员立时写就,悬挂两旁,报告全场。至买卖市场中央,则大都建有圆槛,高二三尺。买卖双方,群围槛外,面各向内。代理人占立内排,经纪人手小场账,立各自代理人之后,指挥买卖呼价。倘有成交,则立时记入手中之小场账,以便将来与对方小场账,及所中大场账对核。每日各交易所千百万之买卖,即若此成交者。

(乙) 开市及闭市

交易所每日买卖之举行，曰开市：在午前者曰前市，在午后者曰后市。开市，闭市时刻，各有不同，大致前市自九时，或九时三十分起，至十二时止；后市自二时起，至四时，或五时止。每市又分数盘：最初一盘曰，开盘，自此二盘，三盘，依次举行；至最后一盘，曰收盘。每盘又分各月期，倘该物品做定期交易至六个月者，即有六月期。开盘时，先做一月期；自此而二月期，三月期，依次举行，至六月期，即为一盘终结。此盘各约定价格，曰开盘市价。此后二盘，三盘，以至收盘，均依照前法举行。至每市举行盘数，则各交易所又各不同；最少做开收两盘；大半交易所，除开收两盘外，再做二三两盘，共做四盘。竞争买卖，每盘每月期，只有一约定价格；而继续买卖，则每盘市价，自数个，至数十个不等，全视交易之多少而定。

(丙) 买卖单位

交易所之交易，既多为大宗交易，故恒有买卖最少数量之规定，曰买卖单位。在交易所即不能为较少于买卖单位之买卖。如上海金业交易所之标金，以七条（每条重漕平十两）为买卖单位；上海华商纱布交易所之棉花，以一百担为买卖单位；棉纱，以五十大包（每大包为四十小包）为买卖单位；棉布，以十大包（每大包为二十匹）为买卖单位；北平证券交易所之公债，以额面五千元为买卖单位；股票，以五股为买卖单位。此种单位，亦由交易所临时揭示。

第四章　交易所之交易情形

其数量之大小,恒视各物品供求范围,与地方经济状况而定。

（丁）叫价单位

交易所之买卖,大都非继续买卖,即竞争买卖,对于物品之索价,谓之叫价。叫价,又另有叫价单位,与买卖单位,截然不同。其叫价之物件单位,如标金叫价单位为一条,设当日市价为三百六十两者,即每标金一条,当日值规元三百六十两之意;棉花叫价单位为一担;棉纱为一大包;棉布为一匹皆是。至于此价之价银单位,各物又各不同,标金叫价,以规元五分为单位,叫价时一增一减,至少须规元五分;棉花叫价,亦以五分为单位;棉纱,以一钱为单位;棉布,以一分为单位。此外如上海证券交易所,其价银,又以银洋为本位;其叫价,则以银洋五分为单位:即叫价时,最小增减,为银洋五分之意。

（戊）叫价方法

至在市场上叫价方法,大约以口喊外,辅以伸手。其伸手法,以右手为买卖手,凡买卖叫价时用之;左手为保护手,凡竞争买卖时,在同盘中转卖,买回叫价时用之。伸手时手心向下,或向外,表示卖出;手心向上,或向内,表示买进。更以手指之屈伸,辅助其口喊之数目:伸食指为一;伸食,中两指为二;伸中,无名,小三指为三;伸食,中,无名,小四指为四;伸全手为五;伸大,食两指为六;伸大,食,中三指为七;伸大,中,无名,小四指为八;握拳为九;十则同一,伸食指,并呼十进价,以补助之。叫价时,除开始时须喊价格全

95

数外,此后可只报零数,如人钟牌标准棉纱,某月期货叫价为"一百三十八两九钱"时,开始须喊全数,继可只喊"九钱";惟至十位数变动时,则最后两单位,皆须喊出,以免错误。于买卖进行中,倘两经纪人约定价格而成交,则两人相近者,以两手相拍为表示,卖者手心向下拍,买者手心向上拍;两人距离较远者,以两手相招为表示,卖者手心向下招,买者手心向上招。

(己)多头空头及套头

交易所之投机人,大概可分为两派:一派曰"多头",一派曰"空头"。多头,为"看涨"者,故先买进,而后卖出。希冀于买进后,价格飞涨,转卖时,可以坐获巨利。空头,为"看跌"者,故先卖出,而后买进。希冀于卖出后,价格步落,买回时,可以仅出低价。故凡市场中多头较众,则求多于供,而价格有步涨之势;空头较众,则供多于求,而价格有步跌之势。惟除多头空头外,尚有所谓"套头"者。于民国十年十一年中,交易所极盛时代,最为流行。各经纪人做本所股票买卖,大半俱与"套头"有关。今试设例以释明多头,空头,及套头之关系。有经纪人甲,以本所股票一万股,卖与经纪人乙,每股九十元,以两月为期;希冀两月之内,股票价格步跌,再以贱价卖回,从中取利。是甲为空头,为看跌者,而乙为多头,为看涨者。惟倘于未至交割期前,股票出空头意料之外,并未下跌,且反上涨,至月底交割时,股票已涨至一百一十元,则经纪人甲,每股应损失二十元;经纪人乙每股应获利二十元。惟于交割之时,经纪人乙应缴现款,以换股票,遂向钱庄或其他金融机关,商借现款。其法,即以乙之股票,卖与钱庄;钱庄以现款交乙,每股照当时市价,每股作一百一十元。但钱庄于买进之后,立刻仍以收入股票,卖与原主乙,以二月为期;惟不依市价,自行订明票价,假定言明每股为一百三十元。此后于交割以前,倘股票继涨,能过一百三十元限度,则乙尚有赢利可图;否则乙即有损失之虞。此时乙之地位,仍为"多头",而钱庄之地位,则为"套头"。盖钱庄于一借贷间,已套获利益每股二十元,不必问此后股票之为涨,为落也。惟钱庄地位,亦有危险,倘股票出人意外,跌落过甚,多头无力交割时,恐做套头之钱庄,非特不能获利,或且致受其牵累也。此为套头之解释一。惟在今日之上海金业交易所中,其套头之性质,又与上述者完全不同。金业交易所之所谓套头,系专指做"套买",或"套卖"标金及外汇之人。今以套做标金及日汇为例:照金业交易所交割规定,以日金四百八十元,作标金一条,以当日汇丰银行初次所挂日汇价格为标准,折合规元,另加贴买方费银三两,以作了结。惟倘遇此项折合价格,与当日标金市价,不相符合时,可借套做,以图获利。依当时相差情状,或卖出标金,同时买进日汇;或买进标金,同时卖出日汇,于日汇,与标金折合间,取其差益。凡做此项套买套卖者,曰套头。此为套头之解释二。

(庚)顺扯与逆扯

顺扯与逆扯,为投机市场之二术语,又总称之曰"加码扯平",亦投机市场之一种特殊交易方法也。顺扯者,顺市场之势而加码,愈涨而愈买进;或顺市价下落之势而加码,愈落而愈卖出。例如某甲购进公债七年长期十万元,市价七十元。买进之后,上涨二元,市价增为七十二元。甲原可于此时,即行了结,获利二千元;但甲素具野心，且深悉债市情形，预度其必将继续上涨，不惟不行了结，且反加码再买十万元。前后所买进之公债二十万元，计扯价为七十一元。市价如再涨二元，加码更买二十万元，而扯价至七十二元半。使是后又涨一元者，则了结之后，可获利达九千元也。反之，如市价为继续之下落，亦可以愈落而愈出卖，以获大利，是曰顺扯。逆扯者，逆市价上涨之势而加码，愈涨而愈卖出；或逆市价下落之势而加码，愈落而愈买进。贵贱之价相扯，其平均数当可不致过贵，或过贱。为继续之卖出者，待市价下落时买回，可以获利；为继续之买进者，待市价上涨时转卖，亦可获利。例如某甲于购进七年长期十万元后，市价不涨而反跌，下落至六十八元时，甲势须亏折二千元；但甲不甘受损，且预料市价之必回涨，因于此时，加码再进十万元。扯平两次二十万元之交易市价，为六十九元。如是，则设市价回高一元，甲之损益，即可轧平；回涨二元，甲反可获利二千元矣。卖出之加码，亦同此例，是曰逆扯。逆扯者，须有极大之资本，始能继续交易，以待市况之转机，否则，中途不继，前功尽弃，必大亏折。故投机市场之经纪人，最欢迎顺扯之客户；最藐视逆扯之客户；甚且有专做顺扯之交易，而拒绝逆扯之买卖者，盖逆扯之危险较巨也。

五　交易之登记

凡一交易之成立，即须立时登入相当之账目，而交易始有根据。故于市场内有登账员之设置，以司大场账；同时买卖双方经纪人，又各有小场账之登记。

(甲) 大场账之登记

大场账,由交易所登账员专司之。登账员高居市场后方台上。凡一交易之成立,即由传声员,将买卖双方经纪人号数,成交之数量,及其约定价格,传达登账员。登账员即立时为登入大场账。大场账格式,极为简单。登记时,亦不装订成册。盖只求其登记时之手续简便,及敏捷;否则,即有不易照顾之苦,盖市场上成交极繁,且极速也。

定期交易场账

后　市

月　　期　　　　　记账价格_____

约定价格 $32.60			买进	卖出	件数	
买进件数	经纪人	卖出件数	1	9	10〇	第
〇		〇	5	2	30〇	
〇		〇	11	9	20〇	号
〇		〇	3	6	40〇	
〇		〇	17	9	30〇	
〇		〇	9	2	10〇	
〇		〇	9	7	40〇	上
〇		〇			〇	海
〇		〇			〇	证
〇		〇			〇	券
〇		计	〇		〇	物品交易所

照上列大场账,棉花后市,收盘,二月期货,计共成交七次:第一次,为一百件,由九号经纪人卖出,一号经纪人买进;第二次,为三百件,由二号经纪人卖出,五号经纪人买进;自此而三次,四次,以至七次,依次由传声员传达登账员,随时记入大场账,为交易成立之根据。

小场账式
一月十五日后市

约定价格 $32.50				2月期	
收	三	二	开	通州	
				标准	
买进				卖出	
对手(卖)		件数		对手(买)	件数
2		100		1	100
7		400		11	200
				17	300
净买进				净卖进	

9　第九号经纪人

（乙）小场账之登记

小场账，由买卖双方经纪人，各自登记。凡一交易之成立，经纪人即须将对方经纪人号数，及成交数量，立刻记入随身携带之小场账。今以九号经纪人小场账为例，棉花后市，收盘，二月期货，九号经纪人，共做五次：计卖与一号经纪人一百件；十一号经纪人二百件；十七号经纪人三百件；又向二号经纪人买进一百件；向七号经纪人买进四百件。九号经纪人于各交易成立时，即应立时依次将做成各交易，记入小场账；同时各对方经纪人，亦另有小场账之登记，以便核对。

（丙）对账之方法

观此，则每一交易之成立，必有三方面，同时为场账之登记：交易所之大场账，系将卖买双方相对记入；而卖方之小场账，则记有买方经纪人之号数；同时买方之小场账，亦记有卖方经纪人之号数，三账应互为对证。至于成交之数量，三账更应绝无出入。惟交易所市场，喧闹殊甚，成交又极繁多，有时难免发生错误，于是有对账手续之执行。对账者，即以买卖双方经纪人交所之小场账，与所中自记之大场账，互相核对之谓也。倘发现错误，则以"三从二"之法决定。设照九号经纪人小场账，有向二号经纪人买进一百件之记载，同时二号经纪人交入之小场账，亦有此项相对登记，则虽大场账并未登记，只可认为传声员，或记账员之遗漏，须将此项交易，补登大场账。设九号经纪人小场账，有向七号经纪人买进四百件之记载,而同时七号经纪人小场账,及交易所之大场账,俱并无此项记载,则可认为九号经纪人之误记,而取消之。倘确有此项交易,实为交易所登账员,及七号经纪人之遗漏,则于未注销前,不妨商询七号经纪人;如七号经纪人尚能追忆,加以承认,则交易作为有效,而补登之;如七号经纪人不加承认,则惟有命九号经纪人划去此项交易。此交易所各场账登记,及核对之大概也。

六　交易之交割

交易成立后,一经到期,即须交割。现期交易之契约期限,以五日,或七日为限。在此期限内,由买卖当事人,自行约定交割日。至迟于交割日午后一时,买卖双方,应将交割物件,及货价备齐;由交易所临场行之。但经双方同意,亦可请求自行交割。

(甲)交割之手续

定期交易之交割日期,如上海证券物品交易所,则以每月最终营业日之前一日,为交割日。以该日正午十二时,为最后期限。其地点,在交易所市场,或在交易所仓库,或由交易所临时指定之。交割之先一日,场务科即停止营业;计算科同时即举行交割计算。至交割日,以计算之结果,分写三份:一存计算科;一送会计科,由该科通知买进经纪人,尽交割日上午,将货款缴进;一送场务科,转知卖出经纪人,亦于上午,将物件提交交割处,领得收据,即于下午,向会计处领款;而买方经纪人,既缴货款,亦以其收据,于当日下午,至场务科取领物件。交割物如系货币、金银、证券等。卖者可将交割物件,交场务科。若系巨重之物件,则卖者可将交易所指定仓库所发出之仓库单,连同保险单、检查证,缴纳于场务科;场务科检点无误,给以收据。

(乙)检查之执行

交易所对于交割之物品,除证券外,须负检查之责任。盖交易所之买卖,多为大宗交易,交割物件,虽有标准,然其品质之究合格与否,其数量之超过,或不足与否,皆非经一定之检查手续,不能确定。此项手续,亦由场务科担任延聘专门技师行之。交割物品,于检查后,遇有不足,超过,或品质不合格时,可依下列情形分别处理之:(1)交割物品之总数量,遇有不足,或超过,未满百分之三时,可依标准价格,结算交割之;(2)交割物品之总数量,如缺少,或不合格,未满百分之三十时,由交易所通知卖主,自通知日起,限四日内补足之;若期内不为补足,即认为违约而处分之;如双方同意交割时,不在此限;(3)交割物品之总数量,缺少,或不合格,在百分之三十以上时,即为违约而处分之;(4)通知后补足之物品,如仍有不合格者,再限三日内更换之;若期内不为更换;或虽更换,而对于补足物量,仍有百分之十以上之不合格时,即为违约,而处分之。

第 三 编

中国交易所之计算及会计

第一章　交易所之计算

一　计算科之组织

在会员组织之交易所,非特在所一切交易,皆由会员自为经营;即其一切计算、会计等手续,亦皆由各会员自为处理;交易所绝不过问,原无所用其计算科也。惟股份组织之交易所,则不然。股份组织之交易所,对于所内各交易,负保证赔偿之责,故在所交易,虽由经纪人自为经营;而于一切银货之出纳,须代为司理;于一切账目之往来,须代为登记;登记之先,更须代为计算。此项手续虽繁;然一方面以保障顾客之委托,一方面正以保障交易所之利益:盖不如此,交易所将无从为一切买卖之保证;并无从负违约赔偿之责任也。吾国各交易所既俱系股份组织,故大都俱有计算专科之设。

(甲)计算科之分股

计算科之事务,颇为繁琐:故非分股办事,不足以专责任。交易所之规模较大,买卖种类较多者,其计算科,大都分为六股:一曰,差额股,专司各种"差额"(解释见后)之计算,及计算结果之记录;二曰,买卖股,专司经纪人本日实存买卖数量之登记;有时因差额股事务太繁,亦有代司一部"差额"之计算者;三曰,原定银股,专司原定银之计算,其计算结果,或应征收,或应付还,须分别通知经纪人,及会计科;四曰,追加及增加定银股,专司追加定银,及增加定银之计算;以便随时征收,随时退还;五曰,经手费股,专司经手费之计算;六曰,统计股,专司买卖上一切统计事项。计算科之事务既繁,故其所员人数,亦往往最多。兹以上海华商纱布交易所为例:据该所民国十五年之情形,计算科除正、副科长各一人外,有科员三十四人,及练习生二人,人数为各科之冠。

(乙) 计算科之地位

计算科之地位,于交易所极为重要。一方与场务科,有密切之关系;一方与会计科,有相连之作用。凡一交易之成立,计算科根据场务科之"场账",详为计算;至交割时,计算科更为交割之计算,通知场务科,为货物交割之执行。故一种交易之成立,及其结束,计算科,与场务科,俱息息相关。凡一交易之成立,有计算科之计算,而会计科于其出纳之执行,及其账目之登记,始有根据;至交割时,计算科更为交割之计算,通知会计科,为货价收付之执行。故一种交易之成立,及其结束,计算科,与会计科,又是互为唇齿者也。

二 计算区域之规定

交易所对于一切交易之计算,有"计算区域",或"计算界限"之规定。计算区域者,即交易所一切交易计算上之一时间范围也。其区域之规定,交易所各不相同:有以前一日之后市,与当日之前市为一计算区域者,如北平证券交易所;有以当日之前后二市,为一计算区域者,如上海纱布交易所、宁波棉业交易所、滨江粮食交易所等。照上海金业交易所之规定,则其"定期买卖,以每日前市十二点钟登账价格为标准,即差金之计算价格。……后市于四点钟时,照上次结价有五两上落者,再当结价;如无上落,归次日前市结价"。(见该所营业规则第三十四条)观此,则上海金业交易所系以前一日之后市,与当日之前市,为一计算区域。惟有一特异之点:即设遇后市涨落过大,于四点钟时,其市价较前市登账价格,相差至五两者,即须另行结价。在此种情形之下,不啻以一市为一计算区域也。

三 "未纳""了结"与"交割"之区别

凡交易所一买卖之结束,有"未纳""了结"及"交割"之不同。于计算上,关系极大。兹分别说明之如下。

(甲)"未纳"之意义

"未纳"者,在同一计算区域内,不论其同盘,或不同盘,经纪人受同一委托人之委托,为同种类,同月期,同数量之买进及卖出;或卖出及买进,两相抵消之谓也。例如上海华商纱布交易所某号经纪人,受顾客之委托,在前市开盘买进五月期之顺手十六支,人钟标准棉纱,一百大包;又受同一顾客之委托,在后市二盘中将在前市所购进之五月期棉纱一百大包,重行卖出。华商纱布交易所以前后二市,为一计算区域,故此项之买进及卖出,系在同一计算区域内。凡买卖之在同一计算区域内,互相抵消者,曰"未纳"。凡交易之为未纳者,纯为投机性质:仅为差金之收付,而不为实物之授受。

(乙)"了结"之意义

"了结"者,在不同之计算区域内,为同种类,同月期,同数量之买进,及"转卖";或卖出,及"买回",两相抵消之谓也。例如于本月三日,在上海金业交易所卖出五月期标金十平;于本月十日,即将前次卖出之标金十平,重行"买回"。前卖后买,月期同为五月;数量同为十平,两相抵消,即曰"了结"。凡交易之为了结者,亦纯为投机性质。

（丙）"交割"之意义

"交割"之意义，已如前述：即交易到期，买者付款；卖者交货，清理其交易之谓也。凡买卖之到期交割者，俱为实物交易，而非投机交易。

凡交易之为未纳者，其差额计算自有其对于未纳之计算法；凡交易之为了结者，其差额计算，亦有其对于了结之计算法；凡交易之为交割者，其差额计算，又有其对于交割之计算法。故于解释各种差额之前，有不能不于此三者，先详为区别也。

四 "价格"之种别

交易所为谋记账上之便利起见，另订有各种"价格"。除市场上之"约定价格"外，又有"记账价格""标准价格"及"公定价格"之规定。

（甲）约定价格

约定价格，为买卖双方，于成交时，言定之价格。继续买卖，成交一次，即有一种约定价格；故一盘之中，每月期交易；往往有数约定价格，至十数，或数十约定价格不等，全似成交之多寡而定。竞争买卖，当买卖双方约定时，虽亦有言定之价格；然一切计算，则均以最后由拍板人拍出之约定价格为标准；故每盘，每月期，只有一种价格。如上海华商纱布交易所之棉纱,棉花交易定期,共做六月;每日,每月期,共做八盘,则虽用竞争买卖,每一计算区域,每月期仍有八约定价格也。

(乙) 记账价格

记账价格,又名登账价格。盖因求计算统一,记账便利起见,交易登记时,于一计算区域内之多数约定价格,概置不用;而用另行酌定之一种折中价格。此项折中价格,即谓之记账价格;于记账之外,别无他用。至记账价格之如何酌定,则普通不出下列办法:(一)以一计算区域内,后市各月期之开、收两盘约定价格,平均所得之数,为记账价格;惟如在一计算区域内,仅有一市,则即以该市各月期之开、收两盘约定价格,平均所得之数,为记账价格;设各月期之买卖,在一市中,开、收两盘,缺一盘,或全缺者,即以最后一盘之约定价格,为记账价格。此项办法,如上海华商纱布交易所、北平证券交易所等,俱采用之。(二)以一计算区域内,前、后二市之开盘,收盘四约定价格,平均所得之数,为记账价格;惟如在一计算区域内,前、后两市,仅开一盘时,即以其一盘价格,为记账价格;如在一计算区域内,仅开两盘,或三盘时,即以其两盘,或三盘价格,平均之数,为记账价格。此项办法,宁波棉业交易所采用之。(三)以一计算区域内,后市,收盘,末次价格,为记账价格。此项办法,上海金业交易所采用之。(四)如市价有绝大变动时,开收盘之价格,或相差极多,则交易所可不循常例,以当日前、后各盘中之最近约定价格,为记账价格。上海华商纱布交易所,且有此项明文之规定。记账价格,既为谋计算,及记账便利起见之一种酌定价格,则其数目,自以简易为标准,故常有减少小数位之规定。如上海证券物品交易所记账价格之以一两,或一元为最小单位;华商纱布交易所记账价格之棉纱以一两;棉花以五钱;棉布以五分为最小单位是。其小数,普通用"四舍五入"法截去之。表1为上海华商纱布交易所自十八年一月二十一日,至二十六日,一周登账价表,及计算科所用以计算记账价格之"记账价格表",借供参考。

表1 上周纱布交易所登账价格表(见十八年一月二十八日申报)

表1-a 顺手十六支棉纱人钟标准(反手十支二十支代用)

月期	星期一	星期二	星期三	星期四	星期五	星期六
一月期	162.0	162.0	162.0	161.0	161.0	161.0
二月期	161.0	161.0	161.0	161.0	161.0	161.0
三月期	161.0	161.0	161.0	161.0	161.0	161.0
四月期	160.0	160.0	160.0	160.0	169.0	160.0
五月期	159.0	159.0	159.0	158.0	158.0	158.0
六月期	159.0	159.0	159.0	158.0	158.0	158.0

表1-b 棉花(汉口细绒标准)

月期	星期一	星期二	星期三	星期四	星期五	星期六
一月期	33.00	33.00	32.50	32.50	32.50	32.50
二月期	33.50	33.50	33.50	33.00	33.00	33.00
三月期	34.00	34.00	33.50	33.50	33.50	33.50
四月期	34.00	34.00	34.00	34.00	34.00	34.00
五月期	34.50	34.50	34.50	34.00	34.50	34.00
六月期	35.00	34.50	34.50	34.50	34.50	34.50

表 1-c 记账价格表

1月21日

种类	市别	盘次	1月期	2月期	3月期	4月期	5月期	6月期
顺手十六支棉纱（人钟标准）	前市	开						
		二						
		三						
		收						
	后市	开	161.90	161.20	161.30	159.80	158.80	158.70
		二						
		三						
		收	161.80	161.00	161.20	159.60	158.80	158.70
		记账价格	162.00	161.00	161.00	160.00	159.00	159.00

（丙）标准价格

标准价格者,即交易所行交割计算时,所酌定之计算价格也。买卖成交时,有约定价格之成立;但因每日约定价格之复杂,为谋记账之便利起见,而有记账价格之酌定。记账价格在每一计算区域内,虽仅有一个;然各物品之定期买卖,少则两月,多则六月;即如宁波棉业交易所之棉花交易,以三个月为限,每月期,自开拍日起,至到期交割日止,即有九十左右之计算区域;亦即有九十左右之记账价格。至交割日期,甲、乙等交易,则以成交于第一日,须依照第一日之记账价格,实行交割;其余丙、丁等数十,或数百交易,则以成交于第二日、第三日,或第四五等日,又须依照各该日之记账价格,实行交割。若此,则每届交割,即须依照此九十左右之不同记账价格,分别处置,其繁琐孰甚？倘如上海华商纱布交易所之棉花定期交易,以六个月为限者,则于此期限中,将有一百七八十记账价格之成立；交割时之繁琐,将更倍之,此交割时,标准价格之所以不能不另行酌定也。至其酌定之法,通常以交割前最近数日之记账价格平均之。如上海证券物品交易所、滨江粮食交易所等,则以交割日前五个记账价格,为计算根据；而上海华商纱布交易所,则以交割日前三个记账价格,为计算根据。其求出价格,所有小数,亦以四舍五入法截去之。要不过求其价格之简易平准,便于计算而已。

(丁) 公定价格

公定价格,又曰公定市价。从一日间经过之市价,用极正确方法计算之,用作统计之材料者也。在吾国旧颁之《证券交易所法》,《物品交易所条例》,及近颁之《交易所法》,俱有公布每日公定市价表之规定。其计算方法,现期买卖,以一日间某种类成交之总量,除其总代价；定期买卖,则以一日间某种类,某月期成交之总量,除其总代价。其公式如下：

$$公定价格 = \frac{开盘成交件数 \times 开盘约定价格 + 二盘成交件数 \times 二盘约定价格 + \cdots\cdots}{成交总付数} = \frac{总代价}{总量}$$

设某日,某月期之棉花约定价格,共有四种：每担三十二两者,计成交一千担；每担三十二两五钱者,计成交二千担；每担三十三两者,计成交五百担；每担三十二两八钱者,计成交一千五百担,则其公平市价,应得每担三十二两五钱四分,如下式：

$$\frac{32 \times 1,000 + 32.5 \times 2,000 + 33 \times 500 + 32.8 \times 1,500}{1,000 + 2,000 + 500 + 1,500}$$

$$= \frac{32,000+65,000+16,500+49,200}{5,000} = \frac{162,700}{5,000}$$

= 32.54 公定价格

兹更举上海证券物品交易所自十八年一月二十一日,至二十六日,一周公定市价表(表2)如次,以作参考。

表2 上周上海证券物品公定市价表(十八年一月二十八日申报)

表2-a 顺手十六支棉纱(欢喜标准)(反手十支二十支代用)

月期	星期一	星期二	星期三	星期四	星期五	星期六
一月期	161.90	161.90	161.97			161.90
二月期						160.80
三月期						161.30
四月期	159.70					
五月期						
六月期						

表2-b 棉花(汉口细绒标准)

月期	星期一	星期二	星期三	星期四	星期五	星期六
一月期	32.93	32.90	32.73	32.45	32.23	32.45
二月期			33.34	33.05	32.90	32.95
三月期	33.95			33.35		33.40
四月期	34.30	34.05	34.00	33.75	33.70	33.90
五月期			34.35	34.20		34.25
六月期	34.95	34.75				34.63

表 2-c 月　　期

种类		公定市价计算票		月　　日
市别	盘次	件数	约定价格	总价银
前市	开			
	二			
	三			
	收			
后市	开			
	二			
	三			
	收			
共　　计				
公定市价				

注：以上四种价格，除公定价格，仅用作统计材料外，其余三种价格，为计算"差额"所缺一不可。故于解释各种差额以前，亦有不能不预为略述者。

五　各种"差额"之计算

"差额"之种类有四：一曰"当日差额"；一曰"未纳差额"；一曰"了结差额"；一曰"交割差额"。其计算极繁，计算科另设差额股专司之。

（甲）当日差额之计算

当日差额之计算，为同一计算区域内，记账价格，与各个约定价格之差额。交易所每日成交各买卖,原各有其约定价格。为计算便利起见,交易所因将十百种不同之约定价格,折成一记账价格,已知上述。然实际上,成交之价格,仍为各个约定价格。记账,则为记账价格;实际,则为约定价格,于是此两种价格之差额,遂不得不立为计算;通知买卖双方;应收,应付,将此项差额,先为算清。以后约定价格,即无存在之必要;而记账价格,自此即为唯一之计算价格。兹更设例以明之:上海华商纱布交易所一号经纪人,受顾客委托,向二号经纪人,买进棉纱五十大包;其约定价格,为每包一百六十二两;而当日之记账价格,则订定为一百六十两。实际,与记账,每包差银二两。一号经纪人,为买主;实际以一百六十二两买进之棉纱,今记账只作一百六十元;将来每包可少出二两,因之,沾利一百两。二号经纪人,为卖主;实际以一百六十二两卖出之棉纱,今记账只作一百六十元;将来每包须少收二两,因之,受损一百两。此因另定记账价格,而发生之损益,即当日差额之所由来也。一号经纪人,因用此项记账价格,而沾利,即须将此项差利一百两,送还交易所。二号经纪人,因用此项记账价格,而受损,可向交易所收回其差损,以资补偿。一付一收,盈亏相抵,自后此项价格,即用为计算根据;而当日成交时之约定价格,即归于消灭。

(乙)未纳差额之计算

未纳之意义,已如上述;故未纳差额,为在同一计算区域内,前买进,与后转卖;或前卖出,与后买回两约定价格之差额。买卖对销,既在同一计算区域内,自可以两交易各自约定之价格,为差额之计算,其理至明。设十号经纪人,代顾客,于当日前市,二盘,向二十号经纪人,买进本月期棉纱一百大包。该盘约定价格,为每包一百六十两。后市,纱价上涨,顾客见有利可图,急思脱手;即委托十号经纪人,于后市三盘,将该货代为转卖。该盘约定价格,为一百六十二两。每包有差额二两,百包共得利二百两,是曰未纳差额。

(丙)了结差额之计算

了结云者,为同种类,同月期,同数量之证券,或物品,在一计算区域内,先为卖出;于未到期前,在另一计算区域内,另为买回;或在一计算区域内,先为买进;于未到期前,在另一计算区域内,另为转卖之谓,亦已前述。故了结差额,为在不同一计算区域内,前买进,与后转卖;或前卖出,与后买回时,两记账价格之差额。了结,既在不同一计算区域内,则其先为买进,或卖出之时,已将当时约定价格,折为记账价格,行当日差额之计算,及收付矣;故当以前成交日之记账价格为标准。及后未到期而转卖,或买回,则当时又有当日之记账价格。故此时作了结之计算,应用当日之记账价格,与前日买进,或卖出时之记账价格,为计算之标准也。

(丁)交割差额之计算

交割差额之计算,为前日成交时,折合之记账价格,与交割时,折合之标准价格之差额。盖交割云者,系交易到期时,一方付款,一方交货之谓。故交割时之计算,亦应用各交易之记账价格。然每届交割日,其每种交割物品,既系于数月内,陆续成交;其记账价格,以六个月为最长期限者,且有一百七八十种之多;则其交割计算,非有一统一价格,复杂实甚,此意已略陈于前。于时有标准价格之另定。然于计算上,系用另定之标准价格;于实际上,应用前日之记账价格,此两价格之差额,遂不得不另为计算。对于买卖双方,或应征收,或应付还;庶买卖双方,可以不因此标准价格之规定,而受其应响。此项差金,大都于交割后,证据金付还之际,清算之。

六　各种证据金之计算

证据金,分本证据金、追加证据金及增加证据金,已详前述。以上各种证据金,征收或退还之执行,端恃计算科之随时计算。设计算结果为应征收,即通知征收之;为应退还,即通知退还之。计算科亦特设专股,分司其事。

(甲)本证据金之计算

本证据金,系根据经纪人当日各种类,各月期买卖之数量,计算征收之。如华商纱布交易所之定期棉纱,其本证据金,规定为每包九两。若一号经纪人,向二号经纪人,买进本月期棉纱五百包,则其应缴本证据金,为四千五百两;同时卖主二号经纪人,亦须为同等数额本证据金之缴纳。惟交易所对于买卖"两存"者,往往定有通融办法。如上海证券物品交易所对于"同种类、同期限、同数量、同价格之同时买卖两存者,其一方,或双方之交易证据金,得免其缴纳"。盖因价格变动时,一方虽受损;而他方则得益,损益相抵,仍得其平。此为交易所优待经纪人办法,同时经纪人仍得向双方委托人,照章征收本证据金也。交易所亦有实行"单存"办法者。如宁波棉业交易所,规定"同种类、同期限、同数量、同价格之同时买卖而存者,须交双方之交易证据金"。本证据金于履行"了结"或"交割"清算终了时,退还之。

应纳本证据金总清单

_____月_____日 　　　　　　　　　　　　　经纪人_____

月期	银额					
	百	十	万	千	百	十
月期						
月期						
月期						
月期						
月期						
月期						
合计						

上海证券物品交易所

(乙)追加证据金之计算

追加证据金者,为于本证据金外,因价格变动,超过规定之范围,向损者一方,加征之证据金也。所谓价格变动之规定范围,通常为本证据金之半数。如价格涨落之数,不及本证据金之半数,则不征收。故追加证据金，非交易成立后必有之情形。吾国交易所常例，凡价格变动及本证据金之半数者，征收"一回"；倍此数，则征收"二回"；自此而三回，四回，可依次递加。惟曾经征收追加证据金者，至价格回复时，须照数退还之。如价未回复，则至了结，或交割时，亦须与本证据金同时退还。惟征收时，仅系一方；价格涨，应向卖者一方征收；价格落，应向买者一方征收。今举例以明之：设华商纱布交易所之人钟标准棉纱，于五月一日，其记账价格为每包一百六十两，其本证据金为每包九两。此时倘一号经纪人，向二号经纪人，买进本月期（五月期）棉纱五百包，则当日交易所应向买卖双方，各征收本证据金四千五百两。设至五月二日，棉纱之记账价格，上涨至一百六十四两，相差虽已四两，然尚未及本证据金之半数，故尚无向任何一方征收追加证据金之必要。至五月三日，纱价继续上涨，结果，该日记账价格为一百六十五两，较一日之价格，已相差五两，超过本证据金每包百元之半数，故须向损者一方征收追加定银"一回"：计每包四两半，五百包，共银二千二百五十两。价格上涨，卖方为损者，故应向二号经纪人征收之。至五月四日，纱价忽大跌。该日记账价格，只为一百五十六两，则买进之一号经纪人，虽尚不须缴纳追加证据金，而已纳追加证据金之二号经纪人，因纱价回复，交易所须将前次因纱价涨至"一回"时，所征收二千二百五十两之追加证据金退还之。至五月五日，纱价继续大跌。该日记账价格，落至每包一百四十九两。是时价格较一日成交时，跌落之数，计十一两，已逾本证据金定率半数之二倍；即须征收二回之追加证据金，向损者一号经纪人一方征收银四千五百两。按此情形，于买卖双方，或应征收，或以价格回复而退还，皆应随时计算者。故计算科特设专股以司之。

月期追加证据金征收通知单

经纪人	买卖或出进	回数	追证定率	件　数		
买卖种类				追加证据金额		
				合计		

台照

上海证券物品交易所

月期追加证据金征收单

经纪人	买卖或出进	回数	追证定率	件　数		
卖买种类				追加证据金额		
				合计		

(丙)增加证据金之计算

增加证据金,为于市价有大变动时,交易所向一方,或双方,即时征收之证据金也。不论其变动为何种情由,价格之涨落极大,则交易虽成立,于将来交割时,恐生窒碍。此不仅限于向受损一方征收,即得益一方,亦可同时并收之:因市面变动既大,今日暂时得益,明日或即受变动影响,而受损;甚或比盘得益,而下盘即生变动而受损,均难预卜。故为安全起见,恒向双方并收。增加证据金,既系临时为市面不稳时所征收,故无回数之可言。若至市面已趋平稳,或已了结,或已实行交割,则自当立即退还。观此,则交易所之征收增加证据金,实为抑制投机狂热之一种手段,而非常有之情形。在计算科中,不必独立一股,只须与追加证据金合并而计算之。至其方法,实无异于征收一回之追加证据金也。

关于各种证据金计算之结果,须立即登录收付总单,分别送交经纪人,及会计科,以便即时征收。若当日不及登录收付总单,即须另录征收单中,以求征收手续之可以迅速履行。

七 经手费之计算

经手费,系交易所向经纪人买卖双方征收者也。股份组织之交易所,既为经纪人设立市场;又为经纪人行计算,出纳及保管等事务,则其需费,自可直接向经纪人,间接向委托人征收之。经手费之计算,极为简单。因经手费应征之数,既经规定,则根据一计算区域内,各经纪人、各种类、各月期成交之总数,计算其应纳之经手费;即由计算科之经手费股,作成通知单,通知各经纪人及会计科,即告毕事矣。

第二章 交易所之会计

一 会计科之组织

会计科之任务繁重,除编制、登记及保管各项账簿,及计算书类外,若会计系统之规定,预算决算之编造,保证金、交易证据金、交割价银、经手费、差金等之收付,有价证券、现金及其他财产之保管与出纳,均为会计科范围内事。任务极繁,责任极大:故非分股任事,不足以专职守,而一事权。

(甲)会计科之分股

会计科大多分为三股:一为现金出纳股;一为代用品出纳股;一为账务股。凡关于建筑及修理房屋、购买及添置器物等费用之出纳;关于身分保证金,交易证据金,差金,经手费,交割价银,预托金,及各种营业费中之薪金、工资等项,损益费中之利息、过户费、过怠金等项之出纳,均由现金出纳股掌之。凡身份保证金,及交易证据之代用品,如有价证券或杂币等,其缴进,及退出,均由代用品出纳股司之。凡交易所中之账册上事务,均由账务股专司之。账务分单据、账册、表格三种。其手续次序,则根据单据,过入账册,然后分立表格。单据,如传票及各项收据等;账簿,如日记账、分类总账、分户账及证据金账等;表格,如日计表、月计表、对照表等,为事极繁。会计科除分项收据等;账簿,如日记账、分类总账、分户账及证据金账等;表格,如日计表、月计表、对照表等,为事极繁。会计科除分设三股外,尚有保管库之特设,以保管现金、代用品,及交易所各部、各科之重要簿册账目。

(乙)会计科之地位

会计科,与计算科之关系最切;与总务科之关系次之;与场务科之关系为最浅,除于交割时,货价收清,例由会计科通知场务科,俾得为货物交割之执行外,会计科与场务科,即无其他重要直接关系。至于总务科,既为交易所之庶务,文牍机关,则凡设备、供张、添置、修理等一切事务,俱有现金出入之必要;凡遇此类事务发生时,总务科即须将其原由、用途,逐项详报会计科,然后执行收支;同时会计科方面,亦设有相当账簿,以备随时登记。此项与总务科有关事务,约占会计科全部工作十分之一二。其余十分八、九之工作,俱来自计算科。凡关于经纪人买卖之状况;各种费额之应征收,或应退还等种种事务,均根据计算科计算之结果,分别为收付、保管及登记手续。则其与计算科关系之密切,概可想见。

二　会计科目之订定

交易所业务，极为繁杂；而各项交易之性质，又互有异同：有为负债者；有为资产者；有为损益者。若不详为辨别，任其混杂，则债权，债务之情形；损失，利益之实况，殊难明晰。故主任交易所会计者，必须就交易所各交易之性质，附以适当之名称，使各有归纳；始能便于记载，易于查考。此项名称，谓之会计科目。惟各交易所科目之多寡，既不相同；科目之名称，又时各异。兹举上海证券物品交易所之会计科目为例；并略加说明，以资参考。

(甲) 负债类会计科目

上海证券物品交易所之负债类会计科目，计共二十有八种，兹分述之于后：

（一）股本总额。股本总额，为成立时规定资本之总额。其已全数缴足者，即为实缴股本；其仅缴纳一部者，则于资产类科目，即须另有"未缴股本"一项之列入。未缴股本，与股本总额之差数，即为实缴股本。此为交易所对于股东之负债。

（二）公积金。公积金，为于每一结算期，提存所获利益之一部，另储以备不虞，或借以扩张营业者也。其提存方法，各交易所于章程中，俱详为订明，如上海证券物品交易所，则有"本所每次结账期间，于总收入款项中，扣除总支出外，为纯益金，先提出公积金十分之一"之规定。

（三）特别公积金。凡为预防未来之特别支出，或为特种之目的，而提存者，概谓之特别公积金。如为谋所员之幸福起见，于纯益中，预提公积，以供日后建筑俱乐部之用，即其一例。

（四）房屋器具减价准备金。凡房屋久经居住，器具久经使用，日渐敝旧，而价亦随减；故每届结算时，必廉估其值。其折减之数，自纯益中另提存之，以备日后重置之准备。此房屋器具减价准备金之由来也。

（五）未付红利。凡红利之已分配，而股东尚未领取者，入此科目。为交易所对各股东之负债。

（六）发起人特别利益金。发起人特别利益金，用以酬报各发起人发起创办之劳绩。通常于章程中，亦加明订，如上海证券物品交易所之定为纯益金百分之五。此项利益金，为交易所对各发起人之负债。

（七）职员酬劳金。职员酬劳金，为奖励各职员办事勤奋之用。为交易所对职员之负债。

（八）所员退职金及抚恤金。所员退职金，及抚恤金，俱为优待所员而设。所员在所效力多年，因不得已事故而辞职；或因年老不能继续工作而告退，交易所有退职金之酌给，以酬其过去多年之劳绩。所员因公受伤；或因公损身；或于交易所素著劳绩，而中途身亡者，交易所有抚恤金之酌给，以补助其病时之医药费用，及其身后之家族后嗣。此两项款额，亦须自纯益中提出，为交易所对所员之负债。

（九）上期滚存。自前期之利益中，提去公积金、准备金、红利及酬劳各金等项，而以其余数结入后期，谓之上期滚存。但至决算时，仍应列损益项下，一并总结之。

(十)前期损益。每届决算后,所有纯益,即用此科目,转入次期账内,然后分配之。如为损失,则应列入资产科目。

(十一)经纪人保证金。经纪人存所之保证金,原为身份保证之用。在经纪人为资产,在交易所为负债,自无疑义。

(十二)经纪人保证金预存。凡经纪人存所之保证金代用品,超过其应缴数额时,以此科目处理之。与下列"证据金预存"一科目,其性质极相似也。

(十三)本证据金。为交易所对经纪人之负债。

(十四)追加证据金。亦为交易所对经纪人之负债。

(十五)特别证据金。亦为交易所对经纪人之负债。

(十六)证据金预存。交易证据金,原可以交易所指定之有价证券,或银行存单等代用之;然有价证券,或存单之价格,未必即与应缴证据金之数额相等。数额不敷时,固应由经纪人立时补足;惟数额超过时,交易所并无找还之义务,此时交易所即可以超过数额,作为证据金预存。又交易证据金,时征时还,每次应征,或应还之数额,未必常能相等;若逐次分割支配之,使相适合,则非特手续太繁,且亦为事实所不能,故以证据金预存之科目处理之。其性质与各项证据金同,亦所中之负债也。

(十七)准备交割物件。卖方经纪人,以其已卖出之物品,缴纳所中,以备到期交割之用者,是谓准备交割物件。此项预存物件,交易所既负责收下,自为交易所对经纪人之负债。

(十八)交割货款。交割日,买方经纪人既得所中通知,应即尽当日午前,将交割货款,缴纳所中。交易所既收入货款,即应立为登记,此所以于负债方,有交割货款之一科目也。

(十九)经纪人储金。交易所为厚集经纪人资力起见,规定各经纪人在所做一交易,即须缴存少数储金。积至会计年度终了时,始行全部发还。是于身份保证金,及各项证据金外,另外一种担保也。惟于未发还前,在交易所为负债。

(二十)所员储蓄金。所员储蓄金,为交易所对于所员之一种强制储蓄。于所员薪水,或奖金中,按照规定率提存之。于储存期内,为交易所对于所员之负债。

(二十一)银行钱庄往来。银行钱庄往来,倘为交易所存款,即须列入资产科目。既为负债科目,必为交易所向银行,钱庄之透支可知。盖交易所往往与已有往来存款之银行,钱庄,约定在固有存额之外,得再于一定范围内,填写支票,透用款项。此项往来透支,为交易所对银行,钱庄之负债。

(二十二)借用金。交易所事业既繁,需款极巨,资金往往有不易周转之虞。虽可与银行、钱庄订立透支办法;但所需之数,往往须溢出预定透支限度之外;或此项银款,暂时不能筹出归还,于是不得不通融借款。此借用金科目之所由设也。

(二十三)备抵经纪人往来款项。备抵经纪人往来款项一科目,与资产类中之经纪人往来抵押品一科目相对照。盖经纪人透用交易所款项时,须缴纳相当之抵押品。此科目即用以表示交易所对于此项抵押品之负债者也。

(二十四)押租及押柜。押租,及押柜,均为他人存所之款项,其性质与保证金相同,故为交易所之负债。

(二十五)代存款项。代存款项一科目,与资产类中之代管物件一科目相对照。交易所受托代管债券、股票等件时,自当以此项债券、股票,列入资产类;同时即不得不于负债方面,另开一科目,以明其负债之所在。此代存款项一科目之所由设也。

(二十六)备抵贷出金款项。备抵贷出金款项一科目,与资产类中之贷出金抵押品一科目相对照,为备抵贷出金抵押品之用。

(二十七)暂收金。暂收金,乃收入银款,其用途暂未明了,一时无科目可归者。自亦为交易所之负债。

(二十八)应付未付利息。利息之应付未付者,交易所对于领取人自为负债。

(乙)资产类会计科目

上海证券物品交易所之资产类会计科目,计共二十有四种,兹亦分述于后:

(一)营业用地基房屋。交易所地基,房屋,为交易所之资产,自无疑义。故于其当初购置,及建筑时,付值之数额;此后于地基之增添,或减少;于房屋之新建;及旧有房屋估值之折减等,均须以此科目整理之。

(二)营业用器具。营业用器具,亦为交易所之资产。其处置与上项地基,房屋同。凡旧器具之折减,新器具之添购等,均归入此科目。

(三)兴业费。兴业费,或曰创业费,又曰开办费。其科目名词,虽有异同,其为交易所于筹备设立期内,一切消耗之费用则一,如广告、房租、开会、杂项等均是。有于开办前设养成所,以造就专门人才者,此项费用,亦得列于兴业费科目内。惟兴业费既为消耗,则似应属于损失项下;而今以列入资产科目者,自有其故:盖兴业费用,为数极大,开始营业,基础未固,若迳全数提销,恐交易所不能胜任,危及事业本身;况此项费用,亦有其一部之永久性质,如所员之养成，其有利于交易所前途，决非一旦一夕，即行消灭，故交易所对于兴业费，恒以逐年分摊法，减少其数额；至摊完时，此项科目，即不复存在；而于未摊完前，则仍应视作资产而保存之。

（四）标准货样。交易所为便利买卖起见，大都有标准物品之选定。标准既定，则若者高于标准；若者低于标准，可以制定等级表，为交割时授受之根据。然交易所必备有标准物品之货样，庶可随时参考，避免争执。此项标准货样，既为交易所所出资购置，自为交易所之资产，故为资产类科目。

（五）有价证券。有价证券，为交易所有余资时，买卖之公债、股票等，其购入，售出，均以此科目整理之。

（六）储藏品。储藏品，为交易所预购备用物品。盖交易所各科所用文具、印刷品等，为数甚巨，均系预购大宗，先入此科目，俟支用时，即陆续转入营业费支消之。

（七）营业保证金现金。吾国《交易所法》有交易所于设立时，应缴纳营业保证金于国库之规定。此项保证金，其一部须为现金。虽存放于国库，其为交易所之资产则同。

（八）营业保证金证券。营业保证金，其一部可用有价证券为代用品。就交易所利益而言，纳入现金，政府既不给息，则缴存愈多，交易所之受亏愈大。其有价证券之一部，则所附利息，仍归交易所，故仍保存其一部之利益。凡营业保证金证券之一部，均以此科目整理之。

（九）经纪人保证金代用品。经纪人在所买卖，均须有保证金之缴纳，以为身份之保证；而此项保证金，不限于现金，亦得以交易所指定之有价证券代用之。此项代用品之收入，交易所即对于经纪人为负债；而此项收入之代用品，亦即为交易所之资产。凡经纪人保证金之收付,变更,悉归入此科目内。

（十）证据金代用品。证据金代用品,其性质与上项经纪人保证金代用品,完全相同:交易所一方对于经纪人为负债;而一方对于代用品,则为资产。

（十一）提交现品。卖方经纪人,以其已卖出之物件,提交交易所,由所代为保管,以备到期交割之用者谓之提交现品。此项现品,既由经纪人寄存交易所,交易所自对经纪人为负债,故于负债类,有准备交割物件一科目之设立;惟此项物品,于其寄存时间,一方应为交易所之资产,始能两相对销,故于资产类,有提交现品一科目之设立。

（十二）交割货款。交割货款一科目,于负债类中,已略为解释。交割货款,于交割前,买方经纪人,既须预为缴纳,则就交易所方面言,必先收入,方有付出,其科目似应常为负债。但事实上,有不尽然者:设买方货款未齐,向所中通融代垫,则此时交割货款,当为资产科目矣。以后买者付还垫款时,仍以此科目处理之。

（十三）结算差银。结算差银,为交易所垫付之了结差银。因定期买卖,于期前均可随时转卖买回。往往有益者先已了结;而损者尚未结束。其益银即须由交易所暂垫,俟将来损者了结时,方可收回也。

（十四）经纪人往来。经纪人除关于交易上收付之外,与交易所尚有普通之往来。如经纪人透用所中款项,即为所中之资产,此经纪人往来之所以为资产类科目也。

（十五）银行钱庄往来。交易所大都与银行,及钱庄,立有往来存款户。凡交易所收入之现金,或即期票据,如以之存入银行,及钱庄,即当以此科目整理之;设支付之款项,不以现金,而用支票,亦应以此科目以整理之。

（十六）定期存款。交易所有暂不需用之款，往往以较长之期限，存储银行，以得较高之利息。其存入，及取出时，均用定期存款一科目整理之。

（十七）贷出金。交易所除与经纪人立有往来透用办法外，尚有贷款于经纪人之办法。贷款可以收回，故贷出金为资产类中之科目。凡贷出金之贷出，及归还，俱以此科目整理之。

（十八）经纪人往来抵押品。经纪人透用交易所款项时，应缴纳相当之抵押品。当其存所时，此项抵押品即为交易所之资产；同时于负债类科目中，另设备抵经纪人往来款项一科目，以明此项抵押品负债之所在。

（十九）押租及押柜。本科目之押租，及押柜，为交易所对于租赁房屋、仓库、装置电灯、电话等所付出之保证金也。此类款项，虽存他处；但债权仍属所中，故为资产之一。

（二十）代管物件。交易时有时受他人委托，代为保管股票、债券等物件，其存入取出，均以此科目整理之。于负债方面，另设代存款项一科目，以明此项代管物件负债之所属。

（二十一）贷出金抵押品。交易所贷款于经纪人，有相当抵押品之征收。如债券、股票、存单、存折等，均可用作抵押品。当其存所时，此项抵押品，即为交易所之资产；惟于负债方面，另设备抵贷出金款项一科目，以抵消之。

（二十二）暂付金。交易所付出款项，以其用途不明，暂无科目可归者，即以此科目处理之。迨将来用途既明，再于此科目，及确定之其他科目，行转账手续结束之。故在未结束之前，款虽已付，而仍能保存其资产之性质。

（二十三）应收未收利息。利息之应收而未收者，虽尚存他处，其债权则已属所中，故为资产类科目。

（二十四）现金。现金之为交易所资产，可无疑义。除硬币、纸币外，凡有现金性质之支票、庄票等，均属之。

（丙）损益类会计科目

凡表示事业财产之增减者，曰损益。故凡属此类科目者，一次交易之后，其权利义务，即互相消灭，不复存在：如营业费，赔偿金等，一经付出，即无收回之权利，故谓之损失；如经手费，过户费等，一经收入，即无付还之义务。故谓之利益，照上海证券物品交易所之会计科目其属于损益类者，计十有七，试分释如下。

（一）经手费。经手费，为交易所唯一之大宗收入。直接取之于经纪人；而间接取之于买卖双方。交易所既收经手费，即无退还之义务，故此项科目，纯属利益方面。

（二）利息。利息，有收入，及付出之别：凡利息之收入者，属于利益方面；而利息之付出者，则属于损失方面。交易所征收之各种证据金，为数极巨，以之存入银行，可得相当之利息，此为交易所收入利息之大宗；而投资有价证券之利息，亦属于利益方面。至如借用金应付之利息，则属于损失方面矣。

（三）有价证券损益。有价证券损益，即有价证券买进卖出，价格有高低时，所受之损益也。买进时市价，高于卖出时市价，则为损；买进时市价低于卖出时市价，则为益。

（四）银洋兑换损益。凡银两与银元，兑换折合之损益，概用此科目整理之。

（五）过户费。过户费，为交易所对于本所股票更换户名，补给新票时，所征收之手续费也。过户费，概由买主担任，为交易所利益之一种。

（六）检查费。检查费，为每届交割，须交易所执行物品检查时，所征收之费用也。检查费，由卖方担任，纯为交易所之利益。

（七）房租收入。交易所有余屋分租时，所收入之租金，亦为交易所之利益。

（八）栈租收入。交易所以仓库出租时，所收入之租金，自亦属利益类。

（九）杂损益。凡未能归纳之杂项损益，均纳入此科目。

（十）营业费。营业费之范围最广，凡保险费，薪金，工资，旅费，税金，广告费，修缮费，交际费，文具费等，俱属之，为交易所大宗之损失。

（十一）赔偿金。交易所于拍板，或计算上，发生错误，而致经纪人受损失时，交易所应负赔偿之责。又如经纪人违约时，被违约者所受损失，亦须由交易所负责赔偿，此赔偿金一科目之所由设也。

（十二）上期滚存。解释已见前负债类第九目，兹不赘。

（十三）摊提兴业费。兴业费，为交易所于筹备，及设立期内之各种费用，为数极巨。故恒用分期摊提法，使逐渐减少，以迄消灭。于未消灭前，每届结算，即须提出利益之一部，以弥补创业时之大宗费用。此摊提兴业费之一科目，所以列入损益类也。

（十四）提存房屋器具减价准备金。此项准备金，应于结算时纯利中提出，故亦入损益类科目。

（十五）所员奖励金。每会计年度终了时，如营业成绩甚好，纯益较多，则先提出一款，分奖所员，然后结算。分奖时，即以此科目付账。

（十六）特别劳绩金。特别劳绩金，与前一科目不同：前一科目，为一般所员之普遍奖金；而本科目则为特别劳绩者之特奖也。

（十七）经纪人奖劳品。本科目为购办物品，酬劳经纪人之费用。

三　传票之运用

传票者，记账之凭单也。交易所事务极繁，处理非易。每一买卖，大都须经历数科，登记数账。倘转辗传授，全凭口述，则于金额、人名、科目等紧要，而琐屑之事项，难保其绝无错误。此交易所登账，所以大都全以传票为根据也。传票为一纸单，共分三栏：左为"转账摘要"栏；中为"摘要"栏；右为"金额"栏。凡一种交易之发生，由经手所员，将其事项，详细记入传票。按其事件所应经过之各科，依次遍传；而各科即依其所记者，而处理之。处理既毕，盖印票面，以证其业已处理；并借以明其责任之所在，为日后发生错误时，稽查之地。此交易所运用传票之大概也。

（甲）现金收付之传票

现金收付之传票，计分两种：一曰，收入传票，为现金收入时之用；一曰，支付传票，为现金支付时之用。而此收入及支付两种传票，又有银两传票，及银洋传票之分。盖交易所之实际货币单位为银两，凡一切市场买卖计算俱用之；而同时一小部关于交易所营业费用等之收付，则用洋码，记账时因不能不同时用两种货币单位：

其收付之为银两者，则须用银两传票；收付之为银洋者，则须用银洋传票为易于辨别起见，银两，及银洋两种传票，其纸章恒用不同颜色；而收入，及支付两种传票，其印刷恒用不同墨油。故视纸章颜色，即可立知其为银两传票，或为银洋传票；视印刷颜色，即可立知其为收入传票，或为支付传票。以上海证券物品交易所为例，其银两传票，概用粉红色纸；而银洋传票，则概用纯白色纸。无论银两，及银洋，收入传票，概用红色墨油；而支付传票，则概用蓝色墨油，故极易于辨别。是亦避免错误，简省手续之一法也。兹更设例以明其运用之方法。

（一）收入传票之释例。设于民国十八年，一月，十五日，交易所收入五十一号经纪人，保证金现洋二千元。此项记账手续，照复式簿记原则，原应记入现金收方洋二千元；同时更于保证金付方，记入相等洋数。则写制传票时，似应将收付两方，依式注明。然为手续简便起见，实际上各交易所之传票，概将收入现金一方省去，而仅存其相对之科目：盖交易所之交易，多数涉及现金之收付；而其收付之数额，又大都与其关系之科目相等；今于收入传票中，注明负债科目，及其应付之银数，即可推知其现金应收入之数，可不必徒费手续，另行登入。今将上例，制成传票如下式，以资参考。

（二）支付传票之释例。设于民国十八年，一月，十六日，交易所付申报馆广告费，现洋一千元。此项记账手续，原亦应先于现金付方，记入洋一千元；同时更于广告费收方，记入相等洋数惟写制传票时，只须用支付传票一纸，记入广告费一千元，即可知其现金支出之亦为一千元，而不必另行注明矣。

银 元　上海证券物品交易所收入传票　第　号
中华民国十八年一月十五日

摘要	金額								附单据
	千	百	十	万	千	百	十	单	张
（经纪人保证金）				2	0	0	0	0	
#51									
合　计				2	0	0	0	0	

转账摘要

常务理事　　　主任　　　出纳员　　　记账员

10.12.10000

（会单 1）

银　元　　上海证券物品交易所支付传票　第　号
　　　　　　中华民国十八年一月十六日

转账摘要	摘要	金额							附单据
		千	百	十	万	千	百	十	单
	（广告费）									张
	申报					1	0	0	0	0
	合　计					1	0	0	0	0

主任　　　　出纳员　　　　记账员

10.12.10000

常务理事

（会单11）

(乙) 转账收付之传票

上述两例,其收付俱与现金相关;但交易所之进出,要非事事皆用现金,于是有转账办法。转账交易,其写制即用现金收付传票,而并无特种票据;惟须运用"转账摘要"一栏,其记法稍有不同。

(一)转账用收入传票之释例。设交易所于民国十八年,一月,十五日,向交通银行商借规银一万两,不取现银,即移作该行存款。此项记账手续,虽原可为下列之登记:

第一步　(收方)现金　　　10,000.00
　　　　(付方)借用金　　10,000.00
第二步　(收方)往来存款　10,000.00
　　　　(付方)现金　　　10,000.00

然事实上,不必若此周折,只须一转账,即可了结:

(收方)往来存款　10,000.00
(付方)借用金　　10,000.00

其传票以现金收入传票代用之,如后式。

(二)转账用支付传票之释例。设于民国十八年,一月,十六日,六十号经纪人,将某次买卖了结;交易所发其前纳之本证据金,代用品二千两,及现银一千两。此项交易,可用一支付传票记录之,如后式。

四　账簿之种类

交易所会计科目之订定,及收付传票之运用,已略述于前;再

银两　上海证券物品交易所收入传票　第　号
中华民国十八年一月十五日

转账摘要	摘要	金额								附单据
		千	百	十	万	千	百	十	单	张
往来存款	（借用金）									
	交通银行			1	0	0	0	0	0	
	合　计			1	0	0	0	0	0	

17.7.10000

常务理事　　　主任　　　出纳员　　　记账员

(会单三)

上海证券物品交易所支付传票 第　　号
中华民国十八年一月十六日

银两	摘要	金额								附单据
		千	百	十	万	千	百	十	单	张
	（本证据金）									
证据金代用品 #60						2	0	0	0	
#60						1	0	0	0	
合　计						3	0	0	0	

转账摘要

（会单四）

常务理事　　　　　　主任　　　　　　出纳员　　　　　　记账员

16.10.10000 W.

进而为账目之登记，则于其账簿之种类，不得不加略释焉。交易所全部账簿，大致可分为二类：一曰，主要账簿；一曰，补助账簿。

（甲）主要账簿

主要账簿者，为统括交易所全部资产、负债、损益等交易之账簿；所以表示交易所全体营业之结果者也。主要账簿，又分二类：一曰，日记账；一曰，分类总账。日记账，又分三种：其以银两登记各交易者，曰银两日记账；其以银洋登记各交易者，曰银洋日记账；此两日记账，合并而折成一种货币单位，以便结账者，曰合并日记账。分类总账，为一巨册，凡交易所所有资产、负债、损益各科目，俱分别列入，各占数页。逐日由日记账，转入各科目当日收付总数；与各该科目，前数结算，即可立知各科目存欠之现状。由分类总账各结数，制成"日计表"，更可立知当日交易所全部负债、资产及损益之情形也。

（乙）补助账簿

补助账簿，为补助主要账簿之不足；而以表示所中各交易之详细情形者也。盖主要账簿，仅能统括全所资产、负债、损益，而记其主要事实例如本证据金一项，主要账簿，则仅记其每日收付之总数；至现金几何，代用品几何，不能详也；一号经纪人收付几何，二号、三号等经纪人收付几何，更不得而详也。故非特设补助账簿，以补助之，则交易所各交易之详情，将无从稽考，于是对于本证据金，即有分户计算账，及代用品分户账等之另设。凡与此性质相同之账簿,俱谓之补助账簿。

至于各账簿之格式,及其登记之方法等等,则事涉专门,有非本书所能顾及者,兹从略。

五　表格之编制

会计之事务由单据,而账册;由账册,而表格。故始于传票之制造;继以账簿之登记;而终于表格之编制。表格之主要者有三:其按日编制者,有日记表,用以表示逐日交易所负债,资产,及损益之现状;每届结账而编制者,则有贷借对照表,及损益表。至贷借对照表,及损益表之性质,与日计表大致相同。兹分举实例于下,以供参考。至日计表,则可从阙焉。

(甲)贷借对照表

贷借对照表,为表示交易所于结账时,所有一切负债,及资产现状之表格。今以民国十六年,五月,三十一日,上海证券物品交易所之贷借对照表列下:

贷借对照表

科　　　　　目	借　　方	贷　　方
△　负　债　类		元
股　本　总　额		5,000,000.00

续表

科　　　目	借　方	贷　方
未　付　红　利		2,690.00
经 纪 人 保 证 金		714,166.67
经纪人保证金预存		4,995.83
本　证　据　金		331,319.44
追　加　证　据　金		33,229.17
证　据　金　预　存		608,200.83
借　　用　　金		2,157,401.33
经 纪 人 储 金		60,953.38
所 员 储 蓄 金		12,947.84
押 租 及 押 柜		3,207.55
暂　　收　　金		201,739.06
应 付 未 付 利 息		55,990.91
备抵贷出金款项		166,335.28
备抵经纪人往来款项		8,333.33
代　存　款　项		9,666.67
前　期　损　益		80,133.55
△　资　产　类	元	
营业用地基房屋	1,907,935.72	
营 业 用 器 具	224,119.22	
兴　业　费	219,777.28	
有　价　证　券	639,580.26	

续表

科　　　　目	借　　方	贷　　方
储　藏　品	7,305.36	
营业保证金现金	433,334.00	
营业保证金证券	400,000.00	
经纪人保证金代用品	372,484.72	
证据金代用品	894,467.88	
银行钱庄往来	308,407.60	
特　别　存　款	344,428.69	
整理旧账款项	503,464.33	
贷　出　金	293,798.18	
结　算　差　银	1,699,956.65	
经　纪　人　往　来	64,974.68	
暂　付　金	98,224.78	
应收未收利息	345,769.95	
特别整理账项	493,326.28	
贷出金抵押品	166,335.28	
经纪人往来抵押品	8,333.33	
代　管　物　件	9,666.67	
现　　　金	2,308.44	
本　期　纯　损	13,311.54	
合　　　计	9,451,310.84	9,451,310.84

(乙) 损益表

损益表,为表示交易所于本结账期内损益之情形。今以上海证券物品交易所自民国十五年十二月一日起,至十六年五月三十一日止,六阅月之损益表列后：

损益表

科　　　　目	利　　益	损　　失
△ 损 失 之 部		元
营　业　费		139,493.21
付　出　利　息		111,588.70
银 洋 兑 换 损 益		2,042.33
△ 利 益 之 部	元	
经　手　费	175,488.75	
收　入　利　息	35,451.04	
过　户　费	20.50	
房　租　收　入	28,729.03	
杂　损　益	123.37	
纯　　　损	13,311.54	
合　　　计	253,124.23	253,124.23

第 四 编

中国证券及重要物品之交易实况

第一章 证券之交易实况

一 证券市场之历史

中国之有证券交易,实创始于上海:盖上海为中外通商大埠,外国证券之来沪买卖者,为时极早。远在逊清光绪十有七年,证券业西商即有上海股份公所之组织,至光绪三十一年,更有上海众业公所之成立。至光绪三十四年橡皮股票买卖极盛,当时上海华商之从事此项股票投机者,颇不乏人,卒酿成宣统二年之"橡皮风潮"。盖是时上海证券之买卖仅限于外来股票,为西商所独占;而华商方面,尚无有以买卖证券为专门职业者。

(甲)茶会时代之证券市场

迨夫民国肇兴,上海华商证券业,亦随以萌芽;而上海始有本国股票掮客之名称。此种掮客,大都另营他业,为茶商者有之为钱商者有之为皮货商者有之;为骨董商者有之;为杂货商者亦有之;而仅以证券买卖,为其副业。当时此类掮客,为数极少。常以大新街,福州路转角之惠芳茶楼(在丹桂第一台隔壁,今已改为酒饭馆)

为日常集合之地,是曰茶会。通例,每日上午,上茶会以通消息;所有买卖亦辄于品茗时,口头成交;下午,则各走银行帮,及客帮,如京津帮、山西帮、广帮等,以兜揽生意;而同时亦间有顾客,携带证券,来茶会求售者。一切交易,俱为现期买卖价格一经同意,买卖即可成交,手续极为简便。迨后公债之发行渐多,而苏、浙各路,又复收归国有,证券买卖因以渐盛,投票掮客,亦因以增加。至三年夏间,始有组织公会之建议。其后呈准农商部,于该年秋间,遂有上海股票商业公会之成立。

(乙)公会时代之证券市场

股票商业公会成立之时,其会员不过十有三家。设会所于九江路,渭水坊;并附设股票买卖市场于内。至其制度形式,则一仍茶会之旧,备茶备水,以供会员。惟各项设施,则渐完备。订定每日集会时间,为上午九时,至十一时。而买卖佣金,亦定有标准:凡记名式之证券,如公司股票等,票面每百元,征收佣金一元或五角;不记名之证券,如公债等,则征收二角五分。每日开会后,公会即将当日买卖成交价格,编制行情单,分送在会同业。照民六情形,其在场买卖证券种类公债票,有爱国公债元年六厘,元年八厘,三年六厘,四年六厘,五年六厘,等等;铁路证券,有苏路、浙路、皖路、鄂路,等等;公司股票,有招商局、汉冶萍、既济水电、商务印书馆、中华书局、仁济和、崇明大通、通州大上、南洋烟草、中国、交通、通商、中华商业银行,等等;杂券,有储蓄票、印花税票、中、交、殖边三行之京钞、卢布票,等等。当时证券交易,盛极一时;股票同业,亦增至六十家左右;而兼营证券之小钱庄,尚未计入也。

(丙)交易所时代之证券市场

民国五年冬,虞洽卿氏等,有设立上海交易所之呈请。至六年二月,部批仅准证券一项。其后两年间,上海交易所因以证券物品两项,分办合办问题,未得照准,进行停顿;而北京证券交易所,忽于七年夏间成立。当时上海证券业,因利害关系亦于八年二月,由全体大会议决,组织交易所。日后上海华商证券交易所之成立,即肇基于此。于证券业筹备交易所期内,上海证券物品交易所,即行开幕;于证券一项,虽曾一度停止拍板,惟于十八年六月起,已仍继续开做矣。故以吾国证券市场现状而论,在北,则有北平证券交易所,在南,则有上海华商证券交易所,及上海证券物品交易所为吾国现存之三大证券交易市场焉。

(丁)证券市场经历之风险

吾国证券市场之最大恐慌,实无逾于民国十三年八月之公债暴落。北平,上海两交易所,于该月二十日下午,俱至宣布停止。后虽不久即继续交易,然旋即有第二次之停市。此次风潮之主要原因,除天灾流行外,实与政局有关。北方则正式内阁,成立无期;南方则江浙风云,日见险恶。风声所到,草木皆兵。借拆连开顶盘;厘价飞涨至七钱四分,人心惶惶不安。于时抛空者更大形活动,一击再击,债市遂一落万丈,而不可收拾。今以平、沪两市八月一日,至二十日间,各公债之最高最低行市立一比较表如下:

民国十三年八月一日至二十日平沪两市各公债最高最低行市表

公债种别	期货或现货	京或沪	最高价	日期	最低价	日期	差数
金 融	八月期	平	92.40	1	79.00	20	13.40
		沪	92.35	1	78.00	20	14.35
公 债	九月期	平	93.75	1	79.00	20	14.75
		沪	93.50	1	77.50	20	16.00
整 理	八月期	平	82.50	1	62.70	20	19.80
		沪	82.00	1	64.50	20	17.50
六 厘	九月期	平	83.05	5	64.50	20	18.55
		沪	82.95	1	64.60	20	18.35
七 年	八月期	平	74.75	1	56.50	20	18.25
		沪	74.15	1	59.90	20	14.25
长 期	九月期	平	75.60	1	57.30	20	18.30
		沪	74.65	1	58.50	20	16.15
九六公债	现 货	平	37.15	1	26.80	20	10.35
		沪	36.80	1	27.90	20	8.90

观上表,空头方面,固可大获其利;而多头方面,则每做万元,即有二千元之损失,宜各方震惊,致成一绝大恐慌也。

二 市场交易之种类

证券市场交易之种类,计分现期,定期两种;惟北平证券交易所,尚有所谓便期交易者,兹分别略释之如下。

(甲)现期交易

现期交易,又曰现货买卖,盛行于证券市场。凡证券之涨落过甚,捉摸无定者;及证券之买卖不大,交易不繁者,交易所往往只将该项证券,开做现货,暂时不开做期货。如上海华商证券交易所,于十七年七月十一日,开拍卷烟券,相隔半载有余,至十八年二月一日,始行开做期货,即其一例。又倘遇全部市场,现不稳景象,则往往专做现货。如北平证券交易所,于十六年下期,全部交易,几尽为现货;故该期现货交易,总额达 174,693,000 元;而期货交易,仅达 125,000 元,不及现货成交数百分之一,即其一例。观此,则现期交易之于证券市场,实极为重要。兹撮举上海华商证券交易所,十七年一月一日起实行之现货买卖暂行办法各要项如下,以资参考。(一)为买卖单位之规定:其第三条有云,"各种公债,至少票面一千元;各种股票,至少十股。"(二)为过度交易之防止:其第四条云,"各经纪人现货买卖之成交数,本所如认为过巨时,得预向经纪人,征收交割准备金,或准备交割物件后,方许登入场簿。"(三)

交割时间之订定：其第五条云，"现货买卖之交割，前场成交者，限于当日下午二时前；后场成交者，限于次日上午十二时前，双方将货价，或物件，缴纳于本所；由本所为之交割；如双方同意，得自行交割；但须报告于本所。"（四）为经手费之征收：其第七条云，"现货买卖，双方应各缴经手费；各种公债票，票面每千元，洋一角；各种股票，每十股，洋二角；于交割时照缴于本所。"至北平证券交易所对于现期交易，于该所公布之《业务规则》，亦订有规定。其最重要者，厥惟该规则第十三条，其原文云，"现货买卖之揭算清交，如在上午成立者，即限下午四时以前；下午成立者，即限次日上午十一时以前，清结之。凡遇次日假期，应提前于当日各自清交。如须延期，经本所认可者，应缴纳相当之证据金于本所。"证券市场，对于现期交易之规则，厘订原极严也。

（乙）定期交易

定期交易，又曰期货买卖。交易所于其业务规则中，对之恒有详细之规定。如《北平证券交易所业务规则》之第七条有云，"本月份定期买卖，在交割期前二日，停止交易"；其第三十条云，"凡遇交割期，须在下午三时以前，将当期各项买卖交割清楚"；又第三十三条云，"定期买卖，未到交割期，如有买卖两方，合意预约交割者，可由本所提出双方同意书，得准提前交割。"如《上海华商证券交易所业务规则》之第十条云，"定期买卖，分本月份，下月份，再下月份三期；前项买卖，适用阳历，以届该月底为交货日；如遇休息日，即以其前一日为交货日；至交货时间，以上午十二时前为限。"此外于各项证据金，及经手费征收之规定；违约处分之执行；市场暴变之处置等等，交易所于其业务规则中，均详为订定。设遇市场不甚安稳时，交易为预防意外起见，亦往往有临时特订定期交易规则者。如民国十五年四月一日，北平证券交易所恢复定期交易时，有《期货办法简章》之公布。其规定办法，较平时为严厉。如其第三条云，"本证据金，每额面万元，预缴现金六百元，代用品四百元，合计千元；照发买卖票，凭票登账"。是本证据金，须全数预缴，凭发给票据，始可实做买卖，其限制之严可知。又其第四条有云，"每一经纪人，每月份期货交易余额，以二十万元为限；如欲逾额，应先缴特别证据金，每万元现金二百元；每过十万，递增二百元"。是经纪人买卖两方差额，以二十万元为限；欲过此限度，即须为特别证据金之预纳，以防过度之投机，增市场不安之现象，其规定亦极为严密。又其第五条云，"每一场内，根据前场收盘行市，涨落至三百元时，即宣告停市；俟追金清了，再行开市；如有未能依时履行者，即停止其在场交易，并一面限时清了；如再逾限，照章处分之"。又其第十条云，"凡期货买卖，当日记账价格，与以后每日记账价格比较，其差额已过三百元时，即须追加证据金三百元，依此类推"。观此，则凡已做之证据交易，其市价涨落，超出本证据金十分之三时，即须追加证据金。此项规定，与普通以超过本证据金半数，始追加证据金者，亦已较为严厉也。

（丙）便期交易

便期交易，为北平证券市场特具之交易方法，其性质，与约期交易同：惟于《北平证券交易所业务规则》中，又并无此项交易方法之规定。便期期限，大都为一星期。于一星期内，听卖买之便，无论何日,可以交货。斯时双方,即实行交割。如一星期期限已届,而不能执行交割者,则被违约者,可按约折价,使违约者,担负其损失。此便期交易之大概也。

三 交易证券之种类

吾国证券市场,实以公债交易为主体:盖吾国股份公司组织,至今尚未十分发达,数额不大,极难在交易所开做买卖;且股票为记名式票据,手续较繁,不若公债之买卖较为简便也。照民国十七年年底之情形,北平证券交易所开做之证券种类,计有(一)五年六厘;(二)七年长期;(三)整理六厘;(四)整理七厘;(五)九六公债五种。同时上海华商证券交易所开做之证券种类,除(一)七年长期;(二)整理六厘,及(三)九六公债三种,亦为十六年北平证券交易所所开做者外,尚有国民政府发行之(一)二五库券;(二)续发二五库券;(三)卷烟库券,及(四)善后短期四种。今分别将以上各项公债及库券,略述之如下:

(甲)五年六厘公债

五年六厘公债,发行于该年三月,其用途为当时财政部履行预算之抵补。债额为二千万元。其应付本息之抵款,指定以全国烟酒公卖岁入一千一百六十八万元为担保;此外由财政部按月备款十万元,拨付内国公债局,交由总税务司,拨交指定之银行存储,以备每期付息之用。惟此项公债发行之际,适值滇事发生,政局变动,募集未能足额;而抽签还本,亦未能按原定计划举行。于十年归入《整理内债案》内办理后,即于该年九月末,募集足额。至本息的款,已改定自十年起,至十四年止,应付利息,由《整理案》内,所指定之每年二千四百万元内拨付;自十五年起,所有应付本息,改由三、四年公债基金项下拨付;所有抽签还本期限,改自十五年下半年起,每年还本两次,每次偿还总额六分之一;至十八年上半年止,即应全数偿清矣。

(乙)七年六厘长期公债

七年六厘长期公债之发行,为政府归还中、交两行积欠之用。其付息办法,原定自七年起,按月在结余项下,拨款备存,全年计二百七十余万元;惟迄未照拨,后仍归入《整理公债案》内办理。时因七年长期公债,原定自十八年起抽签还本,其时五年公债,业已抽完,可继以三、四年公债所有之抵款俾为七年长期抽签还本之基金也。

(丙)整理六厘公债

十年三月,政府因元年公债,或用以抵还债务,或仅以低价出售;而市场买卖进出之价格,仅及票面十分之二。若照票面,十足偿付本息,不特国家损失过巨;且抵款亦难于筹划。因由财政部订定《整理办法》,另筹基金,呈准发行整理六厘公债。每元年六厘债票百元,换发整理六厘公债四十元。

（丁）整理七厘公债

整理七厘公债，系与整理六厘公债，同案办理；专为换回八年公债而设。每八年公债百元，换发整理七厘公债四十元。

（戊）偿还内外短债八厘债券

偿还内外短债八厘债券，为此项公债条例上正式之称谓；惟因其发行总额，为九千六百万元，故市场买卖，均缩称为九六公债。此项债券条例，于十一年二月公布。其应付本息，原定自十一年三月起，仟盐税余款项下，除应拨整理内债，暨造币厂借款库券，及十一年一月，所发特种库券各基金外，照该债券基金数目，每月提拨，以备偿还本息之用，俟关税实行切实值百抽五之日起，改由所增关余项下拨充：倘所增关余，不敷应拨之数，仍以盐余拨充之。因有此项以盐余，及关余作抵之规定：故此项债券，又有盐余公债，及关余公债之称。十一年七月，财部宣称将此债分为日金、中洋两部：日金部分，发行后，由横滨正金银行经理其事，本息按期由盐余项下支付：但银儿部分，则基金虚悬，本息全无着落，十二年夏间，此债市价，曾低至一二折。于十五年十二月十三日，因市价低落，政府且有暂停九六公债一部分营业之令；惟近已恢复在所开拍矣。

（己）江海关二五附税国库券

江海关二五附税国库券，简称曰二五库券，发行于十六年五月一日。盖是时国民政府,始奠南京,正值北伐紧急,饷糈殷繁之时,改革租税,缓不济急,故有发行国库券三千万元之举。以江海关二五附税为基金。自是年七月份起,每月付息一次;并用平均法,每月付还本钱三十分之一,预计于十八年年底,即可还清也。上海华商证券交易所于十七年三月二十一日起,始公布在场开拍二五库券现期买卖;近则已并做定期买卖矣。

(庚)续发江海关二五附税国库券

自第一次二五库券发行以后,募集竟逾定额;但当局以北伐尚未完成,饷糈不可或缺;加以短期借款,急须归还乃又续发二五库券。初定额为二千四百万元,后增为四千万元。先以江海关二五附税之奢侈税全部,及江苏邮包税,每月拨足三十二万元,拨交保管委员会,作为付息基金。自十九年一月份起,以二五附税全部收入,并另拨二五附税之出口税十一万元,作为本息基金。其还本时期,定于十九年一月起,按月平均付还本银四十分之一,至二十二年四月底止,本息即能全数偿清也。此项库券,发行于十六年十月一日;而上海华商证券交易所,于十七年六月十八日起,即开始在所拍做此项库券期现买卖矣。

(辛)卷烟税国库券

卷烟税国库券,发行于十七年四月一日。充政府预算不敷之用。总额为一千六百万元,以财政部应收卷烟统税全数为担保品。月息八厘,规定自十七年四月起,按月付息一次;并用平均法,每月付还本银三十二分之一,至十九年十一月底,本息即能如数偿清。上海华商证券交易所,于十七年七月十一日,即开始拍做现货,于十八年二月一日起,且已加拍期货矣。

(壬)善后短期公债

善后短期公债,定额为四千万元。周息八厘,每年付息二次。以全国煤油特税收入全部为担保。规定自十七年七月起,每六个月,用抽签法,偿还债额十分之一;至二十二年六月底止,即可全数偿清。上海华商证券交易所,于十七年十二月十三日起,即开拍此项公债现货;更于十八年二月一日起,加做定期买卖矣。

公债每张票面,多则万元;少则十元,如二五库券、卷烟库券、善后短期等,票面值分为万元、千元、百元、十元四种;惟其票面亦有小于十元者。凡票面为万元、千元、百元者,谓之大票;其票面之小于百元者,谓之小票。万元票面之债券,因数目太大,既不能分割出售,买进后即不易卖出;而百元以下之小票,则数目奇零,检点麻烦,故交易所恒以千元,百元票面,为交割最合格之债券。惟有时亦有专做小票者,惟其价格,常较大票为稍贱,此不可不注意者也。

四 证券之套做

证券市场之套做,约有三种:一为借贷款项上之套做,曰"套借";一为不同期货买卖上之套做,曰"套利",又曰"鞘取";一为两不同市场之套做。

(甲) 套借之举例

套借之法,盛行于北平,今试举例以明之。设甲,乙两钱庄,俱为北平证券交易所经纪人。今有丑君,欲以其所有之整理六厘公债,票面一万元,委托乙钱庄至交易所代为出售,限价八十元;同时另有子君,欲以其现存洋款八千元,委托甲钱庄,至交易所为代购整理六厘公债,票面一万元,限价亦为八十元。迨交易所开市后,甲、乙两钱庄,因所受委托,限价相同,果得成交。设其买卖为现期,则当日即须银货两交,执行交割;设其买卖为定期,则到期亦须交割。惟交割时,子则须待公债到手,始肯付款;丑则须待现款到手,始肯交货。是时苟非由甲庄从中调剂,代子垫款,则其交割即难执行;而甲庄此项垫款,常例系向银行套借而来。套借之法,即由甲庄将自存债券,以现货售与银行;而同时以期货,重行买回。一俟售款收到,即以之交付乙庄;由乙庄转交丑君,向取债券,交回甲庄。甲庄得券后,转送子君,收回现款;更以此项现款,为日前所购进期货之交割准备。北平证券交易所经纪人垫款情形,大都如此。观此,则套借者,为经纪人代理买卖,须垫款时,将自存证券,以现期出卖,更以定期买回,图一时间现金周转之法也。

(乙) 套利之实行

套利,亦称"套息",为证券买卖时,减轻危险,及保障利益之一法。盖证券定期交易,因有垫款关系,其远期之价格,恒高于同种

第四编 中国证券及重要物品之交易实况

证券近期之价格。设五月某日，整理六厘公债五月期（本月期）之市价，为八十元；而六月期（下月期）之市价，则为八十二元。套利者，即可以八十元，买进五月期期货；同时以八十二元，卖出六月期期货。待至五月底交割时，以八十元之代价，收进债票。收藏至六月底，即将此货交出，收入八十二元，交割清讫。为时仅一阅月，每本金八十元，即可获得两元。除去本证据金利息上之损失；及经手费、佣金之缴纳，其余利当尚在一分以外，如此套利，可以不受债券市价涨落之影响，其利殊不薄也。惟远近期间市价之差额，亦有大小之别；而利益之厚薄，亦即视此项差额之大小而定，非可执一论也。

（丙）两地套做之方法

同债券，其在平、在沪之市价，未必彼此相同；于是两地间套做之机会以起。设在平今日整理六厘公债之本月期市价为八十元；而同时该证券本月期在沪之市价，为八十元零五角，或为八十一元。在此种情形之下，套做者，即可电北平经纪人，委托代为买入；而同时于沪市，即行出售，以图利益。惟此项利益，须超出银款汇运日期内之利息，及其他各项损失，及证券买卖，及输送时之运费，经手各费消耗，始有余利可图也。

五 证券之掉期

掉期者，为定期交易于到期时，了结其到期交易，而为下月期

新买卖之继续也。为定期交易市场中,盈者欲增其盈;亏者欲免其亏之一法。今各设例于下:

(甲)为增加盈利而掉期

设某甲于本月期整理六厘市价为七十五元时,买进票面一万元。于到期前,市价已上涨为八十元。使于此时转卖了结,某甲原即可获利五百元。惟某甲熟知市况,知公债市价,且将继续上涨。故即将已到期之交易转卖了结,同时再行掉进下月期货,以静待价涨之后,再行卖出,则获利必且益巨。此盈方为增加盈利而掉期之例也。

(乙)为减少亏损而掉期

设如上例,某甲于市价在七十五元时,购进一万元。于到期前,市价不涨而反跌五元,为七十元,则某甲势必于交割前,付出其五百元之亏款,转卖了结。特某甲既熟悉债市内容,当时预测市价将涨而买进,兹之忽行回跌,认为系暂时现象,于半月,一月内必将再行回涨。故即将到期之交易了结,同时更掉进远期,以待市价回涨,免于亏折。此亏方为减少亏损而掉期之例也。

六 证券之成交及交割情形

照民国十七年情形,上海全年证券现货之成交,达四千七百八十余万;期货之成交,达三万七千四百余万;而该年期货交割总数,亦达四千一百八十五万,占期货成交总额百分之十一强。以较其他交易所之交割数额,仅占成交总数百分之一,或二者,相去已多。盖证券买卖,略具投资性质,故其期货交割,数额略大;且现货之成交亦多也。兹附十七年公债成交总数,及交割总数两表于后:

民国十七年逐月公债期现成交总数表(单位:元)

月 别	期货成交	现货成交	期现共计
一 月	20,460,000	3,073,500	23,533,500
二 月	40,850,000	598,600	41,448,600
三 月	30,805,000	1,325,100	32,130,100
四 月	34,520,000	2,053,200	36,573,200
五 月	42,305,000	1,654,800	43,959,800
六 月	25,315,000	3,154,800	28,469,800
七 月	35,015,000	8,346,600	43,359,600
八 月	39,125,000	7,199,600	46,324,600
九 月	26,695,000	4,279,300	30,974,300
十 月	25,360,000	3,841,000	29,201,000
十一月	20,640,000	3,926,000	24,566,000
十二月	32,960,000	8,381,900	41,341,900
总 计	374,050,000	47,834,400	421,884,400

民国十七年公债期货交割总数(单位:元)

公债种类	上届总数	下届总数	全年合计
整理六厘	9,420,000	10,450,000	19,870,000

续表

公债种类	上届总数	下届总数	全年合计
七年长期	8,525,000	6,910,000	15,435,000
续发二五	250,000	6,295,000	6,545,000
总　　计	18,195,000	23,655,000	41,850,000

七　行市及新闻之揭登

证券之行市，按日登载平、沪各日报；而《上海银行周报》，及《中央银行旬刊》等杂志，更俱按月有此两证券市场行市之揭载。并各附刊两市场新闻，略陈其涨落之情形，及成交之状况等，为证券买卖者，所不可不加以注意者。

（甲）行市之报告

兹举民国十八年二月五日《上海新闻报》所揭登之前一日上海华商证券交易所证券行市表于下：

证券（见十八年二月五日《新闻报》）

▲华商证券

（前　市）	现货开盘	现货取盘
整 理 六 厘	81.90	……
偿 还 八 厘	26.60	26.50

续表

（前 市）	现货开盘	现货取盘
又	26.50	……
二 五 库 券	35.70	35.00
续发二五小票	84.60	86.10
又 小 票	……	84.60
卷 烟 库 券	64.70	65.40
又	64.60	65.55
又 小 票	……	64.80
善 后 短 期	82.00	81.90
又	……	82.00
又 小 票	79.70	79.80
又	79.80	80.00
（前 市）	期货开盘	期货取盘
七长二月期	77.00	77.50
又	……	77.40
又 三 月 期	77.50	77.60
又	77.70	……
整陆二月期	82.50	83.00
又	82.95	83.10
又 三 月 期	82.80	82.90
又	82.80	82.80
续二五二月期	86.60	86.70

续表

（前　市）	现货开盘	现货取盘
又 三 月 期	86.25	86.25
卷 烟 二 月 期	……	85.70
善 后 二 月 期	82.50	……
又	82.50	……
又 三 月 期	82.90	82.94
（后　市）	现货开盘	现货收盘
七 年 长 期	77.20	……
整 理 六 厘	83.00	82.40
又	82.80	……
二 五 库 券	……	35.00
续 发 二 五 库 券	84.90	84.80
卷 烟 库 券	65.00	65.70
又	……	65.80
善 后 短 期	81.70	……
又	81.85	……
又 小 票	79.90	……
（后　市）	期货开盘	期货收盘
七长二月期	77.30	……
又 三 月 期	77.60	……
整陆二月期	83.00	82.70
又	83.80	……

续表

（前　市）	现货开盘	现货取盘
又　三　月　期	82.50	82.50
又	82.60	……
续二五二月期	86.55	86.50
又	……	86.55
又　三　月　期	86.30	86.30
善后二月期	82.50	82.35
又	82.40	82.45
又　三　月　期	82.80	……

（乙）新闻之记载

兹更举民国十八年一月二十八日，上海《申报》所揭登之证券新闻——《十二月份本埠债市统计》——一则如下：

查十七年份，最后一月间之本埠债市情形，全月除为星期及交割共停市六日外，共有二十五日交易。市场期、现货买卖，均较以前为旺。成交总数，达四千一百余万元，比十一月份，增一千六百八十余万元。市价之变动，除初开拍之善后公债为较巨外，其他大致平和。盖此一月内，债市环象，既鲜重大变化；市场人心，亦甚安定也。兹将一月来市场成交，及债价变动略述如后：

（一）成交。十二月份之本埠证券市场各债交易，现货卷烟，进出甚热闹。初开之善后，市面亦颇佳。九六交易，远胜前月。惟其他各债，平平而无大出入。统计全月成交，达八百三十八万一千九百元,比十一月份,多四百四十余万元。中以九六公债占三百零四万元,为最大;其次为卷烟税券之二百三十万零五千六百元;善后公债亦有二百零七万八千八百元;二五,及续发二五亦各三十余万元;七年,整六各计十余万元;整七为最清,仅做开数千元。至期货市况,以整六为最旺,中旬左右之一星期,每日交易恒在百万元左右;余日均在三四十万元许。七年,及续发二五亦较佳,合计全月共做开三千二百九十六万元,较前星期增一千二百余万元。内整六占一千六百三十三万元;七年一千零十四万元;续发二五库券六百四十九万元。故债市前途,现货交易比较种类增多,一时不致即行转清;而期市则在阴历年内,或须稍转平静也。兹将十二月份内,各公债期,现货成交统计录后:(单位:百元)

债　别	期　或　现	成　交　数	交　割　数
整　六	现　　货	1,430	
整　六	十二月期	59,650	17,700
整　六	一　月　期	99,500	
整　六	二　月　期	4,150	
期货共计 163,300			
七　年	现　　货	1,081	
七　年	十二月期	39,000	10,650
七　年	一　月　期	60,450	
七　年	二　月　期	1,950	
期货共计 101,400			
续　发	现　　货	2,734	

续表

续　发	十二月期	22,500	11,000
续　发	一　月　期	38,650	
续　发	二　月　期	3,750	
	期货共计 64,900		
二　五	现　　货	3,290	
卷　烟	现　　货	23,056	
善　后	现　　货	20,788	
整　七	现　　货	40	
九　六	现　　货	30,400	
总　计	现　　货	83,819	
	期　　货	329,600	39,350

（二）涨落。十二月份内各公债市价之变动,七年,整六等,上落虽较前月略巨;但大致尚称平和。月初数日,盛传整六可望实行还本一次之讯,市上人心看好,买气活动;市价已于前月底步步回高,先后涨高二三元左右;后之数日,鲜有变动。中旬上落,虽亦平稳;但各债盘旋向低,势殊纯一。盖此时金融业方面,陆续售出颇巨,人心本属空虚,而基金提用之谣,又适于是时发生故也。在下旬时,债市情况,稍转良好,谣言息,而人心安定,债市形势,遂亦乐观;市上之从事投资者,渐感兴趣,债价于是盘旋趋坚。续发二五市价之涨落经过,大致与整理债同,较十一月份,除整六现货,下降近四元外,其余各小一元半左右。二五上落极呆定;但价格日益趋坚,与前无异。卷烟,九六等,市上需要亦多,一致上涨。善后亦于

是月起开做交易,初开之价,即有七十余元;嗣以市上谣传基金不裕,价乃大跌,最低曾至六十五元许。但后证实系属谣传,价乃徘徊上涨,在月底时,又穿出七十元关矣。兹将一月内各债市价高低涨落统计列下。(单位:元)

债 别	期 或 现	最高	日期	最低	日期	差额	涨跌
整 六	现 货	81.60	5	79.20	19	2.40	跌3.75
整 六	十二月期	81.90	31	79.20	20	3.70	涨28.10
整 六	一 月 期	82.75	5	79.00	20	3.75	涨22.95
整 六	二 月 期	81.60	31	80.30	31	1.30	涨22.60
七 年	现 货	79.75	8	76.40	20	3.35	跌1.50
七 年	十二月期	80.45	6	75.10	31	5.35	涨14.40
七 年	一 月 期	78.30	6	73.80	20	4.50	涨11.20
七 年	二 月 期	76.35	31	75.40	31	0.95	涨10.70
续发大	现 货	84.30	5	80.80	20	3.50	跌1.70
续发小	现 货	84.00	5	80.70	19	3.30	跌1.50
续发大	十二月期	84.85	5	80.80	20	4.05	跌1.50
续发大	一 月 期	84.80	5	80.90	20	3.90	跌0.25
续发大	二 月 期	83.40	31	83.00	31	0.40	初开出
二五大	现 货	42.20	29	40.50	4	1.70	涨5.76
二五小	现 货	41.20	29	40.00	4	1.20	涨6.50
卷烟大	现 货	69.10	31	64.80	3	4.30	涨4.16
卷烟小	现 货	67.70	29	64.40	8	3.30	涨3.60

续表

债别	期或现	最高	日期	最低	日期	差额	涨跌
善后大	现货	73.00	13	65.00	21	7.50	初开出
善后小	现货	71.30	13	65.00	21	6.30	初开出
整七	现货	83.50	14	81.50	20	2.00	涨7.50
九六	现货	27.20	6	23.15	1	4.05	涨3.00

注：上表各债价之涨跌，七年，整六期货，系较十六年份同期而言。其他期，现货，系较前月底而得。

八　市价涨落之主要原因

吾国证券市场，既纯为公债之买卖；其市价涨落之原因，亦与其他证券市场之以公司股票，及公司债券为买卖主体者，俱不相同。其主要原因，可归纳为三类：一为关于公债本身之原因；二为关于市场本身之原因；三为关于其他连带之原因。

(甲)关于公债本身之原因

关于公债本身之原因，如(一)基金之有无；(二)保管之优劣；(三)抽签之远近；(四)税收之增减，均是。

(一)基金之有无。基金巩固之公债，预算有着，本息之偿还，均能按期履行，则其市价自然稳定；反之，基金薄弱；或不确定之公债，本息偿还，既不按期，市面价格，即难稳定。如三年，四年，十一年,十四年等公债,基金确实,故价格亦始终坚挺,无甚涨落,大部入投资者之手,而交易所亦即无从在场开拍。整理公债,以关余为担保;关余盈绌,不能预定,关余无余,基金即受影响,故价格亦难立定。至于九六公债,并无确定基金,故市价之涨落亦尤甚。上节新闻举例中,有善后"初开之价,即有七十余元;嗣以市上谣传基金不裕,价乃大跌,最低曾至六十五元许;但后证实系闻谣传,价乃徘徊上涨",云云。基金之影响券价,于此可见。

（二）保管之优劣。前北京政府所发公债,其基金恒有以委托总税务司保管之举。故其还本付息,大权尽属诸总税务司。总税务司之一言一行,遂往往足以左右公债市价。吾国府近发各债,其基金保管,以托诸共同保管机关;一切收支,均属公开。故信用较著,债价亦随以稳定。

（三）抽签之远近。吾国公债市价,常在票面价格以下。然一经中签,即可十足还本,利益之厚,无逾于此。故每届抽签将近,希望中签而购进者甚多,市价自随以上涨;反之,如届还本之期,而不能履行,则抽签无望,售户增多,市价亦随以下落。

（四）税收之增减。公债基金,均属各项税收。税收足,则本息有着;税收绌,则基金不裕。故公债市价,与税收增减,恒有密切之关系。

（乙）关于市场本身之原因

关于市场本身之原因,如（一）利率之高低;（二）多空之操纵;（三）商业之盛衰,均是。

（一）利率之高低。吾国公债,大半在金融界之手。市面平静,利率低落,则群购公债,借以生息;市面紧迫,利率上涨,则出售公债,借资周转。即社会公众,以余资购置公债以生息者,设遇市场利率,高于公债之生息,亦必脱公债,以事存放,公债市价,势必因之下落;反之,如市场利率,低于公债之生息,则又必易存放,而群购公债,公债市价,势必因之上涨。故市场之利率高,债价有下落之势;反之,市场之利率低,债价有上涨之势。

(二)商业之盛衰。商业不振,有资者无处投资,则必群趋债市,购券生息,债价必因之上涨。反之,商业活动,有资者投资极易,则必争售债券,脱离债市,债价必因以下落。商业盛,则现金,及信用之需要增,金融界即无余资,以购买债券,故债价落;反之,商业衰,则现金,及信用之需要减,金融界即有余资,以投入债市,故债价涨。

(三)多空之操纵。证券市场,往往因受投机家操纵之影响,而市价忽有涨落:空头势盛,一卖再卖,竭力压低,而市价因以大跌;多头势盛,一买再买,竭力抬高,而市价因以大涨。此为市场上常有之现象。

(丙)关于其他连带之原因

关于其他间接之原因,如(一)时局之变动,及(二)天灾之流行等均是。

(一)时局之变动。时局之变动,与公债市价,关系极切。盖时局稍有变动,人民必争集现金,以为自卫之计:本欲购进公债者,必停止其购进;存有公债者,必相率售出。而金融业,为预防提存,及兑现起见,亦必出售公债,厚集准备。证之既往,时局发生变动之际,公债市价必呈狂跌之象,殆无或爽者。

（二）天灾之流行。天灾流行,农民失所,其影响金融、商业极为重大。如十三年八月公债之暴落,虽与政局有关,而湘,赣,直,豫之以水害闻;苏,浙之以旱患闻,实亦有以促成之。流亡遍地,则盗贼风行,与债市在在有关系也。

以上各因,不过举其大者,显者而言之。盖债市涨落之原因,综错复杂。变幻万端,断难众端毕举,包罗无遗也。

第二章 标金之交易实况

一 标金市场之历史

吾国金业,首推上海;而上海金业,实创始于光绪中叶。当时仅专做叶金,赤金,及沙金;并无所谓标金也。迨后买卖渐大,营业渐广,而标金遂为交易之主品。定期交易,亦于焉肇始:盖吾国产金极少,海外购运,需时颇久;于购运期中,不无市价涨落之危险;金商为欲免除此项危险计,因有定期买卖之发生,当时所谓"空盘交易"者是也。然彼时市价,上落极微,每日不过二三钱左右。迨后金业渐盛,于光绪季年,而有金业公所之组织。后并于所中附设金业商会,专作金货买卖市场。自后一变于民国六年之改公所为公会;再变于民国十年之改公会为交易所,而吾国最大之标金市场,亦于焉成立。

(甲)公所时代之标金市场

当上海金货交易发轫之时,交易地点,漫无一定。至光绪二十八年,赁屋于仁记路,而集合始有一定地点。至光绪三十一年,共

第二章　标金之交易实况

同发起组织金业公所,禀部立案,而金业始有正式团体。当时入会金号,凡三十余家。所址设山西路,北无锡路,铸范里内。公所组织,极为简单:所内职员,计设总,副董各一人;及议董八人;而各金号之经理,则均为会员。自后上海金货市价,遂悉由公所议订。公所成立后之二年,印度发生罢工风潮,银价暴落,上海金号,受其影响而倒闭者极多。当时政府,且曾有禁闭金业公所之明令。后金业同业,因另有金业商会之附设,专为金货买卖之市场,而以公所为会议之处,立于监督地位。金业商会会址,初设于麦加利银行;继迁于道胜银行;寻又卜屋于九江路。场之四周,围以狭柜。柜内,须同业方能出入。柜外,置椅两排,顾客,及参观人,均得据坐。柜上,则满列纸笔算具。场内交易时间,每日上午自九时起,至十二时止;下午二时起,至四时止;星期日则移至公所交易。查当时《同业公订买卖规则》,其限制已极为严密。如其第三条云,"兑换买卖成立后,均应互立公共规定之成单,投请上海金业公所附设之监定交换所验明,注册盖戳,方认为凭证。"其第四条云,"定期交易成立后,除本埠金业公所注册之同行各店外,或买,或卖,均须缴存额定价值担保金,于同行承受交易之店;当由该店书立收据,付于买主,或卖主为证。"其第五条云,"预订定期交易成立后,设有市价涨落,逾至原定价格五两时,得请买主,卖主,照涨跌之市价,结核补价,转立定单为凭。"其第八条云,"如欲将他项金货,或非同行之标金。备抵交解上海通行标金者,以视该金色高次若干,面议另订。如日本现金圆,抵解上海通行标金,每标金十两,以日洋四百八十元折合;另贴(即恰费)费元四钱五分;照上海通行标金,同样收受。"其第十条云,"定期交易,如至期限末日,货未交清者,结该买主若干,照是日汇丰银行初次挂出之日洋电汇价目,以四百八十元,结核上海通行标金十两之价格,听卖主买回。每金十两,另贴前买主装运费元三两。"其第十一条云,"上海标金,以金业向章,包足成色。交货时,须由该号出立补色凭证单(即名曰喷头单)一纸。倘金色不足炫,须俟外国炼金厂,凭单注明,缺少成色若干,得向卖主补足。如无补色凭证,概不收受。"观此,可知公所时代之标金市场,实已具交易所之雏形,规制已粲然大备矣。

(乙)公会时代之标金市场

民国六年,农商部有《工商同业公会规则》之颁布。金业公所因依据部章,重订规程,改组为金业公会;并咨请总商会,转部立案。以联络同业,维持权利,矫正弊害,力图营业之发达,为唯一之宗旨。当时入会金号,有大丰永,裕发永,振丰永,万丰永,义丰永,延丰永,宏兴永,晋昌永,春源永,晋大永,协盛永,元盛永,乾昌祥,天昌祥,震昌祥,恒裕祥,永丰祥,永丰余,同丰余,泰丰润,泰亨源,福泰亨,元亨,晋亨,晋祥,晋康,慎康,申康,协康,福顺,大顺,升平,裕庆,聚昌,久成,恒孚,萃泰,宝裕等三十八家。同时,金业商会,依旧继续。故公会时代之标金市场,与公所时代之标金市场,在事实上,无大区别也。

(丙)交易所时代之标金市场

上海交易所时代之标金市场有二:一为民国九年七月成立之上海证券物品交易所;一为民国十年十一月成立之上海金业交易所。证券物品交易所,仅以标金为买卖物品之一部;其交易数额,远不逮金业交易所。金业交易所,为金业公会所改组。故历史较长,势力极大,为吾国之最大金货市场。非特为上海,及全国之金融界所瞩目即欧,美,及日本金融界,亦因时受其交易之影响,而特加注意。故吾国之谈标金交易者,恒以上海金业交易所为其主体市场也。

二 标金市场之概况

(甲)交易所之组织

上海金业交易所为股份有限公司组织。资本实收一百五十万元;每股十五元,分为十万股;先由发起各号,认定二万七千六百股;金业公会,认购八千股;其余六万四千四百股,则由同业及业外人认购。所中事务,由董事九人,组织董事会管理之。任期两年,由股东大会选举之。再由理事中,互选理事长一人,及常务理事四人,驻所支持一切。此外尚有监察四人,亦为股东大会所公举,任期一年。其责任为稽查所中一切账据,文书;并随时得向理事会报告所中一切事件;且有临时召集股东大会之权。股东常会,定于每年二月,八月内举行。

(乙)经纪人之限制

凡欲充所中之经纪人者,必须为金号同业之代表。经纪人之数额,以一百三十八人为限。每日交易时间,为上午九时,至十二时;及下午二时,至四时。凡欲充经纪人者,除须存纳该所发行之股票二百股于所中外,尚须于买卖标金时,缴纳证据金,每条规银十两。如标金价格,涨落过甚,超出十两时,照例须缴"特别证据金"。经纪人之佣金,概由委托人负担,买卖双方,均须付纳。其定率,为每条标金,纳佣金规元六分。所得佣金,经纪人须抽出百分之二十五,缴付所中;其余百分之七十五,概归经纪人所有。每期结账后,复由该所于所征百分之二十五之佣金内,提出四分之一,给予各经纪人为奖励金。

(丙)交易金货之种类

金业交易所在所交易之物品,仅为金货。依该所之规定,得在所内交易者,计有四种:

(一)国内矿金。矿金,又曰砂金。为国内天然之产金。成色亦无一定。大都来自东三省,及云南等省。

(二)各国金块或金币。此项金块,或金币,以自日本输入者占最大部分;自美国输入者,次之。故市场交易,亦以日本金货为多:盖日本距离较近,成色重量,亦称确实,金商多信任之。

(三)赤条。赤条,又名赤金,亦称足赤,为外埠,及上海金店,银楼,应需之金货。买卖以一"平"为最小单位。每平为五条,计重漕平五十两。价格则以一条十两计算。

(四)标金。标金之形式,作长条式:长约四寸,宽厚约五分,酷似小砖。上海通行标金,每条计重漕平十两。其成色为"九七八",即含纯金千分之九百七十八之意。故曰"九七八标金",或作"标金"。其余千分之二十二,则为杂质。每条标金,除镌有制炼之金号名称外,尚有镕制之年份,及"标金"二字。标金之买卖,亦以一"平"为单位。惟每"平"为七条,计重漕平七十两。自此而百四十两,而二百十两,而二百八十两,以平递加。其价格亦以一条十两计算。此为交易金货中之最重要部分。每日交易,实全为标金。赤条交易,每日成交,平均亦有二三十平。惟此项买卖成立于市场之外,只由交易所一为登记耳。

(丁)在场交易之方法

上海金业交易所之买卖,分现期,及定期两种:现期以当日交割清楚;定期以两个月为限。各月期在期限内,得转卖买回,以抵消从前买卖;并得由买卖双方同意,随时交割,或商量"掉期"。掉期云者,与证券市场同,即已届月期之定期交易,续转至下月交割之谓。如五月期,转至六月期;六月期,转至七月期之类是。此项掉期处理,于标金市场,定于每月十六日举行。盖每月份之期货,在前二月之十六日,即开始做出,故掉期手续,亦大部于十六日举行。例如五月期货,在三月十六日,即开始买卖,则凡做四月期货者,经双方同意,可即于该日转期一月,掉换为五月期货。凡做过掉期后,以前所做买卖,即作结开。所有更掉下月期之成交,作为新交易计算,与证券市场之掉期同。

(戊)补水之情形

凡在场卖出标金,成色作足;而此货装赴国外,由国外炼金厂熔化后,成色若有不足,可向原金号补足成色,是曰补水。此项补水行情,仍照日前成交时市价核算。惟此项标金,倘其一部为售主向他家所转买者,亦仍可由原售主,向他家补还。此项补水行情,须照即日交易所所开出之补水市价。

三 标金平价之计算

欧战以前,英人在华之金融势力极大;故金价之计算,以伦敦电汇为根据。欧战以后,日本在华之金融势力日增;且日本近在毗邻,日币之输入,以备标金之熔制;与标金之输出,以备日币之制造;往返道途,不过数日;运费,利息,均较节省;故金价之计算,遂转以日汇为根据。兹将上述两种联锁计算法,揭之如下。

(甲)根据伦敦电汇之计算法

在下列计算式中,有二点似须略加解释者:(一)为上海漕平一两合英盎司(ounce)之数,漕平一两,等于565.7谷(grains),而每盎司,则等于480谷。故漕平一两,应合盎司1.178,54。(二)为标准金(成色二十二开)一盎司,合英币便士之数,英国币制,以标准金重480盎司,铸成金镑1,869枚,合448,560便士。(一金镑等于20先令,一先令等于12便士,故一金镑等于240便士)则标准金一盎司,应合934.5便士。(448,560÷480=934.5)此为英国币制法定之价。惟英兰银行买进标准金之定价,则仅作933.5便士,比法定比价,低一便士。盖因金块送造币厂,铸成金币,须若干日之犹豫时间；此一便士，即所以弥补英兰银行铸币中之损失也。伦敦为全世界之自由金场，金银买卖，多在伦敦行之。如收场之后，市上尚有剩余，皆由英兰银行购买，而用此项买价。明乎此，而下列计算式，可以迎刃而解。

若干规元 = 一条标金

1 条标金 = 10 漕平两

1 漕平两 = 1.178,54 盎司（见前解释一）

1,000 盎司 = 978 盎司纯金

11 盎司纯金 = 12 盎司标准金（标准金成色 $\frac{22}{24}$ 即 $\frac{11}{12}$）

1 盎司标准金 = 933.5 便士（见前解释二）

若干便士（英国电汇）= 1 规元两

$$\frac{1 \times 10 \times 1.178,54 \times 978 \times 12 \times 933.5 \times 1}{1 \times 1 \times 1,000 \times 11 \times 1} = \underline{11,761.686} \text{ 定数}$$

对英之定数既得，欲求当日对英汇计算之标金行市，以当日之英国电汇，除此定数即得。例如当日之伦敦电汇为二先令六便士（合三十便士），则标金对英平价，当为规元三百九十二两零五分六厘。（11,761.686 ÷ 30 = 392.056）

（乙）根据日金电汇之计算法

在下列计算式中，每一日金，含纯金谷之数，似须略加解释：日金每元，计重英衡 12.86 谷；惟其成色为十分之九，故只含纯金九成，为 11.574 谷。今以根据日金电汇之联锁计算法，揭之如下：

若干规元 = 1 条标金

1 条标金 = 10 漕平两

1 漕平两 = 565.7 谷(grains)

1,000 谷标金 = 978 谷纯金

11.574 谷纯金 = 1 日金(yen)

100 日金 = 若干规元(当日日汇行市)

$$\frac{1\times10\times565.7\times978\times1}{1\times1\times1,000\times11.574\times100}=\underline{4.780,15}\text{定数}$$

对日之定数既得,欲求当日对日汇计算之标金行市,以当日之日金电汇,乘此定数即得。例如当日之日金电汇,为八十一两七钱五分,则标金对日平价,当为规元三百九十两零七钱七分八厘。(4.780,15×81.75=390.778)

惟以上根据英、日电汇计算法,于英币或日币进出时之输出、杂费等项,尚未算入。此项杂费,对英则每运送重一百盎司之标准金,须费标准金0.75盎司(参看蔡译《中国货币论》第三百三十五页联锁计算式),合英币七百便士。对日则每运送日金一百元,须费日金二角五分(参看马寅初演讲集第三集第122页),是不可不注意者。

(丙)根据交易所交割规定之计算法

照旧时金业公会,及目下金业交易所之交割规定,有"定期买卖,至期末日,如货未交清,而买方不愿转期者,即照是日汇丰银行初次所挂日本电汇价格于标准,以四百八十元,合标金一条,每条由卖方另贴买方费银三两,以作了结"(见《金业交易所修正营业细则》第四十二条)之明文。故普通对于根据日汇之标金计算,恒依照此项规定,以日金四百八十元,照汇价折合规元,再加银三两,作为标金一条之价格,而不用"定数"计算。倘当日日金电汇为八十一两七钱五分者,则照下式计算,标金对日平价,当为规元三百九十五两四钱也。

$$\frac{81.75 \times 480}{100} + 3 = 395.40 \text{ 规元两}$$

四　标金交易之目的

标金交易之主要目的,不外下列四种,今列论之如下:

(甲)为纯粹投机之买卖

标金,为上海投机唯一良品。实因标金之市价,每日自上午九时开盘以后,即刻有变动,涨落不定。其变动愈剧,其涨落愈甚,则其与投机事业亦愈相宜;盖投机者之唯一目的,即谋于市价涨落变动时,从中取利也。标金之交易,大都为定期买卖。于未到期以前,买者固可转卖;卖者亦可买回。于一买,一卖间,仅为差金之收付,并不定以标金,及价银,实作交割。例如某甲买进定期标金十平,照当日市价为三百五十两,定期两月交割。则原须待两月期满后,方能银货两交,届时一方以现银送缴交易所,一方收受前买之标金。惟设于两月限期末届以前,标金骤涨;假定市价自三百五十两,逐渐上涨,已达四百两。斯时甲见有利可图,急以先前以三百五十两买进之定期标金十平,不待到期,即行出售;而取其前买价,与今卖价之差金,得利每条五十两;标金十平,其得利三千五百两,是即转卖。然转卖亦未必定以得利为标准,如买后标金市价,逐步下落,一时似无高涨希望,自三百五十两,而四十五两,而四十两,标金之市价日跌,而买金者之损失亦日巨。甲欲限制其损失,则不得不即行转卖,而付其前买价,与今卖价之差额,每条亏十两。盖甲倘不于此时转卖,则将来金价续跌时,恐其损失将不止每条十两也。至买回,则与转卖适成反比。即以前之卖者,今因市价之变动,于未到期前,即行买回,而取其差益,或付其差损也。

(乙)为买进标金之输出

标金交易,亦时有实买标金,为输出国外,铸造外币之用者。此须于输出标金,改铸外币,有利可图时,始能实行。外汇市价,一两星期,绝无变动,并非罕事;而标金市价,则涨落极频,变动极速。故视比价之盈亏,而外币输入,及标金输出之机会,亦极多。此项输出,自以日本为最便;且标金平价计算,又以日汇为根据。今试举一标金输出日本之例,以说明之:设某日上海日汇,为规元五十四两,合日金百元,则用日汇定数计算,标金平价,应为二百五十八两一钱三分(定数 $4.780, 15 \times 54 = 258.1281$ 两);而同时现期标金市价,仅为二百五十两。在此种情形之下,标金市价,低于平价,可以在日本卖出定期标金,以便将当日上海所买进之现期标金,运至日本交货;同时于上海卖出远期日汇,以便将当日在日本所买进之日金,运回上海交货。此项交易,除一切运费外,实尚有赢利可图。假定有某甲于该日在上海买进现期标金三十平,合二百十条,同时于日本卖出等量之定期标金,待上海所买进之标金,运至日本

时交货,则其损益计算当如下:

  依照平价以标金210条换入日金(210×258.13)可得规元
          54,207.30两

  一切运费利息等合0.25%应减少利益规元135.52两

  总计在日卖出标金210条折合可得规元
          54,071.78两

  依照市价标金210条应合成本(210×250)规元
          52,500.00两

  一切运费利息等合0.30%应增加成本规元
          157.50两

  总计在沪买进标金210条运至日本其成本应合规元
          52,657.50两

  此项交易之赢利共计规元   1,414.28两

  此外对欧、美各国之标金输出,莫不可以此为举隅。于标金之平价,与市价适合之后,此后变动,凡为(子)标金市价下落,而外汇不动;(丑)外汇上涨(以日汇为根据下仿此),而标金市价不动;(寅)标金市价下落,而外汇上涨;(卯)标金,外汇俱下落,而标金下落特甚;(辰)标金,外汇俱上涨,而外汇之上涨为特甚时,标金俱有输出之可能。至其出运手续,大都以柔纸及棉絮裹之,藏竹箱中,各箱约藏金十条。亦有不用竹箱,而用木箱者。装置妥帖后,复以麻布包之;外更缠以钢条;最后乃加以印志封皮,送船输出,庶无危险。

（丙）为买卖定期外币之保障

　　为定期外币买卖时，欲减少其危险，可同时以定期标金买卖为保障；反言之，为定期标金买卖时，欲减少其危险，亦可同时以定期外币买卖为保障。无论为定期外币之买卖；或为标金之买卖，其盈亏全视金币，或标金市价之涨落；换言之，即全视金银间比价之涨落。金银物质不同，贵贱亦异，其比价之涨落绝巨，故其买卖之危险亦绝巨。惟倘遇机会适当时，买进定期金币，同时为定期标金之卖出；或卖出定期金币，同时为定期标金之买进，两相对举，则虽得利较微，然其危险亦随之而大减。盖金币，标金，两者既俱系金货，其比价之涨落，必不致过巨也。今试设例以明之：有某甲于九月一日，向某银行购进伦敦电汇一万镑，定期两月交割，当日英汇市价，为三先令五便士（合规元一两），故甲于理论上，应付出规元 $58,536.58$ 两（$10,000$ 镑 $\div 3$ 先令 5 便士 $= 10,000 \div 0.170,833,3$ 镑 $= 58,536.58$ 规元两）。甲于买进英汇后，同时又委托金业交易所经纪人，代卖出标金三十二平，计二百二十四条，亦定期两月交割，当日标金市价，为规元二百五十九两五钱，故甲于理论上，应收进规元 $58,128$ 两（$224 \times 259.5 = 58,128$）。甲既买进定期英汇，并卖出定期标金，于未到限期以前，甲必卖出等量之英汇，并买进等量之标金，始能买卖相抵，了结清楚。换言之，即甲于未到限期以前，对于已买进之英汇，必经"转卖"之手续，始能了结；对于已卖出之标金，必经"买回"之手续，始能两抵。设至十月五日，英汇市价，上涨至 3 先令 5.75 便士（3 先令 $5\dfrac{3}{4}$ 便士），而标金市价，下落至二百四十九两三钱,甲于此时,将英汇转卖,同时将标金买回;则英汇万镑,照该日市价,甲于理论上应收入规元 57,457.03 两(10,000 ÷ 3 先令 5 $\frac{3}{4}$ 便士 = 57,458.03);标金二十四条,照该日市价,甲于理论上应付出规元 55,843.2 两(224 × 249.3 = 55,843.20)。照此计算,甲于英汇交易,折损规元 1,078.55 两(58,536.58 − 57,458.03 = 1,078.55),于标金交易,获利规元 2,284.8 两(58,128 − 55,843.2 = 2,284.80)。损益相抵,甲仍获利规元 1,206.25 两。使甲买定期英镑,不以定期标金为之保障,将受规元 1,078.55 两之损失,其理实至显而易明也。上海金业交易所中人,以标金及外汇为"套做"者;实与此理相同。

(丁)为减少国际贸易外汇涨落之危险

外货之输入,与国货之输出,倘货商并未于交货,或订货时,立与银行订定汇价,其危险最大。外汇落,则进口商受其害;外汇涨,则出口商受其害。进口商购办外货,概以金币付价。设定货时,英汇为每规元一两,合英币五先令,而进口商并未于此时,即向银行买进英汇,待日后货到付价时,英汇忽落至四先令,进口商不得不于此时,照市价以银两买进英汇,转付外商。然每两规元,即须折价五分之一,前日规元一两,可买五先令,今则只可买四先令矣。出口商之受损情形,适与此成反比。此种危险,实与前节所论单做定期金币买卖相同,其焦点亦在金银比价之涨落。倘进口商于定货时,为定期标金之买进,则货到付价时,可以卖出标金,而买进外汇。即有亏损,所失亦微。金币,与标金比价之涨落,究不若金银间,比价涨落之巨也。

五 行市及新闻之揭登

标金之行市,及新闻,亦按日登载各日报。凡关于金融之各刊物,亦往往编制标金市价表格,及略述经过情形,按期揭登。

(甲)行市之报告

兹举民国十八年二月五日,上海《新闻报》揭登之前一日金市价格于下：

金

▲金业三月份(自右向左)

晨开	355.00	先	354.8	收	355.30
午开	355.80		355.7		355.70
	355.60	高	356.0		355.50
	355.80		355.5	收	355.60
登账	二 月 份				355.00
又	三 月 份				355.00
补水	上 午				355.00
又	下 午				356.00

▲物品

续表

		前市	后市
三月期	开盘	355.00	355.80
	最高	356.00	356.10
	最低	354.95	355.65
	收盘	356.00	355.80

(乙)新闻之记载

兹更举该报同日关于金市之新闻——《金市续呈涨象》——一则如下，以供参考。

"（一）金价涨九钱。周一英、美银市，及日、美等，向例无电。金市续呈涨象。晨初因神户市略升，续坚；惟仅五钱上落。下午汇市益紧，华商稍有结进，遂涨为五十六两。但物品已抬高，继则转软，殆因恒兴等有所卖出。结果，较前午收市，计涨九钱，人心似好。比日汇结价，仍为五十二两八钱，挂价勿动；早间计抬高二两；午刻二两五钱；下午竟抬至二两二钱；最后二两八九钱。

（二）交易不见畅旺。场内同业，交易平常。大连帮，如顺利买进一百六十八条；万兴买三百五十条，又卖出四百二十条；志丰，永恒兴，永康等，稍有购买；福余，瑞康，春发，永悖，丰永等，皆已卖出。物品套头稀少。下午，万兴略有售出；顺利仅进数十条；福昌，恒兴有所售出；中兴，恒昌，永聚，丰润等略进。套头者，稍有售出，遂进日汇但时值岁底，例无大票进出。

（三）晨初因日美汇坚而涨。晨初，三月份开盘计涨3钱，为

355两;(物品同)继则极平。汇市似紧,交易寥寥。九点半先令开出时,为54两8钱,挂价勿动,旋后毫无更动。十点后,神户市、日、美略涨0.625;日、英加零三一二五,乃涨十一钱;而日汇由朝鲜买五月份728,125。上海出四月72,875。东方,有利与麦行对做六,八月份先令,计27.022,5便士。正金出六月美汇62.812,5元。至午刻,四月份日汇,应结729,375,遂又提增二三钱。十二点收市,为55两3钱,(物品56两)登账,补水,同为55两。

(四)午后涨落亦平。下午,开盘55两8钱,即涨5钱。殆因物品午收已抬高(物品5两8钱)。惟,神户午刻电讯,日,美进价减0.615;远期出价,加0.625;日,英减0.312,5。至二点零六分,回至54两6钱,未几趋挺。日汇,和丰出三月7,275,至728,125。正金出四月美汇62.812,5元。既而工商与三菱,对做四月日汇,729,375。至二点三十五分,涨为56两。旋后恒兴等有所脱手,复减四五钱。三点二十九分,为5两5钱,以后甚平,只有一二钱上落。而四月日汇,由实业出73。三点四十分,为5两7钱。四点零一分,复计5两5钱。惟汇市站住之势,交易并不敏活。迨四点半收市,为355两6钱(物品8钱)。查全日间最高价56两;最低价54两8钱,相差1两2钱。补水,下午56两云。"

六　市价涨落之主要原因

(甲)由于银价之长缩也

标金市价,既为一条标金,合上海规元银两之数,则简言之,即为以银货表示金货，使银与金立相对地位。故标金价贵，即银货价贱。假定从前标金价低时，每条只能换得三百规元两，而今则竟可换得四百规元两者，则以标金比规元，标金较前价涨三分之一，而规元则较前价跌三分之一，其理甚明。反言之，标金价贱，则银货价贵，亦可照此设例解释。世界银价，定于伦敦市场，除星期，及例假外，日有行市。上海由汇丰银行，按照伦敦来电，于每日上午九点三十分，公布其前一日之行市。汇丰挂牌揭晓后，即立刻由电话传知金业交易所。如银价较前日缩（银价以成色 0.925 之标准银一盎司合若干便士示之，银价缩则便士少，银价长则便士多），则金市即须上涨；反是，如银价较昨日长，则金市即须下落。

（乙）由于外汇之变动也

标金之涨落，除受伦敦银价长缩之影响外，与国外汇市，亦有密切之关系。欧战以前，以英汇与金市之关系，最为密切，日汇，美汇次之。欧战以后，日本对于我国贸易，增进甚猛，经济势力，大为膨胀，日汇在上海遂占重要位置。加以金业交易所之交割规定，又有以日金四百八十元，抵标金一条之办法。故就今日之形势而论，与上海金市关系最密切之外汇，厥惟日汇。而英汇，美汇，遂不得不屈居次座。日汇行市，以日金为单位，系日金百元，当日汇价合上海规元两、钱之数。而英、美汇市，则俱以规元为单位，系规元一两，或百两，当日汇价合英币便士，或美币元，角之数。故日汇与标金之行市，涨落相随；而英汇，美汇之行市，与标金，及日汇之行市，则涨落相反。证诸既往，日汇与标金，其关系实较英、美汇为密切。盖在交易所，日汇与标金间之套做，较英，美汇与标金间之套做为多,标金行市受日汇之支配,遂尤为显著也。

(丙)由于投机家操纵之结果也

标金之行市,有时因投机家之操纵,非特不受银价,及外汇之控制,且反之,有控制银价,及外汇之势力。十五年七八月间之标金飞涨时代,为交易所大做多头所致,同时外汇为标金之上涨所支配,即其实例。兹更举耿爱德(Edward Kann)之观察一节,以资对证(见银行周报第四百七十三号)。"十月(十五年)二十二日,晨间金价四百两,午间涨至四百十七两,下午三点半时,突然跌去十余两,达四百零二两。数小时内,而涨落之猛骤如此,果何故耶?表面实绝无成因可言,并无一节足以使本埠市况转弱者。后知有某金商购金七千条(价值约三百万两),遂将金价压低,汇市转弱。若其势力仅限于交易所以内,则汇市当不至因之转弱。"观此,则标金行市,因受投机家之操纵,有时不受银价及外汇之支配,已无可疑问。

(丁)由于其他市场以外之间接影响也

标金市价之涨落,除以上三主要原因外,尚有其他市场以外之种种间接变动。如中外时局之变化,及天灾等均是。试举实例以证之:如十三年四月十四日,美国国会通过排日法案之消息传布后,金价由二百九十二两九钱,下跌三两余。又如十四年六月二十五日,开盘市价为二百五十六两,至午刻,相传广州对外有决裂之说,虽未得详情,而人心已大起恐慌,金价午后曾陡跌至二百五十一两四钱。又如十五年十二月十六日,下午三时左右,交易所金价为四百零四两四钱,后忽传日皇(大正)有病危消息,金价因此突跌至四百零一两四钱。又如十六年二月十六日,上午十一时左右,金价为三百七十四两七钱,十二时后,忽传某日本通讯社报告,汉口协定已签字,市面突然转坚,直跃至三百八十一两二钱;午后传闻某路火车不通,人多看跌,价遂不振,泻至三百七十四两五钱。又如同年三月八日,因前一日日本地震,消息传来,人心惊慌,上午开盘,即跌去三两。此外如十七年五月三日,济南惨案发生之前,标金最高市价为三百六十二两;自后风声所播,连月大跌,至同月九日,竟跌至三百四十两八钱,一星期内,计跌去二十一两二钱之多。此种涨落,大半为"人气"强弱作用:消息佳,则人气强;消息恶,则人气弱。至于人气强,则市面稳;人气弱,则市面疲,实一定不易者。

七　标金交易之势力

标金市价之涨落,虽一方面受银价,及外汇之节制,而一方面在特种情形之下,有支配银价,及外汇行市之可能。有投机活动之时,往往因上海标金市场多头之买进,标金之涨势,影响于日汇而抬之上涨;影响于银价,及英、美汇而压之使低。反之,往往因上海标金市场空头之力盛,标金之跌势,影响于日汇而压之同跌;影响于银价,及英、美汇而激之步涨。简言之,是不啻上海之标金市场,有时具左右世界银市,及外汇之势力。此等情形,于过去上海金市,实例极多。盖上海近年来标金买卖数额之大,确有牵动全世界金融之伟力也。

民国十三年至十五年上海金业交易所标金买卖总数表（单位：条）

月份	民国十三年	民国十四年	民国十五年
一月	1,426,600	1,337,210	3,707,718
二月	1,004,780	2,628,374	1,933,568
三月	2,329,180	6,684,202	5,192,978
四月	2,391,970	4,001,662	6,253,212
五月	2,664,620	4,429,810	5,316,560
六月	2,280,460	862,120	3,427,802
七月	2,304,820	3,125,290	4,094,482
八月	2,272,508	3,551,520	6,832,546
九月	2,351,986	5,729,388	8,160,390
十月	4,885,748	4,134,120	8,551,508
十一月	2,673,916	5,777,576	5,279,722
十二月	2,117,164	4,629,292	3,572,562
总计	28,703,792	46,890,564	62,323,048

据确实调查，民国十三年，上海金业交易所标金买卖，总额达28,703,792条；民国十四年，达46,890,564条；民国十五年，达62,323,048条。则以民国十五年而论，成交实数（以折半计），当达31,161,524条，照每条以日金480元折合，当得日金14,957,531,520元。其交易之巨，实足惊人，宜乎外汇，及银价之受其影响也。

第三章　纱花面粉杂粮等之交易实况

一　纱花棉布之交易实况

吾国之纱花市场有二：一为上海华商纱布交易所，一为上海证商物品交易所。上海证券物品交易所仅以纱花为交易物品之一种，其买卖数额，不逮华商纱布交易所之十一；且已于十八年六月起，停止拍板，改开证券；而上海华商纱布交易所，遂成吾国纱花交易之中心，而为吾国唯一之纱花市场。

（甲）交易所之概况

上海华商纱布交易所成立于民国十年七月。原定资本，为三百万元；已实缴半数。该所设理事十五人，监察三人。理事设理事会，由理事中互选正、副理事长各一人，常务理事四人。另设总务，营业，计算，及会计四科；暨仓库检查，棉花检查，及理事室书记三处，以处理所事。所内计有主任，科长等，十三，四人；科员一百三，四十人；练习生十余人。其经纪人数额，照十五年情形，其兼做棉纱，及棉花者，计有七十人；而独做棉花者，仅九人耳。所做买卖，分现期交易,及定期交易两种。定期交易,以一个月,至六个月为限。其买卖数量单位,棉纱定为五十大包(每大包为四十小包);棉花定为一百担;棉布定为十大包(每大包二十匹),故买卖棉纱,至少须五十大包买卖棉花,至少须一百担;而买卖棉布,至少须十大包。其在场叫价单位,棉纱以一大包为标准;棉花以一担为标准;棉布则以一匹为标准,故在场挂牌价目,为棉纱一大包,棉花一担及棉布一匹之银数。其买卖时价格涨落,棉纱以一钱为单位;棉花以五分为单位;棉布以一分为单位。定期交易方法,系采用竞争买卖手续。至于现期交易,自契约成立之日起,于五日内,须将其买卖交割清楚。其买卖数量单位,较定期交易为小:棉纱定为十大包;棉花定为五十担;棉布定一百匹。其交易,则采用相对买卖方法。惟照近年(十七年)情形,上海华商纱布交易所,仅开做棉纱,及棉花两种物品;而棉布则并未拍做也。

(乙)等级表之编制

前述之证券,及标金,其品质各有一定不易之标准:如证券,则凡为七年长期公债,无论其为第一号,或第十,第二十号,或第二千,第二万号,至交割时,于品质上,绝无高下之分;如标金,则以九七八成色为标准;凡标金交割,俱须以九七八成色交货;交货后,设发现成色不足,尚可随时补水;换言之,即标金有绝对之标准成色,可资依据,故至交割时,于品质上,亦绝无高下之别。至棉纱,棉布,及棉花,则不然。棉纱,棉布,既为各纱厂所制造,则或因原料之优次;或因机器之新旧;或因人工之精粗;以及其他种种原由,各厂出品,其品质不无参差,其价格因难免随有高下;即同一厂家,因种种环境之不同,其同一牌号之出品,于品质上,略有出入,亦未可知。至如棉花,则或因天时之变化;或因种子之优劣;或因人力之勤惰;以及其他种种原因,同一通花,其品质或本季较优于前季;同一姚花,其品质或前期较胜于本期,亦无一绝对之标准。故交易所于棉纱,棉布,及棉花之交易,即不能不有等级表之编制,以为交割时交货算价之标准。

(一)棉纱等级表之举例。兹举华商纱布交易所规定之棉纱代用等级表为例。该表审定于十七年七月而其交割有效期间,为自七月至十二月。所定标准品,为"申新纱厂,顺手十六支,人钟牌棉纱大包,连派司";其代用标准品之加减银数等级表如下:

顺反手及支数	出口纱厂	纱　牌	减或加	规元（单位:两）
反手十支棉纱大包连派司（支数较少）	大丰庆记	帆船	减	11
	永安	金城	减	12
	崇信	大发	减	13
	溥益	地球	减	13
	申新	人钟	减	14
	统益	金鸡	减	14
	利泰	醒狮	减	14
	振泰	鸿福	减	14
	纬通	孔雀	减	14
	厚生	双喜	减	15
	三新	得利	减	15

续表

顺反手及支数	出口纱厂	纱牌	减或加	规元（单位：两）
反手十支棉纱大包连派司（支数较少）	大生	红魁星	减	15
	鸿章	宝彝	减	15
	永豫	三羊	减	16
	恒丰	富贵	减	17
	和丰	红荷蜂	减	18
顺手十六支棉纱大包连派司（较次品）	苏纶洽记	天官	减	1
	东方	招财	减	1
	鸿裕	宝鼎	减	2
	东方	聚宝盆	减	3
	鼎新	麒麟	减	3
顺手十六支棉纱大包连派司（相等品）	厚生	欢喜	——	——
	公泰	醒狮	——	——
	振华利记	双象	——	——
	三新	红团龙	——	——
	怡和	胭脂虎	——	——
	天津裕元	松鹤	——	——
顺手十六支棉纱大包连派司（较优品）	永安	金城	加	3
	振泰	鸿福	加	3
	大生	魁星	加	3
	大丰庆记	气球	加	3

续表

顺反手及支数	出口纱厂	纱　牌	减或加	规元（单位：两）
顺手十六支棉纱大包连派司（较优品）	统益	金鸡	加	2
	纬通	孔雀	加	2
	溥益	单地球	加	2
	恒丰	富贵	加	1
	崇信	四季大发	加	1
	振华利记	双龙	加	1
	恒丰	云鹤	加	1
	杨树浦怡和	蓝金鱼	加	1
反手二十支棉纱大包连派司（支数较多）	永安	金城	加	14
	振泰	鸿福	加	12
	溥益	单地球	加	12
	三新	采花	加	11
	大生	红魁星	加	11
	申新	人钟	加	10
	利泰	醒狮	加	10
	鸿章	宝彝	加	10
	恒丰	富贵	加	10
	永豫	三羊	加	10
	振华利记	双象	加	10

续表

顺反手及支数	出口纱厂	纱　牌	减或加	规元（单位：两）
反手二十支棉纱大包连派司（支数较多）	东方	龙船	加	10
	大丰庆记	火车	加	10
	统益	金鸡	加	10
	杨树	牧羊	加	8
	怡和	五福	加	5

（二）棉布等级表之举例。兹举华商纱布交易所于民国十五年五月一日，所审定之棉布等级表为例。该表以十五年十月，十一月，及十二月三月，为交割有效期间。

棉布种别	标准或比较等级	厂名	牌名	厂名	牌名
十一磅布大包连派司	标准品	厚生	圈三虎		
	比较等级	恒丰	地球	怡和	圈三兔
		鸿裕	宝鼎	申新	人钟
		怡和	圈三鹿	大生	石榴
		怡和	三猫		
十三磅布大包连派司	标准品	厚生	飞艇		
	比较等级	鸿裕	三鼎	三新	双马狗
		申新	人钟	三新	双马
		申新	四平莲	大生	刘海

续表

棉布种别	标准或比较等级	厂名	牌名	厂名	牌名
十四磅布大包连派司	标准品	恒丰	喂马		
	比较等级	三新	三马	大生	和合
		三新	猴马	申新	人钟
		鸿裕	四鼎		
十六磅布大包连派司	标准品	楚安	天字		
	比较等级	大生	魁星	鸿裕	鸿雁
		申新	四半莲	申新	人钟
		三新	五马		

(三)棉花等级表之举例。兹举华商纱布交易所于十五年四月二十四日,所审定之棉花等级表为例。该表以十五年十月为交割有效期间。

标准	比较等级	花名	加或减	规元(单位:两)
通州标准	相等品	陕西	——	——
		郑州	——	——
		太仓墨子	——	——
		常熟墨子	——	——
	较优品	常阴	加	0.60
	较次品	太仓北路白核	减	1.00
		火机	减	1.25
		南北市本花	减	1.50

续表

标准	比较等级	花名	加或减	规元(单位:两)
姚花标准	相等品	九江	——	——
		汉口	——	——
		济南	——	——
		天津	——	——
	较优品	新洲	加	1.00
		家乡	加	1.00

(丙)纱花之成交及交割情形

　　以民国十五年上期统计为根据,则自一月至六月半年间,棉纱计成交二百五十二万六千六百五十包;每日平均,计成交一万八千三百零九包。即以该期棉纱最低市价,每包一百三十四两计算,每日成交数额,即应合规银二百四十五万三千四百零六两之巨数。至该期棉纱交割总额,则仅为一万三千零五十包;以与该期棉纱成交总额相较,只及百分之零点五;其余百分之九九点五,俱于交割前,以转买、买回手续,交割清楚。至于棉花交易情形,计该期成交总数为四百四十万零五千一百担;每日平均,计成交三万一千九百二十一担,以该期棉花最低市价二十六两九钱计算,每日成交数额,即应合规银八十五万八千六百七十五两之巨数。至该期棉花交割总额,则为十二万八千六百担,以与该期棉花成交总额相较,尚不及百分之三也。

民国十五年上期上海华商纱布交易所成交及交割数量比较表

（顺手十六支人钟标准）

月　份	成交数量（单位:包）	开市日数	一日平均（单位:包）	交割数量（单位:包）	最高市价（单位:两）	最低市价（单位:两）
一月份	253,950	23	11,041	2,400	152.10	146.40
二月份	248,350	15	16,557	1,350	151.50	142.00
三月份	640,900	26	24,650	3,350	148.90	138.00
四月份	438,350	25	17,534	2,100	147.30	136.60
五月份	551,800	25	22,072	1,500	145.70	135.20
六月份	393,300	24	16,388	2,350	143.40	134.00
六个月合计	2,526,650	138	18,309	13,050	152.10	134.00

民国十五年上期上海华商纱布交易所成交及交割数量比较表

（通州标准）

月　份	成交数量（单位：担）	开市日数	一日平均（单位：担）	交割数量（单位：担）	最高市价（单位：两）	最低市价（单位：两）
一月份	689,800	23	29,991	32,100	34.45	31.75
二月份	411,200	15	27,414	19,700	34.60	31.30
三月份	1,045,900	26	40,227	16,300	34.00	29.05
四月份	696,000	25	27,840	17,600	33.00	28.75
五月份	974,000	25	38,960	26,800	31.00	26.90
六月份	588,200	24	24,508	16,100	31.20	27.50
六个月合计	4,405,100	138	31,921	128,600	34.60	26.90

(丁)行市及新闻之揭登

下列纱花行市,见十八年二月三日上海新闻报,举之以为一例。

纱		▲前市	▲后市
▲纱布十六支纱(人钟标准)			
(反手十支廿支代用)			
二月期	开盘	159.8	160.3
	二盘	259.9	……
	三盘	159.9	……
	收盘	159.9	160.5
三月期	开盘	161.7	161.9
	二盘	161.9	162.2
	三盘	161.9	162.0
	收盘	161.9	162.0
四月期	开盘	……	159.6
	二盘	……	159.7
	三盘	……	159.6
五月期	开盘	158.7	158.5
	二盘	158.5	158.5
	三盘	158.5	……
	收盘	158.5	……

续表

六月期	二盘	158.0	158.0
	三盘	158.0	……
▲物品十六支纱（欢喜标准）			
（每单纱廿五包）			
二月期	二盘	159.7	……
▲纱布汉口细绒标准			
（即市上习惯称为陕西者）			
二月期	开盘	33.00	32.95
	二盘	33.00	32.95
	三盘	33.00	33.00
	收盘	32.90	33.00
三月期	开盘	33.45	33.40
	二盘	33.45	33.45
	三盘	33.40	33.40
	收盘	33.40	33.45
四月期	开盘	33.90	33.90
	二盘	33.90	33.90
	三盘	33.85	33.90
	收盘	33.85	33.90
五月期	开盘	34.30	34.35
	二盘	34.40	34.40
	三盘	34.35	34.40

续表

	收盘	34.35	34.45
六月期	开盘	34.60	34.60
	二盘	34.60	34.60
	三盘	……	34.60
	收盘	……	34.60
七月期	开盘	34.90	34.85
	二盘	34.00	……
	收盘	34.90	……
▲物品汉口细绒标准			
三月期	二盘	33.40	……

同日，该报载有新闻一则，标题为《标纱花近月续涨》，并举之以作参考。

（一）标纱近期卖户抵补。昨二日，纱布人钟标准，午前开盘，因美棉续涨，卖方纱号抵补，各月均比上日涨一钱，至四钱。二盘汉花向上，某空头翻多数百包，近月续涨一、二钱。远月，印商多头了结，跌二钱。三盘平定。收盘人心稳静。成交一千五百五十包。后市开盘，近月空头抵补踊跃，涨四钱。二盘，某部分纱号，由空翻多，中间数月涨一钱，至三钱。三盘，厂家，与印商多头了结，跌一，二钱。收盘，本月期老空头抵补，涨二钱。成交一千三百五十包。合之前市，计售开二千九百包。另物品欢喜标纱，成交五十包。目前纱市，因原棉稳定，卖方中坚纱号，在近期陆续抵补，本日某某两户，又购五百至五百五十包。卖出方面，仅即商多头了结五百包，余均为一二百包之零户。收盘列下：

	二月一日平均价	入钟标准	涨	存账包数	欢喜标准	存账包数
二月	159.67	160.50	0.80	20,350	159.70	250
三月	160.88	162.00	0.70	38,300	……	300
四月	159.27	159.60	0.10	18,050	……	375
五月	158.43	158.50	平	11,350	……	……
六月	158.00	158.00	平	6,500	……	……
七月	……	……	……	……	……	……
合计	159.95			94,650		925

（二）汉花通帮与多头购进。汉花标准，午前开盘，因美棉，及纱市均涨，通州帮与多头买进颇巨，各月均比上日涨一钱至二钱。二盘，多头与通州帮购进，远期涨一钱。三盘，外商与老多头售出，疲五分。收盘，近月多头了结，跌一钱。成交一万担。后市开盘，通州帮，与厂家购进，前三月各比午前涨五分，尾月因汉口帮售出，跌五分。二盘，多头加码，中期涨五分。三盘，上下五分。收盘，广帮，与钱庄家购进，三月期以下，涨五分。成交八千七百担。合之前市，计售开一万八千七百担。另物品汉花成交二百担。目前棉市，某部分多头，与通州帮，均有看高心思，本日有三家各购一千四百至三千四百担。卖出方面，均在一千八百担以下。收盘列后：

	二月一日平均价	纱布标准	比上日	存账担数	物品汉标	存账担数
二月	32.87	33.00	涨 0.10	87,600	……	1,800
三月	33.28	33.45	0.15	131,400	33.40	3,00
四月	33.70	33.90	0.20	133,000	……	1,800
五月	34.13	34.45	0.25	69,500	……	1,100
六月	34.50	34.60	0.10	44,000	……	500
七月	34.88	34.85	跌 0.05	1,600	……	……
合计	33.71	……	……	467,100	……	8,200

二　面粉之交易实况

吾国唯一之面粉市场,为上海面粉交易所。该所为上海机器面粉公会原有贸易所改组,亦成立于民国十年,已如前述。兹更略述其现状如下:

(甲)交易所之概况

上海面粉交易所以"专营关于机制面粉,及麸皮之现期,或定期买卖,以保证双方营业上之安全,及信用为目的"。其资本总额,定为五十万元。该所设理事十一人,及监察三人。所内计有经纪人五十五人。惟照民国十七年情形,面粉仅开做定期,以六个月为限。其交易方法,系采用继续买卖手续。其买卖单位,为一千包,故在所买卖,至少须一千包,而以一千包递加。其叫价单位,则为一包,故其开出市价,亦为每一包之价目。每日前市,自十时起,计做三盘;后市,自二时三十分起,共做六盘。本证据金,每千包为规银二百两;亏折至四分之三时,始加追一百两。经手费则每千包取银五两。至麸皮交易,并不在所开做。公会楼下,另有上海麸业市场之设。取茶会式,内设方桌,茶水,与茶馆相似。惟仅做现货,不做定期。

上海面粉交易所

（下列市价均从左边看起）

本所股票七月	标准		七月	八月	九月	十月	十一月	十二月
			标　　准					
开盘	绿兵船 红蓝车	开盘	2.055 2.0575 2.06 2.0575	2.055	2.055 2.0575	2.0575 2.06	2.06 2.0625 2.06	2.0625 2.065 2.0625
二盘	绿宝星 绿三多	二盘	2.06 2.0625 2.065 2.0625	2.06 2.0625	2.06 2.0625 2.06	2.06 2.0625	2.065 2.0625	2.0625
三盘	绿山鹿 绿双马	三盘	2.06	2.055	2.055	2.0575 2.06 2.0575	2.06	2.0575
四盘	绿天字 绿宝塔	四盘	2.06	2.055 2.0575	2.0575 2.055	2.055 2.0575	2.0575	2.06
五盘	绿如意 绿丹凤	五盘	2.0575	2.055	2.055 2.0525 2.055	2.055 2.0525 2.055	2.055	2.0575
收盘	标准 麸皮	收盘	2.0575	2.0525	2.0525	2.0525 2.05	2.0525	2.055

（阳历八月二十三日）　　礼拜四　第三百二十七号　后市市价单
戊辰年七月初九日

(乙)面粉等级表之举例

面粉等级表,系由审查会于月底交割时,审查各厂家出品优次后,订定公布之。兹举该所十八年阴历七月份交割等级如下:

等级	牌号	减或加	规元(单位:两)
标准品	绿兵船	——	——
相等品	绿炮车	——	——
	绿麦根	——	——
较次品	红蓝车	减	0.010
	绿丹凤	减	0.010
	绿炮台	减	0.020
	绿山鹿	减	0.060
	绿如意	减	0.070
	绿双马	减	0.075
	大立双马	减	0.080

(丙)面粉之成交及交割情形

上海面粉交易所,仍沿用旧历。故其交割手续,亦以阴历每月底举行。惟自十八年二月底起已改用国历。兹举该所十八年七月份成交数额如下:

月　份	成交数量（单位：包）
七月期	1,508,000
八月期	1,239,000
九月期	1,519,000
十月期	1,354,000
十一月期	1,021,000
十二月期	320,000
六个月总数	6,611,000

据上表，七月内成交本月份总数，为一百五十万零八千包。连前五个月所陆续成交之七月份期货，其总数相加，当不在五百万包下。而据该所七月底交割情形，闻大部均已于期前了结，其到期实行交割者，不过万余包，尚不及成交数百分之一也。

(丁) 行市及新闻之揭登

兹举十七年八月二十四日（阴历七月初十），上海申报所报告之前一日面粉行市于下：

面粉交易所（八月二十三日）

	七月期	八月期
	两	两
开盘	2.0450	2.0450
二盘	2.0450	2.0425
收盘	2.0475	2.0475

续表

	九月期	十月期
开盘	2.0425	2.0425
二盘	2.0450	2.0450
收盘	2.0475	2.0475
	十一月期	十二月期
开盘	2.0425	2.0450
二盘	2.0450	2.0450
收盘	2.0500	2.0525
以上前市成交粉八万六千包		
	七月期	八月期
开盘	2.0575	2.0550
二盘	2.0625	2.0625
三盘	2.0600	2.0550
四盘	2.0600	2.0550
五盘	2.0575	2.0550
收盘	2.0575	2.0525
	九月期	十月期
开盘	2.0550	2.0575
二盘	2.0600	2.0600
三盘	2.0550	2.0575
四盘	2.0575	2.0550
五盘	2.0550	2.0550

续表

收盘	2.0525	2.0525
	十一月期	十二月期
开盘	2.0600	2.0625
二盘	2.0650	2.0625
三盘	2.0600	2.0575
四盘	2.0575	2.0600
五盘	2.0550	2.0575
收盘	2.0525	2.0550
本所股	七月期三盘	41.5000
	至	41.0000
以上后市成交粉16.7万包,股票10股		

同日,该报更载有新闻《粉价复有涨音》一则,兹并录以供参考。

"昨日粉市,上下午开盘后,各月份市面,因多空双方根本发生冲突,市面已入歧途:盖平时之上落,一半虽属人为,一半则根据事实;所以一涨一跌之间,虽各有盈亏,尚能心悦诚服,不生裂痕者,赖有一部分之事实相对照也。最近之硬抬市面,实由于厂家浮多威吓业内外之空头而起:故本月份下午之最高盘,曾轧到二两零六分半;八、九、十月份,到二两零六分二厘半;十一、十二月份,到二两零六分半。后以抬价者自己回出,市稍和缓:结果,本月份较前日涨一分二厘半;八月份涨五厘;九月份涨七厘半;十月份涨一分;十一月份跌一分二厘半;十二月份涨七厘半。"

三 杂粮油饼之交易实况

吾国杂粮油饼买卖之有交易所组织者有二:即上海杂粮油饼交易所,及滨江粮食交易所是也。上海杂粮油饼交易所之交易物品,规定为"属于杂粮种类之豆,麦,油,饼,芝麻,菜子等各货,及同业习惯上通行交易者";但米、谷一项,不在该所营业范围以内。而滨江粮食交易所则规定以(一)大豆,(二)小麦,(三)面粉,(四)豆油,(五)豆饼,及(六)杂粮,为交易物品。故两所之性质,实极为相近也。

(甲)交易所之概况

上海杂粮油饼交易所之资本总额,定为国币二百万元。所中设理事十五人,及监察三人。更由理事中,互选理事长一人,专务理事二人,及常务理事七人。其经纪人,定额为一百名;而照民国十七年年底情形,实数为五十四人。滨江粮食交易所之资本总额,定为国币八十万元。亦设有理事十五人,及监察三人。理事会于理事长外,更互选副理事长一人,及常务理事四人。其经纪人定额,以八十家为限。两所交易,均分为现期买卖,定期买卖,及约期买卖三种。现期买卖,均以货样,或品名,依相对买卖,或投标买卖,或竞争买卖之方法行之。其契约期限,均定为五日以内。定期买卖,与约期买卖,均依照规定之顺序,每一品名,各分限期,依次买卖。定期买卖之契约期限,以三个月为限。约期买卖,以六个月,或一百八十日为限。定期买卖之交割日,在上海,于卖出一方,为每期最终日之前一日,或展缓至最终日午前十二时为限;买进一方,以每期之最终日,以午后五时为限。在滨江,则以每月最终营业日为满期日;满期日,即为交割日。至约期买卖,则以约定之日期为交割日。惟杂粮油饼各货,多系天然产品,年岁之丰歉不同,即产销之情形各异。故交易所之各项买卖规则,亦均须按照市情,随时修订,非可以执一论也。

(乙)标准及等级之规定

按照上海杂粮油饼交易所于民国十三年所修订之《买卖规则》,其各种物品之标准如下:

面粉交易所(八月二十三日)

物品标准	买卖单位	叫价单位	货币单位	货币叫价
轮船大连平格黄豆	一车	一担	银两	以分为止
轮船大连黄豆	一车	一担	银两	以分为止
轮船大连红粱	一车	一担	银两	以分为止
二号大粒小麦	五百担	一担	银两	以分为止
标准豆油	五十篓	一担	银两	以分为止
标准有边豆饼	一千斤	一片	银两	以毫为止
标准光边豆饼	一千斤	一片	银两	以毫为止

(一)轮船大连平格黄豆。以大连平格保管黄豆为标准。无论大连出品如何,以来货原装交解;以包面印刷包内标记为证;上格下格,均不收受。

（二）轮船大连黄豆。以大连平格黄豆为标准。如解上格豆，照标准每担升银三分；解下格豆，照标准每担降银四分。

（三）轮船大连红粱。以绿线大包为标准。营口货并解。每车约三百一十包，或三百包，连包皮共作五百担。

（四）二号大粒小麦。以二号大粒小麦为标准；以二号中粒小麦为代用品。如解洋麦，须俟到货时，察看出品，规定价格，再行加入。至其等级之规定，则以其性质之轻重为度；价格之升降，则以其斤两之高低为准。其等级表如下：

大粒小麦（二号重139至140斤为标准）			
号数	重量（单位：斤）	价银升降（单位：两）	
头号	141	加	0.02
	142	加	0.04
	143	加	0.06
三号	138	减	0.02
	137	减	0.05
四号	136	减	0.09
	135	减	0.13
五号	134	减	0.18
	133	减	0.25
中粒小麦（二号重142至143斤为相等品）			
头号	144	加	0.02
	145	加	0.04
	146	加	0.06

续表

中粒小麦(二号重142至143斤为相等品)			
三号	141	减	0.02
	140	减	0.05
四号	139	减	0.09
	138	减	0.13
五号	137	减	0.18
	136	减	0.25

(五)标准豆油。标准豆油,以旗昌源,巨昌和,大有,穗丰,和丰益等本厂豆油为标准。轮船牛庄豆油,每担降价银一钱;轮船大连豆油,每担降价银三钱。

(六)标准有边豆饼。以本厂旗昌源,巨昌和,大有,穗丰,和丰益等有边豆饼为标准。无锡恒德厂,及沙河有边豆饼并解。大连有边豆饼,每斤降价银二分。

(七)标准光边豆饼。亦以上列各本厂出品为标准。无锡恒德,及沙河出品并解。牛庄出品,每斤降价银一分。牛庄火车豆饼,及大连光边豆饼,均不合格。

(丙)交割之手续

照上海杂粮油饼交易所之规定,黄豆,红粱,到期交货,均以轮船公司之原提单为凭;于各轮船原栈房交货,均以十天内出清(以每期之月底起算)。分量如有参差,照公价结算;货色如有霉烂,亦应照剔。至小麦到期交货,车货,则以路局之洋文车单为凭,于车栈交货;轮船货,以轮船公司之原提单为凭,于各轮船原栈房交货;

堆栈客货，以堆栈之栈单为凭，于原栈房交货，亦以十天内出清。豆油交货，本厂出品，以厂栈单为凭；外埠出品，以本月期（以阴历计算每月为一期）到货为合格，以轮船公司之原提单为凭。豆饼交货，本厂出品，以本期（以阴历计算每半月为一期）之厂栈单为合格；无锡出品，以本期到货路局之洋文车单为合格；大连，及沙河出品，以本期，及本期前一日所到之货为合格。至收货交银，则均用十天期庄票，盖交货后出货期限，亦定为十天也。

（丁）行市及新闻之揭登

兹举民国十八年二月十五日，上海时事新报所报告之前一日杂粮油饼交易所行市如下，以为一例。

杂粮油饼交易所

标准新小麦		（单位：两）	
		前市	后市
		两	两
正月期	开盘	4.65	
二月期	开盘	4.62	4.62
	收盘	4.63	4.62
三月期	开盘	4.63	
	收盘	4.63	
标准有边豆饼		（单位：两）	
三月期	收盘	1.65	
大连黄豆		（单位：两）	

续表

标准新小麦		（单位：两）	
正月下	开盘	4.78	
二月期	开盘	4.80	
	收盘	4.80	4.81
三月期	开盘	4.85	
	收盘	4.85	
大连豆油		（单位：两）	
正月上	开盘	13.65	
正月下	收盘	13.65	
二月期	收盘		13.80

同日，该报尚有新闻一则，兹并录之。

"期麦，上市初开颇形紧俏。正月份，曾至四两六钱半；后又回下一分。缘此刻麦市一依粉情而转移，及与现麦而同行，故暂时似无荣辱之可言。收盘，正月份，四两六钱四分；（上市）二月份，四两六钱二分；三月份，四两六钱三分。（上市价）

今岁杂粮交易所，已实行改用国历；但为便利以前之手续起见，故须于四月期起，改拍为五月期，交割亦同用阳历也。"

（戊）外商杂粮交易所

吾国杂粮油饼之买卖，虽南北俱有交易所之设立；然关于满、蒙特产杂粮油饼之买卖实权，实全在日人掌握之中。即以日本在吾国东三省所设之公营物品取引所而论，其为杂粮油饼之买卖者，有大连取引所，开原取引所，四平街取引所，公主领取引所，及长春取引所五处。每所并各有信托会社之附设，以为交易所资金之融通机关；且兼营清算，及担保各种业务。民国十六年一年间，以上五交易所，所做杂粮油饼之期现货数量：大豆，超过二十七万车；高粱，超过十四万车；豆饼，几及四千万枚；豆油，超过五百万篓。其魄力之雄大，已可概见！故吾国杂粮油饼之中枢市场，实在此而不在彼。华商之两交易所，宜其望尘而不及也。以吾国之特产，而须外人为越俎代谋，任其支配，诚亦大可哀矣！兹更举日本在华取引所，买卖杂粮油饼之统计于下，以终吾篇。

民国十六年一年间日本在华官营取引所杂粮油饼成交数额表

取引所名称	现或期	大豆 单位:车（每车约五百担）	高粱 单位:车（每车约五百担）	豆饼 单位:枚	豆油 单位:篓
大连取引所	现货	160	—	6,962,900	1,453,000
	期货	71,534	34,148	39,885,000	3,868,500
开原取引所	现货	1,057	248	—	—
	期货	120,038	37,214	—	—
四平街取引所	现货	—	—	28,500	—
	期货	10,666	7,784	—	—
公主岭取引所	现货	—	—	—	—
	期货	57,795	44,400	—	—
长春取引所	现货	2,415	3,543	—	—
	期货	9,760	18,677	—	—
总计	现货	3,632	3,791	28,500	1,453,000
	期货	269,792	142,222	39,885,000	3,858,500
	现期合计	273,425	146,014	39,913,500	5,321,500

附　录

一　证券交易所法

民国三年十二月二十九日公布

第一章　总则

第一条　凡为便利买卖，平准市价，而设之国债票、股份票、公司债票及其他有价证券，交易之市场，称为证券交易所。

第二条　证券交易所于商务繁盛之地禀经农商部核准设立。

前项之核准由农商部咨行财政部备案。

第三条　证券交易所每地方以设立一所为限，其区划由农商部会同财政部定之。

第四条　证券交易所以设立后满十年为营业期间，但视地方商业情形得准原定年期禀请农商部核准续展。

第二章　组织及设立

第五条　证券交易所以股份有限公司组织之。

第六条　证券交易所设立时须拟订章程,禀请农商部核准,由农商部资行财政部备案,关于前项核准之规定,于证券交易所章程有变更时适用之。

第七条　证券交易所设立时应缴营业保证金于国库。

第八条　证券交易所限于其经纪人得参加其买卖。

第三章　经纪人

第九条　中华民国商人年龄在二十五岁以上,关于证券买卖或与证券买卖类似之营业曾有经验者,由其证券交易所禀经农商部核准注册得为其证券交易所之经纪人。

第十条　有下列各款情事之一者不得为证券交易所之经纪人：

一　妇女；

二　受褫夺公权之处分者；

三　曾受破产之宣告债务尚未清结者；

四　受禁治产及准禁治产之宣告者；

五　曾受证券交易所之除名处分者；

六　处四等有期徒刑以上之刑满期及赦免后未及一年者；

七　受刑律第一百八十一条、第二百二十六条第十七章至第十九章又第三百五十九条及第三十二章者；

第三十五章及第四百零三条第四百零四条所规定之处分满期或赦免后未及一年者。

第十一条　经纪人由农商部给予营业执照应缴纳执照规费。

前项之执照规费由农商部定之。

第十二条　经纪人应缴存保证金于证券交易所。

第十三条　经纪人对于证券交易所应负由其买卖所生一切之责任。

第十四条　经纪人关于在其证券交易所有公定市价之证券不得自为买卖。

第十五条　证券交易所对于经纪人得照章程所定停止其营业或课以五百元以下之过怠金或禀经农商部核准特予除名。

第四章　职员

第十六条　证券交易所得置下列各职员：

理事长；

理事；

监察人。

证券交易所各职员之姓名应禀报农商部核准由农商部咨行财政部备案。

第十七条　非中华民国人民及有第十条各款情事之一者，不得为证券交易所之职员。

第十八条　证券交易所之职员及其他雇员均不得在证券交易所为证券之买卖。

第五章　交易

第十九条　证券交易所之买卖分为现期及定期二种。

第二十条　证券交易所得照章程所定令买卖两方各缴证据金及追加证据金。

第二十一条　证券交易所于由买卖违约所发生之损害应负赔偿之责。

前项赔偿金额及其他相当费用证券交易所得向违约者追偿。

第二十二条　证券交易所对于不履行买卖契约者得以其证据金追加证据金及保证金充损害赔偿之用。

第二十三条　证券交易所对于证据金追加证据金及保证金有处分之优先权。

第二十四条　证券交易所得照买卖约定价格向买卖两方抽收经手费。

第二十五条　证券交易所买卖之证券种类须由交易所随时议定揭示,其未经证券交易所揭示准其买卖之证券不得有公定市价。

前项揭示之证券农商部认为不适当者,得令证券交易所取消之。

第二十六条　证券交易所外在不得以与证券交易所定期买卖相同或类似之方法为证据之定期买卖。

第二十七条　证券交易所须依每种证券每日买卖之平均价格议定现期买卖及定期买卖之公定市价揭示之。

第六章 监督

第二十八条 证券交易所之行为有违背法令或妨害公益或扰乱公安时,农商部得为下列各款之处分:

一 解散证券交易所;

二 停止证券交易所营业;

三 停止或禁止证券交易所一部分营业;

四 撤销其决议或处分。

第二十九条 农商部认为必要时得派临时视察员检查证券交易所之内务账簿财产或其他一切物件及经纪人之账簿。

视察员为前项之检查时证券交易所有受其检查及答复质问之义务。

第三十条 农商部认为必要时得令证券交易所改定章程。

第三十一条 证券交易所于营业期间内因故解散时,须禀报农商部并由农商部咨行财政部备案。

第七章 罚则

第三十二条 违犯第十四条、第十八条、第二十六条之规定者,处五百元以下二十元以上之罚金。

第三十三条 伪造公定市价或以不正当之方法扰乱市价者处千元以下百元以上之罚金,其因而得财至千元以上者处所得价额二倍以下价额以上之罚金。

第八章 附则

第三十四条　关于证券交易所之资本金额、营业保证金额、经纪人保证金额、证据金追加证据金额、公积金额及动支方法、经手费数额等由农商部会同财政部订定呈请大总统批准行之。

第三十五条　本法自公布日施行。

二　证券交易所法施行细则

民国四年五月二十五日公布

第一条　证券交易所设立之区划应由农商部会同财政部依证券交易所法第三条之规定订定后公示之。

第二条　欲设立证券交易所者须由发起人开具下列各款署名签押连同证券交易所章程，在设所地禀由该管地方官署详请地方最高级长官转达农商部核准暂行立案。

一　各发起人之姓名籍贯住所；

二　各发起人之职业；

三　股本总额；

四　各发起人所认之股数；

五　股本银使用之概算；

六　设立理由；

七　该区划内关于证券交易之沿革及现况。

第三条　证券交易所章程除依公司条例第九十八条、第九十九条所定外应并载明下列各款：

一　证券交易所设立之地点；

二　交易所证券之种类；

三　关于职员选任及其职务事项；

四　关于会议事项；

五　关于交易所及经纪人之经手费事项；

六　关于经纪人之结会及其规约事项；

七　关于经纪人之保证金及其使用人事项；

八　关于经纪人之进退事项；

九　关于市场之开闭及休假日期事项；

十　关于证券或价银之交割及证据金额追加证据金额事项；

十一　关于公定市价事项；

十二　关于账簿记载及经纪人之账簿事项；

十三　关于款项出纳及决算事项；

十四　关于银钱及证券之保管事项；

十五　关于违约处分事项。

第四条　证券交易所之设立，经农商部批准督行立案后，除由发起人认足股本总额毋庸另募外，应依公司条例及关于证券交易所之法令招集股本。

第五条　发起人认足股本总额于公司条例第一百零二条所定检查事竣后，应由职员联名具禀请书连同下列各款文件禀由该管地方官署转达农商部正式批准设立给予执照。

一　证券交易所章程；

二　发起人各自认定股数之证明书；

三　关于选举职员之文件；

四　检查员之报告书如有为公司条例第一百三条之裁减者其决定之副本。

第六条　自暂行立案后满一年并不禀请批准设立者其立案无效。

第七条　证券交易所发起人不自认足股份者，于招股足额并开办立会终结后，应由职员联名具禀请书，连同下列各款文件禀由该管地方官署转达农商部批准设立给予执照：

一　证券交易所章程；

二　股东名簿及各股东认股书之副本；

三　公司条例第一百十四条规定之调查报告书及其附属之件；

四　创立会决议录。

第八条　禀请批准设立时应依证券交易所法第十六条之规定,添具职员之姓名禀请核准立案,农商部为前项之核准时得调查证券交易所职员之履历。

第九条　证券交易所发起及设立时之禀请书应由该管地方官署加具意见书。

第十条　证券交易所定有开业日期后应由职员在设所地禀由该管地方官署详请地方最高级长官转报农商部。

第十一条　证券交易所自批准设立后满一年尚未开业时其设立之批准无效。

第十二条　证券交易所营业期满拟照原定年限期请展续办者,应于期满前一年内连同证券交易所章程禀请农商部核准,但至期满前三个月以内始行禀请者得不受理。

第十三条　凡欲为证券交易所经纪人者,应填具志愿书连同商事履历书请由交易所转禀农商部核准注册,证券交易所应于前项志愿书加具意见书。

第十四条　农商部核准为经纪人之注册时应发给经纪人营业执照于具禀之交易所。

证券交易所收到前项执照应即通知本人,俟受取粘贴执照规费相当额数印花之请领书并收纳经纪人保证金后即行转给。

前项请领书由交易所转禀农商部。

第十五条　经纪人受前条第二项通知后,非于二十日内出具请领书及缴纳保证金时其执照无效。

第十六条　经纪人废业时应禀报农商部并缴还执照。

第十七条　经纪人执照遗失时得声叙事由经证券交易所证明禀请补给,经纪人变更姓名时得依前项之规定禀请换给执照。

第十八条　证券交易所应将所定经纪人所用账簿之种类记载事项及其格式禀报农商部。

第十九条　证券交易所于经纪人之保证金许以国债票抵充时其作抵之价格须禀报农商部备核。

第二十条　证券交易所于其所有或受寄之银钱及有价证券应订定保管方法禀请农商部核准。

第二十一条　证券交易所采用转卖买回与约定买卖互相抵消之方法时应于章程中订定详细办法。

第二十二条　证券交易所于证券之公定市价应由理事长理事决定之,其决定方法须于章程中定明。

第二十三条　证券交易所应编制下列各款报告禀送农商部:

一　每日公定市价表;

二　每日买卖总数表;

三　每月证券市情衰旺报告表;

以上每月一次须尽次月十五日以前发送。

四　应算表;

以上应于议定后十五日内发送。

五　每届结账时依公司条例第一百七十八条造具之各项簿册;

六　每届结账时现有之股东及经纪人与其使用人之姓名簿。

以上须于结账后二十日内发送。

第二十四条　证券交易所禀报农商部之文件除法令别有规定或有其他紧急情形者外均应由该管地方官署转达。

该管地方官署于前项文件如有意见得加具意见书。

第二十五条　经纪人禀报农商部之文件均应由证券交易所转禀。

第二十六条　本细则自公布日施行。

三 物品交易所条例

民国十年三月五日公布

第一章 总则

第一条 凡为流通货物，平准市价，及增进同业利益而设之大宗物品交易市场，称为物品交易所。

第二条 物品交易所视其货物种类及业务情形之必要，于水陆冲要通商大埠或其他商务繁盛之区，呈经农商部核准设立。

依照前项规定核准设立之物品交易所，由农商部特给营业执照，应缴纳执照规费，其规费额由农商部定之。

第三条 物品交易所系为同种货物之交易者每区设立一所，其区划由农商部定之。

第四条 物品交易所只准经营一种货物之交易，前项货物以该同业所交易之货物合于交易所之交易且呈经农商部核准者为限。

第五条 物品交易所以设立后满十年为营业期间，但视地方商业情形得准原定年期呈请农商部续展。

第二章　组织及设立

第六条　物品交易所由中华民国人民以股份有限公司组织之，但应有当地同业行厂商号代表之人数及股额五分之三以上。

物品交易所股份之转移应以章程按照前项规定预定限制之方法其股份增加时应由当地同业者有承受之优先权。

第七条　物品交易所设立时应定名为某地某种物品交易所并拟定章程呈请农商部核准，其章程有变更时亦同。

第八条　物品交易所设立时应缴营业保证金于农商部指定之国库。

第九条　在同一地区内呈请设立同种货物之物品交易所者，无论呈请先后，惟与第六条规定之人数及股额相符者得予核准。

在同一地区内呈请设立同种货物之物品交易所并同有第六条规定之人数及股额五分之三以上者，无论呈请先后，惟原有资本及交易额在当地同业中较占多数者得予核准。

第十条　物品交易所之交易以其交易所之经纪人为限。

第三章　经纪人

第十一条　凡从事于与物品交易所营业相同之营业，身家殷实确有行厂商号，由物品交易所认为适当者，得经交易所呈请农商部核准为其经纪人。

第十二条　属于下列各款之一者不得为物品交易所之经纪人：

一　非中华民国商人及非中华民国商人或商法人之从业者；

二　妇女或未成年者；

三　破产后债务尚未清结者；

四　凡在交易所受除名处分及受证券交易所法第三十二条第三十三条之处罚未满三年者；

五　凡处四等以上有期徒刑及受刑律第一百八十一条、第二百二十六条第十七章至第十九章、第二百五十九条第三十二章至第三十五章、第四百零三条、第四百零四条、矿业条例第九十四条、本条例第三十九条至第四十三条所规定之刑满期后未及五年者。

第十三条　经纪人核准后由农商部给予营业执照应缴纳执照规费，其规费额由农商部定之。

第十四条　经纪人应缴存保证金于其物品交易所。

第十五条　经纪人遇有第十二条各款之情事时其核准案无效，违背第十二条各款而中请核准为经纪人者，农商部得予除名或撤销其核准。

第十六条　经纪人核准为其他物品交易所之经纪人时或核准为其物品交易所之职员时，其原有经纪人之核准应即撤销。

第十七条　物品交易所得以章程订定关于经纪人资格之必要条款并限定经纪人之名额。

第十五条之规定于缺乏前项资格而为经纪人者准用之。

第十八条　物品交易所得照章程所定对于经纪人停止其营业或课以一千元以下之过怠金或呈经农商部核准除名。

第十九条　经纪人对于物品交易所应负由其经手交易所生之

一切责任。

第二十条　经纪人有歇业者至在其交易所经手之交易了结后两星期为止仍应负其责任。

经纪人有死亡或除名或核准案撤销及无效者至在其交易所之交易了结为止亦同。

第四章　职员

第二十一条　物品交易所置下列各职员：

理事长；

理　事；

监察人。

前项各职员当选后应由物品交易所将其姓名年岁籍贯及固有职业呈报农商部核准。

第二十二条　属于第十二条各款之一者不得为物品交易所之职员。

第二十三条　职员违背第二十二条之规定或另经核准为经纪人时应即退职。

第二十四条　物品交易所之职员及其他雇员无论用何人名义均不得于其交易所之交易货物自行或受托在其交易卖买。

第五章 交易

第二十五条　物品交易所之买卖分现期、约期及定期三种。

第二十六条　关于交易所之买卖方法应由物品交易所呈经农商部核准行之。

第二十七条　物品交易所得照章程所定令买卖两方各缴证据金及追加证据金。

第二十八条　物品交易所于由买卖违约所生之损害应负赔偿之责,但现期及约期交易之损害得以章程另订条款。

遇有前项情事交易所得向违约者追取赔偿金及其他相当费用。

第二十九条　物品交易所对于不履行买卖契约者得以其证据金、追加证据金及保证金充损害赔偿之用。

第三十条　物品交易所对于抵充赔偿之证据金、追加证据金及保证金有处分之优先权,但有余额应由委托买卖者优先处分之。

第三十一条　物品交易所得照买卖约定价格向买卖两方抽收经手费,其费率应经农商部核准。

第三十二条　经纪人不得以受托之交易所定期交易另在交易所以外买卖交付,并不得以相同或类似之计算而对委托者私自交割。

经纪人违背前项规定者交易所得予除名或停止其营业三个月以上。

第三十三条　无论何人不得在交易所以外设立相同或相类于

定期交易之市场并在其市场交易,但无损于交易所业务之一切行号铺局不在此例。

第三十四条　物品交易所应另依法令之所定决定公定市价并揭示之。

物品交易所应另依法令之所定公示各经纪人之买卖额。

第六章　监督

第三十五条　物品交易所之行为有违背法令或妨害公益或扰乱公安时农商部得为下列各款之处分:

一　解散交易所;

二　停止交易所营业;

三　停止或禁止交易所一部分营业;

四　令职员退职;

五　停止经纪人之营业或予除名。

第三十六条　农商部认为必要时得派临时视察员检查物品交易所之业务账簿、财产或其他一切物件及经纪人之账簿。

物品交易所于视察员检察时有受其检查及答复质问之义务。

第三十七条　农商部认为必要时得令物品交易所改定章程或停止禁止撤销其决议及措置。

第三十八条　物品交易所于核准之营业期间内因故解散时应呈报农商部备案。

第七章 罚则

第三十九条 属于下列各款之一者处三千元以下之罚金：

一　违背第二十四条规定者；

二　违背第三十四条第二项之规定者。

第四十条 物品交易所之职员或在交易所检交货物者关于其职务有贿赂之收受或要求或约定时，处五等有期徒刑或三千元以下之罚金。

因而为不正当或不相当之行为者处四等有期徒刑或五千元以下之罚金。

前项收受之贿赂没收之，其执行有阻碍者追缴其价额。

第四十一条 属于下列各款之一者处五等有期徒刑、三千元以下之罚金：

一　对于物品交易所之职员或在交易所检交货物者而有贿赂之交付或提存或约定者；

二　伪造物品交易所之公定市价而公示之者；

三　作成或散布伪造公定市价之文书者。

犯前项第一款之罪而自首者得免除或减轻其刑。

第四十二条 意图变动交易所之公定市价而散布流言及吓诈或恃蛮或加迫胁者，处四等有期徒刑或五千元以下之罚金。

第四十三条 凡在物品交易所以外照交易所之公定市价专计盈亏空盘买卖者，处四等以下有期徒刑或三千元以下之罚金。

第八章　附则

第四十四条　关于物品交易所之资本金额营业保证金额、经纪人保证金额、证据金额、追加证据金额、公债金额及其动支方法等由农商部订定公示之。

第四十五条　物品交易所每次结账后应就纯利中提取百分之五作为交易所税,由实业厅征解农商部核明后转报财政部国库列收。

第四十六条　本条例施行前确经成立之物品交易所,自本条例施行后三月以内,依照本条例呈请,查与地方及各本业情形并无窒碍者,得予核准分别继续营业,前项依本条例呈请继续营业之物品交易所不适用第三条之规定。

第四十七条　本条例施行后如有未尽事宜得随时修正之。

第四十八条　本条例自公布日施行。

四　物品交易所条例施行细则

民国十年四月十六日公布

第一条　依物品交易所条例第三条所定,交易所设立之区划以一县境为一区,但以通商大埠或商务繁盛之区为限。

第二条　物品交易所之发起人须有该地一年以上继续该项物品营业之殷实商人二十人以上。

第三条　物品交易所条例第六条规定之行厂商号以当地同业公会或公所证明者为限。

第四条　凡拟设立物品交易所者须由发起人具呈署名签押,连同交易所章程营业细则及记载下列各款之文件,呈由该省区实业厅核明转呈请农商部核准立案并由该厅分呈省长公署备案:

一　各发起人之姓名籍贯住址及其职业略历;

二　股本总额及各发起人所认缴之股额及银数;

三　营业之概算;

四　该区域内该项物品流通之现状及交易所买卖额之预计;

五　交易所设立之地址;

六　关于证明当地同业各股东之证明书。

第五条　发起人认足股本总数者于公司条例第一百零二条检查事竣后,发起人不自认足股本总数者于招股足额并开创立会终结后,应由职员联名具呈,同下列各款文件呈由该省区实业厅核明,转呈农商部核准设立、给予营业执照,并由该厅分呈省长公署备案：

　　一　物品交易所章程及营业细则；

　　二　股东名簿及各股东认股书之副本；

　　三　公司条例第一百十四条规定之调查报告书及其附属文件；

　　四　创立会之决议录；

　　五　关于证明当地同业各股东之证明书。

第六条　物品交易所之股东名簿及股票应详载各股东姓名、籍贯、住址、所有股数、已缴股银，其属于当地同业及其他以公司商店入股者，应详载商号、营业种类及其所在地并代表人之姓名、籍贯、住址、所有股数及已缴股银。

第七条　物品交易所不得发行无记名股票。

违背前项规定者农商部得照物品交易所条例第三十五条第一款办理其发行之无记名股票作为无效。

第八条　物品交易所股票不得售卖及抵押于非中华民国人民及非中华民国之法人。

违背前项规定其股票作为无效。

第九条　物品交易所股份之移转非经交易所允许过户，按照本细则第六条规定详细登载股东名簿及注册股票不生效力。

第十条　物品交易所于核准立案后满六个月不呈请设立者，原案失其效力，其自核准设立后满六个月仍未开业者亦同。

第十一条　物品交易所营业期满拟照原定年期续办者，应尽期满前三个月具呈，连同物品交易所章程及营业细则呈请农商部核准续展。

第十二条　凡欲为物品交易所经纪人者，应填具愿书连同执照规费及其商事履历书详载姓名、籍贯、住址、财产资格关系之行厂商号及其所在地,请由交易所附加意见转呈农商部核准注册。

物品交易所限制经纪人名额者,非有缺额不得呈送前项愿书代为呈请。

第十三条　农商部核准经纪人之注册,应发给经纪人执照,经原呈之物品交易所于收到经纪人保证金时转行给领。

呈请核准为经纪人者自交易所收到前项执照通知以后满二十日不交纳经纪人保证金时,其执照无效应即呈缴注销。

第十四条　经纪人执照遗失时,得声叙事由经物品交易所证明呈请补给。

第十五条　经纪人因死亡歇业、除名及其他事由失其经纪人之资格时,物品交易所应即详具事由缴还执照。

第十六条　物品交易所定有开业日期应经该省区实业厅呈报农商部备案。

第十七条　物品交易所定期交易之标准物,应以一份存该交易所,一份交给经纪人于其营业所保管之,依标准物比例之货价等差表应由该交易所订定公示之。

第十八条　物品交易所应订定经纪人所用账簿之种类、记载事项及其格式呈报农商部备案。

第十九条　依物品交易所条例第三十二条第二项之处分,应呈请农商部备案。

第二十条　委托买卖者于委托时请求交付关于其买卖之交易所证明书,经纪人应即向交易所请领交付之。

第二十一条　物品交易所公定市价应以当日各该物件约定成交之价值平均决定之揭示于市场,但定期交易应各依其到限之月、约期交易应各依其交割之日分别决定揭示之。

前项公定市价除揭示外并得刊发公定市价表。

第二十二条 各经纪人经手定期交易之买卖额应依下列各款公示之：

一 前一日后场及当日前场之买卖额，应于当日前场终了后在市场易见之处随即揭示之，倘有仅开一场时亦准照办理；

二 买卖额应就各该物件分别卖与买各依其到限之月揭示之。

物品交易所得经农商部核准变更其公示之方法或指定无须公示之物件。

第二十三条 物品交易所选任交易所检交货物者时应即开具下列各事呈报农商部备案：

一 姓名籍贯住址职业；

二 报酬；

三 定有任期者其期间。

物品交易所不得使其经手买卖该项货物之经纪人检交该项货物。

第二十四条 物品交易所应造具下列各表册呈报农商部：

一 每日公定市价表；

二 每日买卖总数表；

三 每届结账时经股东会承认之财产目录、贷借对照表、损益计算书、营业报告书、公积金及盈余利息分派之议案；

四 每届结账时之各股东姓名及其所有股数表；

五 每届结账时之各经纪人姓名表。

第二十五条 下列各事物品交易所应即呈报农商部：

一　交易所知其经纪人有物品交易所条例第十五条及第十七条第二项规定之情事；

二　为物品交易所条例第十八条规定之处分；

三　依物品交易所条例第二十八条所定买卖之违约及其赔偿；

四　交易市场之临时休止；

五　停止市场之会集或停止经纪人之买卖交易；

六　定经纪人得向委托者抽提之扣用；

七　职员在任期中因事退职；

八　交易所职员或经纪人于其职务或业务上为诉讼之当事人及诉讼终结；

九　交易所之职员及检交货物者或经纪人有犯罪嫌疑而被告；

农商部视为必要时得于前项以外指定应报告之事项。

第二十六条　物品交易所条例第四十六条所称确经成立，系指条例施行前经农商部核准立案或在条例施行前呈请有案并确有开始营业之凭证者而言。

第二十七条　物品交易所条例施行前业经农商部核准立案并已开业之物品交易所，得于条例施行后三个月以内分别照缴营业保证金及营业执照规费呈请农商部核给营业执照继续营业，但逾期不能完备呈请手续者其核准原案应即失效。

第二十八条　前条继续营业之交易所有兼营证券交易而合于第二十六条之规定者得依照前条之规定办理前项交易所于第三十一条之规定准用之。

第二十九条　依物品交易所条例第四十六条得予核准分别继

续营业之交易所于本细则第二条第四条之规定不适用之。

第三十条　依物品交易所条例第四十六条为继续营业之呈请者除由职员联名具呈外应附呈下列各款文件：

一　物品交易所章程及营业细则；

二　照本细则第六条所定呈请时之各股东名簿；

三　呈请时最近结账之财产目录及贷借对照表损益计算书；

四　营业之概算及买卖额之预算；

五　在物品交易所条例施行前确经成立之各项凭证。

第三十一条　核准继续营业之物品交易所不得对于呈请设立同种物品之交易所者援用条例第三条之限制。

第三十二条　凡以信托公司或其他名义而经营交易所之业务者均应依照关于交易所之法令办理。

第三十三条　本细则自公布日施行。

五 交易所法

民国十八年九月十四日立法院会议通过
民国十八年十月三日国民政府明令公布

第一章 设立

第一条 商业繁盛区域,得由商人呈请工商部,核准设立买卖有价证券,或买卖一种,或同类数种物品之交易所。

第二条 买卖有价证券或买卖同种物品之交易所每一区域以设立一所为限,其区域由工商部定之。

第三条 交易所以设立后满十年为其存立年限,但得视地方商业情形于满期时呈请工商部核准续展之。

第四条 买卖有价证券或依标准物买卖货物之市场均认为交易所非依本法不得设立。

第二章 组织

第五条 交易所视地方商业情形,及买卖物品种类,得用股份有限公司组织,或同业会员组织。

第六条 股份有限公司组织之交易所其为买卖者以该所经纪

人为限。

同业会员组织之交易所其为买卖者以该所之会员为限。

第七条 交易所经工商部核准得经营附带于该交易所买卖之业务。

股份有限公司组织之交易所除仓库业务外不得兼营前项之业务。

第八条 交易所之章程应呈请工商部核准。

第三章 经纪人及会员

第九条 凡欲为交易所经纪人者应由交易所呈请工商部核准注册。

第十条 非有中华民国国籍之人民或法人不得为交易所之经纪人或会员。

中华民国人民有下列各款情事之一者亦不得为交易所之经纪人或会员：

一 无行为能力者；

二 受破产之宣告者；

三 在褫夺公权尚未复权者；

四 处一年以上之徒刑在执行完毕或赦免后未满五年者；

五 依本法第四十五条至第五十条之规定被处刑罚在执行完毕或赦免后未满五年者；

六 在交易所受除名处分后未满五年者。

第十一条 中华民国法人非有下列各款条件之一者不得为交

易所之经纪人或会员：

一　无限公司、两合公司或股份两合公司，其无限责任股东与执行业务之职员全体为中华民国人民；

二　股份有限公司其股份额过半数及议决权过半数并其董事监察人三分之二以上均为中华民国人民合伙组织之商号，准用前项第一款之规定。

第十二条　交易所经纪人或会员产生第十条第一项及第二项所列各款情事之一者，即丧失其资格及注册之效力。

第十三条　有用不正当手段为经纪人或会员者工商部得撤销其注册或予除名或令其退出交易所。

第十四条　经纪人经核定注册为交易所之职员时其原有经纪人之注册即丧失效力。

第十五条　在其他有同样交易所之区域承揽同样之买卖经纪人或会员不得用支店或其他任何名义。

第十六条　无论何人不得以代办介绍或传达交易所买卖之委托为营业，但经纪人或会员经工商部核准者不在此限。

第十七条　经纪人或会员对于交易所应负由其买卖所生之一切责任。

第十八条　经纪人呈请注册时应缴纳注册费。

前项注册费由工商部定之。

第十九条　经纪人或会员应缴存保证金于交易所。

第二十条　交易所对于经纪人或会员得照章程所定停止其营业或课以一千元以下之罚款或予除名。

第二十一条　交易所得以章程规定经纪人或会员之资格并限定其名额。

经纪人或会员丧失前项资格时即丧失其注册之效力。

会员组织之交易所其会员额位非得全体会员四分之三同意不得转让。

第二十二条　经纪人有歇业者至在其交易所经手之买卖了结后两星期为止视为尚未歇业。

经纪人或会员有死亡、解散、除名、退出交易所、撤销注册或注册失效者在其交易所经手之买卖了结时为止准用前项之规定。

前二项之规定如遇无人了结该经纪人或会员之买卖时交易所得依章程委托他经纪人或会员了结之。

第四章　职员

第二十三条　交易所之职员如下：

理事长一人；

理事二人以上；

监察人若干人。

交易所职员之任期为三年，由股东或会员中选任之并应呈报工商部核准注册。

有第十条第一项及第二项所列各款情事之一者不得为交易所之职员。

凡对于经纪人供给资本分担盈亏者或与经纪人之营业有特别利害关系者均不得在该交易所为职员。

第二十四条　职员有前条末项之情事或经核准注册为经纪人时应即退职理事长或理事，经核准注册为其他交易所之理事长或理事时亦同。

工商部发觉职员有朦请注册情事或违背前条之规定而为职员或认为职员有违背第二十六条第二项之规定时得令其退职。

第二十五条 职员如有缺额工商部认为必要时得令交易所补选职员继任之。

第二十六条 股份有限公司组织之交易所其职员或雇员均不得用任何名义自行或委托他人在交易所为买卖。

前项交易所之职员或雇员均不得对于该交易所之经纪人供给资本分担盈亏或与经纪人之营业有特别利害关系。

第二十七条 交易所应设评议会评议交易所之重要事项。

交易所除证券交易所外应设鉴定员鉴定交割物品之等级。

第五章 买卖

第二十八条 交易所买卖之期限有价证券不得逾三个月,棉花、棉纱、棉布、金银、杂粮、米谷油类、皮革、丝、糖等不得逾六个月,其他物品不得逾工商部所定之期限。

第二十九条 证券交易所不得为本所股票之买卖。

第三十条 关于交易所之买卖方法另以工商部部令定之。

第三十一条 股份有限公司组织之交易所得照章程所定令买卖双方各缴证据金。

第三十二条 交易所对于不履行买卖契约者,得将证据金及保证金充损害赔偿之用。

第三十三条 股份有限公司组织之交易所对于买卖违约所生

之损害负赔偿之责,但得向违约者要求偿还其所赔偿之金额及因违约所生之一切费用。

第三十四条 股份有限公司组织之交易所依照前条规定负赔偿之责者应缴存营业保证金于国库。

第三十五条 股份有限公司组织之交易所得照买卖数额向买卖双方征收经手费,其费率应呈报工商部核准。

第三十六条 交易所对于证据金保证金有处分之优先权。

第三十七条 交易所买卖之委托人如遇经纪人或会员违背委托契约时,关于因违约所生之债权对于该经纪人或会员之保证金除交易所之优先权外较其他债权人有优先权。

第三十八条 经纪人或会员对于受托者之买卖,非在其所属交易所内买进卖出或交割者,不得向委托者为同样或类似之计算方法。

经纪人或会员违背前项规定时依第五十条处罚。

第三十九条 交易所应决定公定市价并公告之。

交易所应公告各经纪人或会员之买卖数额。

第四十条 无论何人不得在交易所以外以差金买卖为目的设立类似交易所之市场而行买卖。

第六章 监督

第四十一条 交易所之行为有违背法令或妨害公益或扰乱公安时工商部得执行下列之处分:

一 解散交易所;

二　停止交易所营业；

三　停止或禁止交易所一部分营业；

四　令职员退职；

五　停止经纪人或会员之营业或予除名。

第四十二条　工商部认为必要时得派员检查交易所之业务簿据财产或其他物件以及经纪人或会员之簿据。

交易所职员经纪人或会员对于前项检查有提供物件答复质问之义务。

第四十三条　工商部认为必要时得令交易所修改章程或停止禁止取消其决议案及处分。

第四十四条　交易所在存立年限内自行解散时应呈报工商部核准。

第七章　罚则

第四十五条　违背第二十六条之规定者处一万元以下之罚金。

第四十六条　违背第十五条或第十六条之规定者处五千元以下之罚金。

第四十七条　交易所之职员或鉴定员关于其职务有收受要求或约定贿赂者处三年以下之徒刑或一万元以下之罚金,因而为不正之行为或不为相当之行为者加重本刑二分之一。

前项收受之贿赂没收之,若贿赂之全部或一部不能没收时追缴其价额。

第四十八条　有下列各款行为之一者处一年以下之徒刑或三千元以下之罚金：

一　对于交易所之职员或鉴定员给付赠与或约定贿赂者；

二　伪造交易所之公定市价而公告之者；

三　意图公告及散布而造作记载虚伪市价之文书或散布之者；

四　未经核准注册而设立交易所者或违背第三十九条之规定者。

犯前项第一款之罪而自首者得免除或减轻其刑罚。

第四十九条　意图变动交易所之市价而散布流言或行使诡计或施暴行或加胁迫者，处二年以下之徒刑或六千元以下之罚金。

第五十条　在交易所以外照交易所之市价专计盈亏空盘买卖者，处一年以下之徒刑或三千元以下之罚金。

第五十一条　经纪人或会员之同居亲属或雇员如违背第十六条之规定，应比照第四十六条处罚该经纪人或会员，亦不得借口于非本人指使而免其处罚，其罚则与第四十六条同。

第五十二条　本法之罚则如在法人适用于为其行为之董事、理事、其他执行业务之职员。

第八章　附则

第五十三条　交易所课税法另定之。

第五十四条　关于交易所之资本金额、营业保证金、公积金等由工商部以部令定之。

第五十五条　本法施行时,现存之交易所,如在同一区域内,有同种营业者二所以上时,应自本法施行之日起,三年以内合并。

不依前项规定合并者,统以本法施行后,满三年为限;限满解散,不得续展。

第五十六条　本法施行时现在营业中之经纪人按其营业种类认为已照本法取得交易所经纪人之核准。

第五十七条　本法施行细则由工商部定之。

第五十八条　本法施行日期以命令定之。

本法原拟草案附有"总说明"一节兹照录附后以供参考:

我国交易所法以民国三年公布之证券交易所法为其标准,当时系采辑日本取引所法而成,隙漏虽多条理尚属一贯,其后颁行物品交易所条例因须迁就事实遂致驳杂不纯识者病焉,夷考欧美先进各国其交易所本有股份有限公司组织及会员组织二种。凡商业繁盛地方已有资力雄厚及信用巩固之买卖经纪人者,则其交易所大抵为会员组织,否则适用股份有限公司组织,使交易所得厚集资本以保障经纪人之信用衡之,我国现状自暂以股份有限公司组织为宜,然立法所以垂久远而商业必期其进展,若以股份组织为限未免画界自囿,且现有之上海金业交易所华商证券交易所等按其实际实系同业公会所蜕化而为,会员之权与故审往策来合现行之证券交易所法及物品交易所条例,参以先进各国之成规,汇成本草案加列会员组织之规定,以期施行尽利复次交易所之最大任务在乎调剂供求,故必有公定之市价以为买买之标准。若同一区域而有两个以上同一营业之交易所,则市价不一即失其调剂供求之效,各国于此均明定制限。我国上海一隅既有证券物品交易所复有纱布证券等交易所,彼此抵牾使交易所及第三者均蒙不利,此种现象亟应改正以图健全之发展,故本草案规定同一区域同类营业之交易所应限期合并,资本集中信用益固,其事实上未能合并者则于存立期满后解散,确立同类不并存之原则渐蕲,交易所事业之合轨微旨所在特此撮要说明。

六　上海证券物品交易所股份有限公司章程

中华民国九年二月一日

第一章　总则

第一条　本所定名曰上海证券物品交易所股份有限公司。

第二条　本所为证券物品交易保证之机关，图货物流通之便利，求价格公正之标准，调剂金融预防危险，并设置仓库、建筑会场等，依照本章程及营业细则之规定交易下列物件为宗旨：

一　有价证券；

二　棉花；

三　棉纱；

四　布匹；

五　金银；

六　粮食油类；

七　皮毛。

本所经理事会之议决得于前列各种之物件内停止其一种或数种之交易。

第三条　本所认为必要之公益事业，理事会得采取名誉议董之意见,经评议会之议决资助该事业之进行或由本所自行办理该公益之事业。

第四条　本所之营业所设于上海,其营业之区划依照证券交易所法第三条之规定。

第五条　本所之资本总额定上海通用银圆五百万元。

第六条　本所存立之年限自注册之日起十年为限。

第七条　下列之事项于营业细则内规定之:

一　关于开市散市及休业日之事项;

二　关于经纪人及其代理人之事项;

三　关于经纪人公会之事项;

四　关于委托交易之事项;

五　关于交易物件之单位叫价单位货币分别收交期限及交易方法之事项;

六　关于交易证据金及经纪人之身价保证金之事项;

七　关于经手费及经纪人佣金之事项;

八　关于公定市价之事项;

九　关于计算之事项;

十　关于收交之事项;

十一　关于违约处分之事项;

十二　关于公断之事项;

十三　关于停止集会及停止一部分交易之事项;

十四　关于除名处分及惩罚之事项;

十五　关于仓库之事项;

十六　关于其他营业上必要之事项。

第八条　本所之公告于上海通行日报揭载之但关于交易之事

附　录

项在市场揭示之。

第二章　股份

第九条　本所股份定十万股每股通用银圆五十元。

第十条　本所之股票用记名式分为一股一张、十股一张、五十股一张、一百股一张之四种,由理事长暨常务理事两人签名盖印发行。

第十一条　股银之缴纳第一次每股应缴通用银圆十二元五角,第二次以后股银之缴纳由理事会议决于六十日以前通告各股东。

第十二条　股银如不按期缴纳以过期之翌日起每百元每日征收过期利息银五分外,得再收因迟延而发生之费用。

第十三条　凡执有本所股票者,其变更姓名或记号时,应照本所所定书式退股人及受股人连名签字盖印方可过户注册。

第十四条　股票如遇毁损或欲将原有股票分合请求换给新股票时,依本所所定之书式提出请求书并将原有股票退还本所。

股票因遗失或毁灭欲请求发给新股票时,须由本所认为相当之保证人二名以上连署盖印提出请求书。

本所以请求者所纳费用将其情由登载公告三日以上,自最终之日起六十日内无声明异议者准给予新股票。

第十五条　股票变更记号姓名时每张征收手续费银洋一角,如须发给新股票每张征收银洋三角。

第十六条　本所每年自十二月二十日及六月二十日起至定期

股东总会未开之前停止过户等事。

第十七条　股东之住址、记号、姓名及图章均须向本所报明，其有变更时亦同。

侨居外国之股东委托国内人代表，其代表人之姓名、图章亦须报明本所。

对于前项之股东由本所通告其代表人不再通告其本人。

第一项及第二项之规定该股东如不向本所报明因之而发生损害之时本所不负责任。

第三章　股东总会

第十八条　定期总会每年两次，于一月、七月内由理事长召集之，临时总会依理事会认为必要时或有股份总额十分之一以上之股东要求得开临时总会。

第十九条　总会开会之目的及地点并应行议决之事项须于三十日以前通告各股东。

总会之议事除通知书所载议案外不得涉及他事。

第二十条　总会之议长、理事长、任之理事长有事故时由他职员代之，但他职员全体有事故时于出席股东中选举之。

第二十一条　各股东之议决权定为一股一权。

第二十二条　不能出席总会之股东委托其他之股东代表得并行其议决权，但于此时须带交嘱托书证明其有代理权。

第二十三条　总会之议事以出席股东之议决权过半数决之可否，同数时由议长决之但议长仍得行使其自己所有之议决权。

变更章程募集债款及关于本所之任意解散必须经股东总额半数以上及资本总额半数以上相当之股东总会决定之。

总会议事当日不能终了时议长无须另行通告各股东得于翌日继续议之。

第二项之规定其不足数时以出席股东之过半数为假定议决于四十日之期限内更召集股东总会，其召集总会之通告必须申明假定议决之旨趣及第二次总会以出席过半数决定第一次决议之可否。

第二十四条 总会议决事项之要点载之于决议录，由议长及临席理事署名盖印并附存股东到会名册。

第四章 职员理事会所员

第二十五条 本所置下列之职员于股东总会选举之，理事须有本所股份二百股以上，监察人须有本所股份一百股以上及年龄在二十五岁以上者始得当选：

理事十七名；

监察人三名；

理事互相选举理事长、一名常务理事六名。

第二十六条 职员之选举依出席股东议决权之多数为当选，倘有同数则举年长者充之，同岁则由抽签法定之但依证券交易所法第十条之规定有各款情事之一者不得被选。

职员当选后应即将其姓名报告农商部核准。

第二十七条 理事任期三年，监察人任期一年，但再被选时得以续任前项任期满了后尚未届股东总会定期之时日，得延长其任期至股东总会终了时为限。

第二十八条　职员如有缺员时开临时股东总会行补缺选举，但不缺法定员数且于办事上无甚妨害时得展期至股东总会或下次改选期改选之。

前项补缺选举之任期其职务以补充前任之期限为止。

第二十九条　理事在任期内将自己之所有本所股份交由监察人存执置放于本所。

第三十条　理事长为本所之代表，执行理事会所议决之事项，依照本章程及营业细则总理其一切之事务。

常务理事辅佐理事长处理业务，遇理事长有事故时推举一人代理之。

理事于理事会议决业务上重要之事项。

监察人监察本所业务进行之情况，调查股东会之议案，向股东报告外遇，必要时得调查本所业务财产之状态，请求召集临时股东总会并得列席于理事会。

第三十一条　理事长常务理事及理事监察人之报酬依股东总会议决之。

第三十二条　本所依理事会之议决得聘请顾问或参事员。

顾问或参事员可参预本所之重要业务并负指导之责。

第三十三条　理事会设于本所由理事长、常务理事、理事组织之议决一切重要之业务。

理事会之议长以理事长充之，所议事项之要点记载于议事录，列席理事签名盖印。

第三十四条　本所处理必要之事务应设相当之所员。

所员依理事会之议决由理事长任免之。

所员之职务由理事长指挥之。

第三十五条 理事长、常务理事、理事监察人及所员无论何等名目,不得于本所或其他之交易所卖买并不得有关系卖买行为之事。

理事长、常务理事、理事监察人如发生前项事件时付临时股东总会决定,所员犯前项事件时由理事会决定之。

第五章 名誉议董及评议会

第三十六条 本所置名誉议董十五名。

名誉议董须有商工业上之学识或有丰富之经验者经理事会之议决由理事长敦聘之。

名誉议董任期定以二年。

第三十七条 评议会以名誉议董及理事组织之。

评议会由理事长召集之。

第六章 账簿及会计

第三十八条 本所账簿之种类、式样由理事会议决定之。

第三十九条 本所之结账期间每年分为两期,自十二月一日至五月三十一日止为一期,自六月一日至十一月三十日止为一期。

第四十条 本所每次结账期间于总收入款项中扣除总支出外

为纯益金,先提出公积金十分之一并发起人特别利益金百分之五再就下列各项由理事会提交股东总会议决之:

一　特别公积金;

二　股东红利;

三　职员酬劳金;

四　所员退职金及抚恤金;

五　剩余金。

第四十一条　金银及有价证券保管方法以理事会之议决另定之。

第四十二条　分派红利按照每次结账期末日之股东名簿发给。

第七章　附则

第四十三条　发起人之姓名如下。

虞洽卿　薛文泰　闻兰亭　李柏葆　张乐君　沈润挹　邹静斋　刘万青　许松春　叶惠钧　穆藕初　朱葆三　沈聊芳　顾馨一　苏筠尚　李云书　赵林士　张澹如　周佩箴　赵芝室　洪承祁　黄少岩　钱贵三　盛丕华

七　上海证券物品交易所股份有限公司营业细则

第一章　开市闭市及休假日

第一条　市场集会每日分前后两市,午前为前市,午后为后市,其开市时刻由本所随时决定揭示,其闭市由本所认为适当时行之。

定期买卖及约期买卖每市分次办理其细目另定。

第二条　定期买卖及约期买卖之交割日及其前一日停止定期及约期买卖。

第三条　休假日规定如下:

一　星期日;

二　国庆日;

三　岁首日;

四　岁末日。

认为必要时得另定休假日并得于休假日行开市。

第二章 经纪人及其代理人

第四条 凡欲为本所之经纪人者,须有两人之介绍并向本所提出志愿书,载明交易种类及资本数目等项,附加商事履历书与其他必要书类,由本所调查详明再咨询经纪人公会之意见,呈请农商部注册发给营业执照。

欲为经纪人者如系合伙组织,须添具合伙员之姓名及出资之数目与组织之契约并代表者之履历书;如系公司组织,须添具公司章程、财产目录及董事监察人之姓名。

第五条 已准注册之经纪人应将遵守本所章程、本所细则、市场公告及一切指示之誓约书送交本所,本所始将定式牌号发交经纪人。

第六条 本所之经纪人分为下列两种:

一 现期经纪人;

二 定期及约期经纪人。

定期及约期经纪人得向本所声明兼为现期经纪人。

取得一种定期经纪人之资格者经本所之承认得兼为他种之定期买卖。

第七条 现期经纪人暂不设定额。

定期及约期经纪人之名额依照第三十二条所规定,交易物件每一种定为五十名,但认为必要时得采取名誉议董及经纪人公会之意见增减之。

第八条 定期及约期经纪人应于本所指定之地点设置营

业所。

经纪人不论其形式如何于指定地点外不得为定期买卖之营业。

第九条 经纪人不论委托与否不在本所市场不得行此同一或类似之买卖行为。

第十条 经纪人对于本所应负由其买卖所生一切之责任。

第十一条 经纪人关于买卖应备用本所定式之各种账簿。但经经纪人公会之议决得添用必要之补助簿。

第十二条 经纪人应将所用账簿置于营业所,本所得随时检查,如有质问应即答复,调取文件亦不得拒绝。

第十三条 经纪人在本所市场从事买卖得置代理人。

经纪人欲置代理人时须将代理人之履历书送交本所,经本所之承认方为有效。

代理人之名额每经纪人每交易种类以三名为限。

有证券交易所法第十条或物品交易所条例第十二条各款情事之一者不得为代理人。

代理人不得以他之经纪人或代理人充任。

代理人之代理权消灭时经纪人须即将消灭情由向本所报明并缴还第十四条本所给予之入场徽章。

本所认代理人为不适当时得命其解职或停止入场。

第十四条 经纪人及代理人均由本所给予入场徽章,若无徽章不得入场。

入场徽章不得出借并不得赠与他人。

入场徽章如遇遗失或毁损时缴纳银圆壹圆得请求补给。

第十五条 经纪人或代理人须缴纳市场卫生费,其数额及期限本所采取经纪人公会之意见定之。

前项之费专供市场卫生设备之用。

第十六条　经纪人对于本所章程本细则及其他必要事项既经公告后即作为已知论。

第十七条　经纪人有自愿将其商号让渡与他人时须先报告本所得本所之承认。

让渡人于让渡后未满二年不得再为本所之经纪人。

第一项之让渡如得有让渡金时本所得依第二十条之规定处分之。

第十八条　经纪人非在交易关系终了后不得废业,如因死亡或受除名处分或撤销注册并其他原因而资格消灭时,虽失其他之效力而于应了未了之交易关系仍作为尚未废业论。

经纪人废业时须提出废业理由书并将营业执照及本所发给之牌号与入场徽章同时缴还。

第十九条　经纪人或死亡或受除名处分或撤销注册或失其他之效力时,若尚有交易关系,本人或其承继人应速委托他经纪人了结之,倘本人或其承继人置之不理,本所得指定他经纪人代为结算。

前项被指定之经纪人不得拒绝。

第二十条　经纪人或废业或死亡或受除名处分或撤销注册或失其他之效力时,本所得即将其一切债权债务互相抵消,如有余则给还本人或其承继人,不足令本人或其承继人补偿。

第三章 经纪人公会

第二十一条 经纪人为增进其营业上共同利益及矫正其弊害应组织公会分别交易种类设立各部。

第二十二条 经纪人公会所定之规约须经本所呈由农商部核准始生效力,有变更时亦同。

经纪人公会之规约及各种规定或决议事项须经本所承认,若认为不适当时得令其一部或全部之更正,于必要时并得取消其以前之所承认,本所对于经纪人公会之职员及各部议董认为不能胜任时得令其解职。

经纪人公会职员及各部议董解职时须从速改选,但经本所认为非必要时得延至下届定期会或改选期行之,本所认为必要时得列席公会之会议。

第二十三条 经纪人公会关于交易事项应答复本所之咨询或陈述其意见。

第四章 受托

第二十四条 经纪人与委托人之权利义务关系须认定以本所章程本细则及其他各种规定并经纪人公会规约与诸规定为其契约。

委托人不遵守前项之规定时,经纪人虽未得委托人之承诺,亦得将其交易了结处分其证据金及其他之预存金。

经纪人遇有前项事情时须从速报告，由本所揭示于市场。

第二十五条　经纪人遇有第二十条所规定之事实发生时，本所将其债权债务互相抵消后如尚有余款委托人有优先权。

第二十六条　经纪人因委托关系所收受委托人之物件（例如委托证据金之代用品及交割物件等）及交易计算上应付于委托人之款项，可视为委托人对于经纪人因交易而生之债务担保品，非至委托人偿清其债务后不得交付。

第二十七条　委托人对于经纪人因委托关系不将委托证据金或交割物件或交割代价或损失金及其他之物件或款项交付于经纪人时，经纪人得自由处分其前条所收受之物件。

经纪人所处分物件之代价与应付于委托人之款项得合并抵充委托人应偿前项之债务，如再不足得向委托人追偿之。

第二十八条　经纪人当做成交易时须即时通知委托人，其通知书中应将交易物件之种类、期限、数量、价目、时日及其他必要事项一一载明，经本所盖印证明后交付之。

第二十九条　经纪人交付委托人之通知书或交付于本人或送往其住所或营业所。

第三十条　受一人或数人限价之委托而做成交易之价格不能各别分割时，就其限价范围内之约定价格之平均数（以总个数除总代价）定为一个价格而报告之。

受一人或数人不限价之委托而做成交易之价格不能各别分割时，亦得以其约定价格之平均数报告之。

第三十一条　经纪人代委托人所做之交易，若不能做成全部时得做其一部之交易。

附　录

第五章　交易

第三十二条　本所交易物件分为下列七种：
有价证券；
棉花；
棉纱；
布匹；
金银；
粮食油类；
皮毛。

第三十三条　本所之交易分为现期买卖及定期买卖、约期买卖三种。

第三十四条　现期买卖以货样或品名依相对买卖或投票买卖或竞争买卖之方法行之。

第三十五条　为现期买卖者须详载物件种类、数量、价格及买卖当事者之姓名或商号并其年月日报告本所登录场账。

第三十六条　现期买卖之契约期限证券以七日为限，物品则以五日为限。

前项期限自买卖成立日起算，如遇末日为休假日即以其翌日为满期，但其物件须检查过磅者限满期后五日内交割了结。

第三十七条　现期买卖不得转卖或买回又未经本所承认者不得解约。

第三十八条　现期买卖凡为本细则所未规定者依习惯行之，

但本所认其习惯为不适当时得命其变更。

第三十九条　定期买卖及约期买卖依下列竞争买卖之方法行之。

依本所规定交易之顺序，每一品名各分限期依次竞争，其初次名曰开盘末次名曰收盘。

在竞争中须将交易者商号及交易数量登录于场账，使卖者或买者竞争价格，如本所承认其为公平时即决定其价格，买卖亦同时成立，但同一经纪人之买与卖非由本人声明时即将其买卖之数量互相抵消作为最初未买卖论。

同一经纪人以决定价格为标准将买与卖同时登录于场账者其买卖作为竞争买卖。

集会终了后二小时内依决定价格做成买卖而请求登录场账时本所亦可承认。

第四十条　标准物件依上海市场所集散之普通品为标准。

标准物件及其代用物件每半年或一年经审查委员选择后由本所定之。

审查委员之资格并审查方法另定之。

第四十一条　买卖物件及物件单位、物件叫价、货币及货币叫价等于该物件开始交易时，由理事会议决列表揭示之，有变更时亦同。

第四十二条　定期买卖及约期买卖之契约期限如下：

一　证券金银定期以二个月为限；

二　棉花、棉纱、布匹以及粮食、油类、皮毛定期以三个月为限，约期以六个月为限。

前项买卖期限以每月最终营业日之前一日为满期，满期日即为交割日，如遇休假则提早一日，又认为必要时可容纳经纪人公会之意见酌量提前，但须于十五日以前揭示之。

第四十三条　定期买卖及约期买卖须将物件种类、数量、价格、期限及买卖当事者之商号登入场账后始发生效力。

依买卖当事者之同意在场账查对以前请求更正应予承认，但场账须于登录后迅速查对。

第四十四条　本所认交易为不稳固时得不予登录场账。

第四十五条　在卖出者而又买进，买进者而又卖出，其买卖如为转卖或买回时，须于集会终了后二小时内指定其交易物件向本所报告之，其不报告者作为新买卖论。

第六章　保证金及交易证据金

第四十六条　凡在本所买卖之经纪人依第三十二条交易之物件须缴纳保证金及交易证据金以履行，其担保定期经纪人兼为现期经纪人时免纳现期经纪人之保证金。

第四十七条　经纪人之保证金每种类额定为二千元以上。

第四十八条　经纪人之资格丧失者，在本所之交易如已了结且对于本所一切账目亦已结清，可将保证金发还之。

第四十九条　保证金得以本所指定之有价证券或银行存单或其他之货币代用之，其代用价格由本所按照市价随时决定揭示，市场仍照证券交易所法施行细则第十九条规定按期呈报农商部备核。

前项有价证券或银行存单如为记名者，须以本人名义且附有不论何时均得处分之权柄单为限。

第五十条　前条有价证券或银行存单或其他之货币如本所令其换纳现金或因代用价格变动致保证金不足令其补足时，经纪人须于指定期限内将现金或可以代用之证券如数缴纳。

第五十一条　缴纳保证金如为现金时本所应给予相当之利息。

代用证券之附有息票者由本所代为领息如数付给本人。

第五十二条　定期买卖应缴纳之交易证据金分为本证据金、追加证据金及特别证据金三种。

一　本证据金。于记账价格百分之三十范围内由理事会议决令，买卖当事者双方缴纳之。

二　追加证据金。为本证据金之半额，按买卖成立日之记账价格与每日记账价格相比较其差损额达于本证据金之半数时，不论若干次顺次或一时令损者一方缴纳之。

三　特别证据金。因市价有非常变动或虑交割有窒碍及其他情由，本所认为必要时，得对于现存买卖或新买卖之物件数量依本证据金三倍之范围内令买卖当事者双方或一方缴纳之。

第五十三条　经纪人为巨数，交易本所认为有危险或已有巨数交易而更做交易认为危险或市价有非常变动时，得令经纪人一方或双方关于其全部或一部分交易或新卖依本证据金之数额预先缴纳之。

应预缴之证据金若非缴纳之后不得为新买或新卖。

预缴证据金缴纳后有交易时得充为本证据金。

第五十四条　交易证据金应与场账之登录同时缴纳之。

第五十五条　第五十二条之交易证据金在买者一方缴纳之数

得以其买卖总代价为限。

第五十六条 同种类、同期限、同数量、同价格之同时买卖两存者,其一方或双方之交易证据金得免其缴纳。

第五十七条 经纪人将卖出之物件或本所仓库或本所指定之仓库所发行之栈单预先送交本所者,得免纳其交易证据金。

前项物件或栈单除买回或缴纳交易证据金外须供交割之用,但得另送交割物件或栈单请求更换。

第一项第二项之物件本所得随时施行检查,遇不合格时得令其更换。

前三项之物件或栈单遇有违约时,其物件或栈单得视为交易证据金之代用品而处分之。

第五十八条 交易证据金除追加证据金外准用第四十九条第五十条之规定,但代用货币虽为追加证据金亦得用之。

第五十九条 交易证据金依下列各款发还之:

一 履行交割者证券金银交易于第七十条第一项之清算终了时,其余交易于同条第二项之清算终了时;

二 转卖买回者于第六十四条第六项清算终了时;

三 追加证据金依第五十二条第二款已缴纳之差损额回复至本证据金之半数时;

四 特别证据金于第五十二条第三款缴纳之事由消灭时。

第六十条 交易证据金概不给息,但缴纳有价证券时准用第五十一条第二项之规定。

第七章　公定市价

第六十一条　公定市价依下列方法定之：

一　现期买卖依其物件之种类就每日买卖之总数量平均其总代价所得之数；

二　定期买卖依其物件之种类分别契约履行之期限，就每日买卖之总数量平均其总代价所得之数。

第八章　经手费及佣金

第六十二条　本所得向买卖双方征收经手费，应与本证据金同时缴纳，其数额依其买卖约定价格百分之一以内由理事会议决预行列表揭示之。

第六十三条　经纪人受买卖委托时须向委托人收取一定之佣金，其数额由经纪人公会定之，但因办理委托遇有特别费用亦得按照实数收取之。

委托人不履行前项之规定时准用第二十七条之规定。

第九章　计算

第六十四条　定期买卖以当日之前后两市交易为一计算区

域,以一区域内后市之开盘、收盘二个价格平均之数为记账价格,与各个约定价格为差金之计算。

记账价格以元或两为单位,其余数依四舍五取法办理。

证券金银买卖之差金其计算方法得采取经纪人公会之意见另定之。

在一日中遇后市不行集会(不论全部停止或一部停止)或虽集会而无交易时,以前市之价格(即开盘、收盘两个价格平均数,如仅有一个价格即以其一个价格之数)认为记账价格。

同一计算区域内为转卖买回时以各自约定之价格结算之。

计算区域不同之转卖买回以经纪人所指定原买卖之记账价格与转卖买回当日之记账价格结算,损者须向本所缴纳损失金,益者由本所代损者垫付之。

第六十五条　各经纪人之约定价格与记账价格之差金,其缴纳与交付之时限应于缴纳本证据金之翌日午前为之。

交割日之前一日所做当月期之定期买卖,其差金应于交割时缴纳或交付,一计算区域或两计算区域内转卖买回之损益金,其缴纳或交付之时限准用第一项之规定。

第六十六条　经纪人或死亡或受除名处分或撤消注册或失其他效力时及受停止营业处分或禁止交易时,本所得不依第六十二条第六十四条及第六十五条之规定提前征收经手费、损失金及差金。

第十章 交割

第六十七条　现期买卖之交割以交割日午后一时为限,买卖双方应将交割物件及货价备齐,由本所现场行之,但经双方同意请求自行交割亦可承认。

第六十八条　定期买卖之交割在本所或本所仓库或本所指定之地点。

第六十九条　定期买卖交割之标准价格依交割日前五个记账价格之平均数计算之,以元或两为单位,其余数依四舍五取法办理。

各记账价格比较标准价格若有余或不足在发还交易证据金时结算之。

第七十条　定期买卖之交割以交割日正午十二时为限,其交割如系证券金银应由卖者缴该物件于本所,买者依标准价格缴总代价于本所即行交割。

其交割如为证券金银以外之物件,卖者应将其自己有权可以处分之本所仓库或本所指定仓库之栈单连同保险单及检查证缴纳于本所,买者应依标准价格之总代价缴纳于本所。

第一项、第二项之交割买者所缴纳之交易证据金(除代用证券)得移充总代价。

第二项之交割依买卖双方之同意,不交付其物件及代价于本所亦得了结,但双方须于第一项规定时限以前报告本所。

同样物件之交割而收货人为两人以上时,证券不预定收货人由本所便宜交付，其物件或代价物品则于交割时限以前用抽签法定其收货人。

第七十一条　证券交割如须分割时，本所应将证券为更换买者或买者所指定之名义之手续，其过户费由买者负担，本所则负担分割附属费。

证券之权柄单如须分割时，卖者应为分割之手续，若该单之记名者住于远方或在旅行中不能速办时，由本所代为更换，买者或买者指定名义之手续其费用依前项办理。

如遇上列各项情事，本所对于买者应给予该物件之存据作为假定交割。

第七十二条　交割国债券、地方债券、公司债券后如在其交割日前已抽定为中签还本者，则买卖双方应于交割日后五日内互相调换。

第七十三条　证券附有权柄单而未交割时，其应移转权利于买者之责任由卖出之经纪人负担之。

前项之责任须经过交割后一个月方可解除，但在停止过户期间应按照该期间延长之。

第七十四条　证券以外之交割物件于交割日之翌日起检查员就所在地依次检查之，但因雨雪于检查有窒碍时按日展缓之。

在交割日前七日内卖者愿将应交物件请求本所预检查者，本所应即为检查，已执行预检查者得免前项之检查手续，但棉花得于交割日前十五日内请求预检查。

第七十五条　检查完竣后买卖双方得请求省略定级检查。

第七十六条　第七十四条之检查告竣，本所以市场揭示之日时交付栈单与买者，卖者得就其交割了结之部分依次向本所领取其相当之估价至全部物件交割了结时清算之。

前项估价分别种类依其品质之良否以百分之九十范围内数目交付之。

依第八十七条受有预检查证之物件而为交割时，于第七十条第二项手续终了之日本所将其代价交于卖者，预检查证则交于买者。

第七十七条　前条手续终了之翌日买卖双方齐集本所，依检查之结果由本所定其物品之等级，会同了结其交割。

但因不得已事故不能行其交割时得按日展缓之。

第七十八条　本所依第七十六条之规定交付栈单或预检查证于经纪人，经纪人若拒不收受即以其拒绝之时认为已收受者。

经纪人不为或拒绝第七十条第六项所规定之抽签时本所得代该经纪人为之。

前条会同了结交割经纪人如不到场或拒绝时，本所认该经纪人为放弃会同之权利者。

第七十九条　交割物件经本所检查定为等级及其他事项决定后无论买者卖者均不得主张异议。

以第七十四条第二项预检查合格之物品供交割之用时亦同。

第八十条　交割物品之总数量遇有过或不足以百分之三为限依标准价格结算交割之，但棉花得依交割日前最终之价格结算。

第八十一条　交割物品之总数量如缺少或不合格未满百分之三十时，应自通知日起四日内补足之，若期内不为补足即作违约而处分之，但由双方同意交割时不在此限。

交割物品之总数量缺少或不合格在百分之三十以上时即为违约而处分之。

第八十二条 前条第一项之补足物品如仍有不合格者再限三日内更换之,若期内不为更换或虽更换而对于补足物品数量仍有百分之十以上之不合格者,即为违约而处分之。

第八十三条 经交割双方之同意省略交割手续之全部或一部而为交割时,须双方署名报告其情由于本所。

前项报告本所认为适当即予承认而为交割结算,但仍须令其负担检查费之半。

第八十四条 依第七十条第二项之规定卖者交栈单于本所尚未交付买主时,其物件遇有毁灭损坏等情应归卖者负其责任,倘遇有特别变故非卖者自己过失时,对于该部分得拒绝交割之履行。

遇有前项特别变故之事而致毁灭损坏在未为第七十条第六项抽签前,则比例买入之数量分配在抽签定收货人后则对于收货人生拒绝交割之效力。

前项拒绝交割之时其毁损物件付还于卖者,又对于被拒绝交割之部分以标准价格之金额付还于买者。

第八十五条 交割物品之仓库费及保险费至第七十四条检查完毕日止由卖者负担,从其翌日起则为买者负担。

第八十六条 卖者对于仓库所藏之物品应缴纳检查费。

依第七十四条第二项请求预检查者请求时应将检查费送至本所。

第八十七条 本所依第七十四条第二项之规定为预检查时,须载明预检查之结果于检查证并盖印章,但已受盖印检查证之物件须供交割之用,若有不得已事故不能用于交割时,须于交割日前载明其事由报告本所得本所之承认。

预检查之有效期限由本所定之。

第八十八条　受预检查合格之物品当交割时须品质及包装无变动者方为有效，其有无变动由本所决定之。

品质及包装如认为有变动时应作检查未毕之物品论。

第八十九条　交割物品之检查方法及其经费与标准物件比较等级法等另定之。

第十一章　违约处分及赔偿责任

第九十条　买卖当事者如不履行交割或不迅速缴纳交易证据金或经手费或损失金或计算差金或第五十条所规定之不足额或第八十一条及第八十二条不补足或不合格时，该经纪人应受违约处分。

第九十一条　现期买卖如发生违约时应将其约定价格与交割日之现期公定市价之差额并加以差额百分之十由违约者赔偿与被违约者，若交割日无公定市价时本所就经纪人中选定五名以上之评价人评定其价格即认为公定市价。

前项赔偿金如遇违约者不履行时得将该违约者之保证金或于其他项计算上所有之剩余金由本所交付之，如有不足仍应向违约者追补。

第九十二条　定期买卖如在约定期内发生违约时，本所得自违约日起七日内指定他经纪人对于违约物件而为转卖或买回或依投标方法定其承受人。

前项被指定之经纪人，本所按照违约者违约物件之佣金额数扣除经手费外，以其半数给付之。

第九十三条 定期买卖如于交割日或其前一日发生违约时，被违约者应比较约定物件之数量分受违约物件，若有余数按四舍五取法办理，倘再有余或不足时以抽签加减之，但国债、地方债以票面百元为限。

被违约者以记账价格与标准价格对照有利益时由本所垫付之，并对于被违约者以被违约物件总代价百分之五赔偿之。

前项被违约者虽无利益，本所仍给予赔偿金，其有差损时本所不征收之。

第二项总代价百分之五赔偿金，被违约如为买者，有利益时依记账价格计算，无利益时依标准价格计算。被违约如为卖者，有利益时依标准价格计算，无利益时依记账价格计算。

第九十四条 于集会停止或临时休假中发生违约时，该交易物件待开市时依第九十二条之规定处分之。

受集会停止或禁止之命令或届交割日遇集会停止或临时休假发生违约时依前条之规定处分之。

第九十五条 遇前条第二项一部分物件违约，其记账价格有两个以上时，被违约者得就该物件任意指定之。

第九十六条 依第五十七条预缴物件于本所者，若该经纪人在交割日前受违约处分，其预缴之物件不加入于违约物件中，应俟到期日另选经纪人实行交割。

第九十七条 定期买卖违约如为同种类、同期限之买卖两存者，其同数部分之计算与其他之被违约者无涉，同种类、同期限之物件买卖双方均发生违约时，其同数部分之计算准用前项之规定。

第九十八条 违约者对于本所应负担下列各款：

一　依第九十一条及第九十三条由本所付与被违约者之赔偿

金及利益金；

二　由本所代付之款项因违约而致有收不足数者；

三　因违约而致本所发生一切之费用。

第九十九条　应归违约者负担之款项除保证金、交易证据金、经纪人商号让渡金及预缴之物件并其他一切之债权相抵外，遇有不足时仍向违约者追偿，若有剩余则返还之。

第一百条　同种类物件之交割同时发生二人以上之违约，对于被违约者之赔偿金垫款等须两人以上分担时，应分别算出违约者之分担额。

交割物件有一部分违约时，如系买者则就最高价格之部分计算，如系卖者则就最低价格之部分计算。

第一零一条　种类及期限相异之两种以上之定期买卖，如有一种违约时，其他种之买卖亦认为违约。

第一零二条　经纪人受违约处分时，须将保证金之存款证据及交易证据金之来往账簿依本所通知迅速缴还，否则作为无效。

第十二章　公断

第一零三条　经纪人与经纪人或经纪人与委托人间发生争议时，由当事者双方提出以不起诉法庭为条件之请求书请求公断时，本所应就职员名誉议董及审查委员中临时推定公断员三人以上组织公断会审议判断之，判决后双方均不得再持异议。

公断会之议长以理事长充之，理事长有事故时以他理事代之。

公断员有涉及本身或其亲族利害关系之事件，不得行其职务。

公断费于公断判决时定之。

第十三章 制裁

第一零四条 遇有下列事项得停止集会之全部或一部或限制入场。

一 市价涨落不稳妥时或虞有发生不稳妥之趋势时；

二 不缴纳交易证据金或认为缴纳有窒碍时；

三 除前列二款外本所认为必要时。

第一零五条 经纪人及代理人遇有下列事项得停止其交易或课以过怠金或施行除名处分或令其解职：

一 为不稳妥之买卖或集会不合法或有故意紊乱市场之行为及将为而未成事实时；

二 任意增减委托佣金或违反本所章程本细则及其他各种规定与指示或不遵守经纪人公会之规约并诸规定；

三 在市场为粗暴之行为并对于本所或经纪人间认其为紊乱秩序者；

四 无正当理由在本所不为交易至六个月以上者；

五 违反一般商业道德认其为对于本所或经纪人间之丧失信用者。

前列各款关于经纪人之使用人亦准用之。

第一零六条 本所如遇下列事项不担保其交易之履行且得行使除名处分：

一 应缴纳预缴证据金之经纪人不将该证据金送交本所而为

新买卖者；

二　流布虚伪之风说行使诡诈之买卖以谋摇动市面者；

三　以不正当之手续企图本所之赔偿者。

第一零七条　于集会停止营业停止或临时休假中得本所之承认亦得转卖买回或解约。

第一零八条　经纪人于营业停止中不得有下列行为：

一　悬挂本所发给之牌号；

二　接受新买卖之委托；

三　刊布营业之广告及市价表或揭贴市价并其他诱致委托之行为。

第一零九条　如遇施行本细则之本章认为必要时得采取评议会及经纪人公会之意见处理之。

第十四章　仓库

第一百一十条　本所设置属于营业物品之仓库得发行栈单。仓库营业细则另定之。

第十五章　附则

第一百一十一条　下列事项于市场揭示之：

一　官厅之命令或文件认为必要者；

二　本所章程本细则及其他诸规定变更时；

三　经纪人之注册废业及死亡；

四　经纪人除名或撤销注册及失其效力等事；

五　经纪人之营业停止及其回复；

六　代理人之承认代理权之消灭及停止入场；

七　物件之开始交易中止停止；

八　集会之停止及回复；

九　临时集会临时休假并集会时刻之变更；

十　公定市价；

十一　经手费之决定或变更；

十二　保证金或交易证据金于其缴纳之日时或其代用货币及代用证券之种类并其代用时所定之价格及变更其价格时；

十三　经纪人公会所定之委托证据金及代用证券之种类并代用价格；

十四　关于交割之事项；

十五　公断事项；

十六　违约处分；

十七　制裁事项；

十八　关于经纪人公会事项认为必要时；

十九　其他认为必要之事项。

第一百一十二条　本所进行业务遇为本细则所未规定而尤非临时处置不可者，本所得依本细则规定之旨趣或征求名誉议董或经纪人公会之意见决定之。

第一百一十三条　本细则须经理事会议决并呈由农商部核准施行，其有变更时亦同。

八　上海证券物品交易所股份有限公司金银定期买卖暂行规则

第一章　开市闭市及休假日

第一条　市场集会每日分前后两市，前市定午前八时四十五分开市正午十二时闭市，后市定午后一时五十分开市五时闭市，但本所认为必要时得变更开市闭市之时间。

第二条　休假日规定如下：

一　国庆日；

二　岁首日；

三　岁末日；

四　特别休息日（如外国银行休息日等类），但本所认为必要时得另定休假日并得于休假日开市。

第二章　经纪人及其代理人

第三条　经纪人及代理人均依本所营业细则第四条至第二十条办理。

第三章 受托

第四条 经纪人承受委托买卖均依本所营业细则第二十四条至三十一条办理。

第四章 交易

第五条 交易物件先定标金一种以炼见交易为标准。

第六条 交易方法开收两盘为竞争买卖,其中间依金业习惯以继续买卖方法行之。

第七条 买卖单位与叫价及货币叫价规定如下。

名称	单位	叫价	货币	货币叫价
标金	七条七十两	一条十两	规银	五分为最少加减限度

第八条 买卖期限定为二个月期,其掉期手续依金业习惯行之。

第九条 买卖之数量、价格、期限及买卖当事者之商号登入场账后始发生效力。

依买卖当事者之同意在场账查对前请求更正者当予承认,但场账须迅速查对。

第十条 本所认为交易不稳固时得不予登录场账。

第十一条 同一经纪人于一计算区域内所做之交易其买卖数

量相等者,非由本人声明应即互相抵销只为差金之计算。

第五章 经纪人保证金

第十二条 经纪人保证金每人定为壹万元,缴纳后给予存款证据,其余依营业细则第四十八条至五十一条办理。

但本所认为必要时得改订其金额。

第六章 交易证据金

第十三条 交易证据金分为本证据金、特别证据金、预缴证据金三种。

一 本证据金。每条定为规银五两。

二 特别证据金。因市价有非常变动,本所认为必要时得对于现存买卖或新买卖之双方或一方征收相当之数额。

三 预缴证据金。交易数额已距本所认为有危险或已有巨数交易而更做新交易认为危险或虑市价有非常变动时,得令买卖双方或一方之新买或新卖预缴相当之数额。

应预缴之证据金未曾缴纳时不得为新买卖。

预缴证据金缴纳后有交易时按照缴纳时每条所定数量除去本证据金外,余作为特别证据金。

第十四条 交易证据金缴纳之时限如下。

一 本证据金。一计算区域内所做交易之本证据金于每日前市闭市后二小时内缴纳之。

二　特别证据金。由本所临时定之。

三　预缴证据金。应于未做交易以前缴纳。

第十五条　交易证据金得以本所承认之有价证券及金货代用之。

第十六条　交易证据金之发还,履行交割者于交割手续终了时,转卖买回者于差金清算终了时行之。

第十七条　交易证据金概不给息,但缴纳有价证券应得之利益由本所代收给还之。

第七章　经手费及佣金

第十八条　经手费及佣金每条定为规银一钱,以七分归经纪人作佣金,以三分归本所作经手费。

第八章　计算

第十九条　以前一日之后市及当日之前市为一计算区域,以当日前市收盘之约定价格为记账价格。

记账价格以两为单位,余数依四舍五取法办理。

但本所认为必要时亦得以一市为一计算区域,即以本市收盘之约定价格为记账价格。

同一区域内之交易为转卖买回时其差金以各自约定价格结

算之。

当日记账价格与前一日之记账价格及同一计算区域内交易之约定价格为差金之结算,损者向本所缴纳差损金,益者由本所代损者给付差益金。

各项差金之缴纳及交付之时限与交易本证据金同时行之。

差金之缴纳须用本所指定之银行或钱庄五日期本票。

第九章 交割

第二十条 标金买卖如已届月期,卖出者自一日起得随时解交现货,但至迟以月底为限。

至月底如遇休假日得提前办理。

第二十一条 卖出者欲解现货时须于当日午前十时以前送解货单于本所,至翌日午前十时以前将解货单所载之标金连同麦头保证单缴纳。

本所以卖出者所送之解货公单用书面询问前一日后市所存之全部买进者有无愿意收货,买进者须立刻签字于书面注明愿收与否,询问后如有愿意收货者其总数量与解货公单相等,即决定令其于次日交割。

如愿收货者其总数量超过解货公单时即将该货依愿收者之数量依比例分配,其余数以抽签法决定之,倘愿收者之数量不满解货公单时或全部买进者均不愿收受时,即将不满之数量或全数量依比例分配于当日前市止所存之全部买进者,其余数以抽签法决定之。

前项抽签之分配数量不得少至七条以下。

第二十二条　买进者愿意收货或被抽中收货时，应依当日前市记账价格于指定之交割日上午十时以前缴总代价于本所。

第二十三条　交割时数量如有过或不足（每七条不得逾一钱）依交割记账价格结算。

第二十四条　标金之牌号其已经本所承认者交割时一律通用，未经本所承认者交割时不能适用。

第二十五条　标金之重量依北市公估局批码为准。

第二十六条　依买卖双方之同意不交付其物件及代价于本所亦得自行交割，但双方须于先一日下午六时以前报告本所。

第二十七条　交割时如以外国金币代用者以美日两国金币为限，美国金币以二百四十元、日本金币以四百八十元合标金壹条（即十两），另贴火工费银每条壹两。

第二十八条　凡届月期末日未能交货者依是日汇丰银行初次所挂日本电汇价格作为交割标准价格，每条以四百八十元结算，另贴装运费每条银元三两。

交割之总代价须用本所指定之银行钱庄即期本票。

第十章　违约处分

第二十九条　买卖双方如不履行交割或不按时缴纳交易证据金或经手费或各项差金，该经纪人应受违约处分。

第三十条　买卖双方如在约定期内发生违约时，本所得自违约时起即指定他经纪人对于违约物件而为转卖或买回或依投标方法定其承受人。

前项被指定之经纪人本所按照违约者违约物件之佣金额数扣除经手费外以其半数给付之。

第三十一条 应归违约者负担之款项除保证金、交易证据金、经纪人商号让渡金及其他一切之债权相抵外,遇有不足时仍向违约者追偿,若有剩余则返还之。

第三十二条 如遇种类及期限相异之两种以上之定期买卖有一种违约时,其他种之买卖亦认为违约。

第三十三条 经纪人受违约处分时须将保证金之存款证据交易证据金之来往账簿及一切债权之凭证依本所通知迅速缴还,否则作为无效。

第十一章 公断

第三十四条 经纪人与经纪人或经纪人与委托人间发生争议时,依本所营业细则第十一章办理。

第十二章 制裁

第三十五条 关于制裁事项依本所营业细则第十三章办理。

第十三章 附则

第三十六条 关于市场揭示之事项依本所营业细则第十五章第一百十一条办理。

第三十七条 遇有本规则未规定事项非临时处置不可者,本所得依本规则之旨趣或征求经纪人公会意见决定之。

第三十八条 本规则如有变更须经理事会之议决。

第三十九条 本规则于中华民国十三年七月一日施行。

九　上海华商纱布交易所股份有限公司营业细则

第一章　总则

第一条　本所市场上经纪人所做买卖之物品以棉花及机纺棉纱、机织棉布为目的物。

第二条　本所市场上经纪人所做之买卖交易分为定期买卖及现期买卖两种。

第三条　本所市场上经纪人买卖之集会每日分前后两市，午前为前市，午后为后市其，开市时刻由本所随时决定，于市场内揭示之，如本所认为有提早或延长之必要时并得以别项方法行之。

第四条　定期交易之交割日停止经纪人买卖之集会，交割之前一日停止本月期纱布买卖，前二日停止本月期棉花买卖，但如此日适为休假日则当再改前一日。

本所认为必要时得随时揭示于市场提早停止本月期买卖。

第五条　本所休假日规定如下：

一　星期日；

二　国庆日；

三　新旧历岁首日；

四　新旧历岁末日。

本所认为必要时得临时休假并得于休假日临时集会买卖。

第六条　本所经纪人与经纪人间在本所市场上所做之交易，如买卖之任何一方有违背买卖契约之情事发生，本所自应遵照本所章程本细则及物品交易所条例而担负因此发生之损害赔偿责任，但该项交易以遵照本细则或本所随时公布之章程或条件而成立者为限。

第二章　买卖交易

第七条　本所经纪人买卖物品之种类规定如下：

一　棉花；

二　机纺棉纱；

三　机织棉布。

第八条　本所对于棉花纱布之定期买卖应于上海市场畅销之商标中选定标准品一种、代用标准品若干种。其标准品及代用标准品均可作交割之用。

本所先将上项之标准品、代用标准品审定其优劣程度，定为货价等级表(即等差表)，以备执行交割。

前项标准品、代用标准品之审定及货价等级表之决定时期并代用标准品价格相差之限度均另定之。

第九条　棉花纱布之定期买卖以一个月期至六个月期为限，各月期应照本细则所定之日期实行交割。

第十条　定期买卖物品数量之单位叫价之单位及价银之本位

单位分列如下。

甲　数量之单位。

一　棉花定为一百担（大洋架子木洋架子布包草包一律均可交割）；

二　棉纱定为五十大包（每大包为四十小包）；

三　棉布定为十大包（每大包为二十匹）。

乙　叫价之单位。

一　棉花以一担为单位；

二　棉纱以一大包为单位；

三　棉布以一匹为单位。

丙　价银之本位单位。

以上叫价之价银均以上海通用规银为本位，棉花以五分为单位，棉纱以一钱为单位，棉布以一分为单位。

第十一条　定期买卖采用竞争买卖之方法。

竞争买卖须照本所规定之方法行之，分别各月期各盘使买卖两方竞争，其价格俟买卖两方所叫之价经本所认为公平时以拍板决定其价格即行登账，如同一经纪人以此价格为标准而请求以其所买与所卖同时登账者亦视为竞争买卖之行为，而许其登入场账。

照前项之规定买卖两方将其交易数量在场登账一经拍板即作为定期买卖成立，但决定价格后同一经纪人在同一盘内之买与卖非由本人声明本所即将其买卖之数量互相抵消作为最初未有买卖论。

第十二条　本所以买卖两方经纪人之同意在场账查对以前有请求更正者应予承认，但场账须于登账后迅速查对之。

前项之请求如在查对场账之后而本所又认为所登之账并无错

误者得拒绝其请求,此项拒绝经纪人无论如何不得抗议之,而本所所登之场账仍应认为有效。

第十三条　买卖交易本所如认为不稳当时得随时不予拍板及登录场账。

经纪人对于前项之措置均应遵从无论如何不得抗议之。

第十四条　在同一计算区域内卖出而又买进、买进而又卖出且买卖如为转卖或买回时,须于买卖集会终了后两小时内指定其交易物品向本所报告之,倘不报告作为新买卖论。

第十五条　经纪人虽有下列各项情事,然对于以前所做买卖交易仍不失其效力:

一　违反本细则第一百零三条及第一百零四条之限制时;

二　违反交易之禁止及限制或令其停止营业期间之条件时;

三　违反关于市场代理人之限制时。

第十六条　现期买卖自契约成立之日起于五日内应将其买卖交割清楚。

前项期限之末日如为休假日即以其翌日为满限。

第十七条　现期买卖依相对买卖之方法行之。

第十八条　现期买卖一经成交不得转卖或买回,除经本所书面许可其解约外亦不得解除其买卖契约。

第十九条　经纪人对于现期买卖应将其物品数量、价格及其本身之第号并买卖之年月日开列明细报告本所登录场账。

第二十条　现期买卖之单位,棉花定为五十担,棉纱定为十大包,棉布定为一百匹,其叫价单位适用本细则第十条叫价单位之规定。

第二十一条　本细则第十二、十三及十五条之规定现期买卖亦适用之。

第二十二条　现期买卖凡为本细则所未规定者依习惯行之，至习惯之有无均以本所之意见为断，买卖两方均应遵从不得抗议之。

第二十三条　本所市场上约期买卖之办法于本所开业后遇必要时由理事会另订之。

第三章　身份保证金及买卖证据金

第二十四条　本所经纪人须缴纳身份保证金并对于其一切买卖缴纳买卖证据金。

定期买卖经纪人应缴纳之保证金分为纱、花、布三种，每种定为二万两，但本所理事会参考各项情形而认为有增减之，必要时得随时增减之此项增减之决定一经公布凡在本所买卖之经纪人均应一体遵从不得抗议之。

第二十五条　本所收到前条规定之保证金后当给予收据，但经纪人不得将该收据抵押款项或让渡于他人。

前项收据经纪人倘遇遗失盗窃或毁灭情事，得开具事实请求本所补给新收据，但此项请求书须有本所所认可之相当保证人二名连署盖印担保方可提出。

本所对于前项之请求先将其遗失情由登载本埠著名报纸两种各七天，其费用均由请求人担负，如一个月后无镠輵发生即行补给。

第二十六条　身份保证金应以现银缴纳，惟亦得以本所书面所同意之有价证券、房产地契、银行存单或其他货币(后文简称代用品)代用之,其代用价格悉由本所按照市价估计随时决定之,此项估计决定凡有关系之经纪人均应遵从不得抗议之。

代用品当代用时应另具合法之权柄单缴与本所,此项权柄单应授权本所对于代用品得随时处分之。

第二十七条　经纪人缴纳之身份保证金如为现银,本所应给予相当之利息,至利息之相当与否悉以本所之意旨为断,代用品之附有利息票者则由本所代为领息,如数付还与缴纳之本人。

第二十八条　本所营业时间内经纪人得将所缴纳身份保证金之现银或代用品等随时调换之,惟此项调换仍应依本细则第二十六条之规定办理。

第二十九条　代用品代用之价格如有变动致身份保证金有不足时,得令其补足或以他项代用品调换之。

本所认为必要时得令有关系之经纪人将所缴之代用品随时调换现银。

第三十条　经纪人如经本所认为已失资格者,其所缴之身份保证金须俟在本所所做一切交易之账目或其他责任均已完全了结清楚之五日后发还之。

第三十一条　经纪人对于定期买卖按照账上所存数额应缴纳买卖证据金其证据金分为三种:

一　本证据金;

二　追加证据金;

三　特别证据金。

第三十二条　本证据金系按照定期买卖登账价格百分之三十以内由本所理事会议决其率令买卖经纪人双方缴纳之。

本证据金之准率如有增减时，其准率对于增减以前所做之现存买卖当然适用，有不足者令买卖两方补缴之，有剩余者则退还之。

第三十三条　追加证据金系以定期买卖成交日之登账价格与每日登账价格相比较，如涨跌至本理事会按照前条之规定所议决本证据金准率之半数时即令损者一方缴纳之，此项缴纳不论若干次以顺次或一时令损者一方缴纳之，至其数额则以当时本证据金准率之半数为限。

凡本所认为市价有大变动时得不依买卖成交日登账价格与每日登账价格相比较，而以最近之买卖价格与成交日登账价格相比较，依照前项之规定令损者一方缴纳之。

第三十四条　特别证据金因市价有非常变动或其他情由本所认为必要时，得对于现存账上买卖之数量依本证据金三倍以下之范围内令买卖经纪人双方或一方缴纳之。

虽无前项之情事发生然本所对于不论任何经纪人之现存买卖认为应征收特别证据金时，亦得依照前项之规定令该经纪人缴纳之并不必说明其理由。

第三十五条　本所对于经纪人如认为有下列情事之一者得令其双方或一方预缴证据金，其数额得不受前条之限制而由本所随时酌定之：

甲　巨额买卖；

乙　已有巨额买卖而更做新买卖；

丙　市价已有或将有非常变动；

丁　交割恐有窒碍。

倘该有关系之经纪人不依照前项之规定预缴证据金者，则本所得拒绝其新买或新卖。

预缴证据金缴纳后有交易时经本所书面之许可得移充为本证据金。

第三十六条 经纪人对于本日前市及后市所做各盘之买卖,应于翌日下午二时以前缴纳本证据金于本所,如翌日适为休假日,应于休假日满后之第一日下午二时以前缴纳之。

本所认为必要时得不依前项之规定,即在休假日亦得令经纪人缴纳证据金,但当先揭示于市场,一经揭示即作为经纪人完全知悉论。

经纪人对于现存买卖所缴之追加证据金须于本证据金规定之时期同时缴纳,但本所认为必要时不预先通知,随时限令经纪人当日缴纳之。

特别证据金缴纳之时限由本所临时定之。

第三十七条 买卖证据金除追加证据金外,得以本所书面同意之有价证券代用之。

追加证据金须以现金缴纳,但本所察核情形亦可根据前项之规定令经纪人缴纳,本所书面同意之有价证券以代用之。

依前项规定经纪人缴纳本所同意之有价证券以代用时,应照本细则第二十六条规定具备权柄单交于本所。

第三十八条 依前条规定之代用品其代用价格由本所随时按照市价估计以定之,但本所认为必要时得拒绝代用品之代用,其拒绝之理由无说明之必要。

依前项规定代用品经本所拒绝时经纪人得自出费用请求本所检查估计其价格,但此项请求本所仍得拒绝之。

第三十九条 代用品之代用价格如本所认为有所变动而致买

卖证据金有不足时,得限时令经纪人补足之。

第四十条 发还买卖各证据金之时期规定如下。

甲　本证据金以履行交割者交割清楚及所应履行之一切责任均已履行后发还之,其为转卖买回者亦须于交易清算终了及所应履行之一切责任均已履行后发还之。

乙　追加证据金以本细则第三十三条所规定已缴之差损额回复至本所理事会依照第三十二条之规定所议决本证据金准率之半数时发还之。

丙　特别证据金以本细则第三十四条、第三十五条所规定缴纳之事由已消灭时发还之。

第四十一条　买卖各证据金其以现银缴纳者概不计息,但缴纳本所书面同意之有价证券时得适用本细则第二十七条之规定,由本所代为领息付给于本人。

第四十二条　买卖各证据金之缴纳及付还均须登载于本所规定之账簿上,该账簿由本所给与之,除此项账簿记载外本所不另出收据,该账簿如有污损而请求补给时应缴回原簿。

前项所述之账簿如有遗失等情经纪人得以书面陈明事由请求补给,但本所得征收相当之费用。

前项所述污损或遗失之账簿如请求补给时应以本所之簿据为标准重行补载于新簿。

第四十三条　同一经纪人所做同种类、同月期、同数量、同价格之买卖而同时两存者,其现存之买或现存之卖所应缴纳之证据金得免缴纳。

本所对于前项之两存买卖无论现存之买或现存之卖如有一种了结其未了结之一种,得依本细则第三十一、三十二、三十三及三十四条之规定征收证据金。

第四十四条　卖出之经纪人如将卖出之物品或本所自备或指定之仓库所发给之栈单保险单及检查证明书预先提交于本所者得免缴证据金,但此项预交物品之办法仅限于本月份之卖出者,其检查手续另定之。

前项预交之物品虽系留供交割之用,但预交后经纪人仍得买回或缴纳证据金收回之或请求更换,另以经本所书面同意之同等物品提交于本所。

本条所述预交之物品倘经纪人有违约情事发生,本所得将该预交之物品拨充为代用品而全权处分之,一经处分该有关系之经纪人即应遵从不得抗议之。

第四章　经纪人及代理人

第四十五条　本所之经纪人为定期经纪人一种,但得向本所声明而得有本所之书面许可者兼为现期或约期经纪人。

第四十六条　定期经纪人之营业种类及名额分列如下:

甲　棉花,八十名;

乙　棉纱,八十名;

丙　棉布,二十名。

前项之定期经纪人得于上列三种中择取一种或兼为一种或两种之定期经纪人,但其名额如本所认为必要时得采取经纪人公会之意见经本所理事会之议决而随时增减之。

第四十七条　本所之经纪人除为本所创立时所正式通过者

外,凡欲为本所经纪人者须有本所经纪人两人之介绍提交请求书及志愿书,载明交易种类及资本数目等项并附商事履历书与其他必要书类,由本所详为查明咨询经纪人公会意见后经理事会之议决准许之呈请。

农商部注册发给营业执照。

经纪人如为合伙者须以其合伙员之姓名、住址、出资数目、合伙契约及全体合伙员之代表姓名履历书并其他必要之书类一并提交于本所。

经纪人之合伙员对于本所应负其交易上或其他一切契约或行为上之联带责任。

经纪人之合伙员未得本所之书面许可不得脱离其合伙关系,如经本所许可脱离者其未脱离前所有交易上或其他一切契约上或行为上之责任仍须联带担负之。

前项经纪人合伙员脱离合伙关系之时期以本所书面许可之时日为始。

第四十八条 凡经本所认可之经纪人应即具备身份保证金及守约书(即志愿书)送交于本所,守约书内载明自愿遵守下列各项:

甲 本所章程及随时增订或修改之章程;

乙 本所营业细则及随时增订或修改之细则;

丙 本所市场公告;

丁 经纪人公会规约或其他经本所认可之章程;

戊 其他一切之规则。

前项守约书及身份保证金送交本所后本所即将定式牌号及入场徽章发给与该经纪人并揭示市场后准其开业。

第四十九条 经纪人应设置营业所于本所指定之地点内,无论采用任何方式均不得于指定地点外为定期买卖之营业,并不得同名及化名兼充同业他交易所之经纪人。

第五十条　经纪人对于其买卖交易及契约或其一切行为均应对本所担负完全责任。

第五十一条　经纪人对于本细则或其交易之契约如有违背之处或有不端之行为以致本所或本所其他经纪人受有损害者应负赔偿之责。

第五十二条　经纪人对于其一切受托之买卖交易应在本所市场中行之,不得以与此相同或类似之方法与委托者及其他经纪人私自结算私订特约行之。

第五十三条　经纪人关于一切买卖交易均应备用本所审定的各种账单簿据,经纪人应将所用账单簿据备置于营业所任由本所随时派员检查,如有质问应即尽情答复即调取一切簿据文件亦应立时交出不得拒绝。

第五十四条　本所章程、本细则及其他一切事项一经公告即作为经纪人已知讫,经纪人不得借口未见或未知而希图避免其遵守责任。

第五十五条　经纪人对于其交易上一切关系及责任未履行前或其账目未了结前均不得废业,如因死亡或受除名处分或以其他原因而失其资格时,对于应了未了之交易上一切关系及责任并一切计算仍得作为未废业论。

经纪人凡欲废业者应先向本所提出废业理由书,俟本所书面认可后方得实行,并将部颁执照及本所发给之牌号入场徽章同时缴还。

第五十六条　经纪人如经本所认为失其资格者,其一切未了之交易关系及责任并一切计算均应由其本人或其承继人从速委托本所其他经纪人了结之，倘本人或其承继人置之不理，本所得指派他经纪人代为结算并处分其一切资产以抵偿其债务，如有余则发还给于本人或其承继人，不足则令本人或其承继人补偿之。

第五十七条　经纪人凡系自愿将其牌号让渡于他人者应先书面报告本所，由本所自己或请经纪人公会代为调查，一切调查结果如本所认为满意者经呈由农商部核准后即以书面准许其让渡，如不满意者得拒绝经纪人让渡之请求，其拒绝之理由本所无说明之义务。

经纪人凡以牌号让渡于人者未满两足年不得再为本所经纪人。

第五十八条　经纪人得按照本条之规定委任代理人在本所市场内代其行使买卖交易之职务，但委任代理人时须先将其履历书送之本所，经本所书面许可并给予入场徽章其代理人之委任方为有效。

代理人之名额每一经纪人定为两名。

代理人不得以其他经纪人或其他经纪人之代理人兼充并不得同名及化名兼充同业他交易所之经纪人或代理人。

代理人解职时经纪人应以书面报告本所并缴还本所给与之徽章。

本所如认代理人有犯罪或传染疾病或其他不适当之事由时，得令其解职或停止其入场。

代理人所有代经纪人行使买卖交易之职务均由经纪人完全负责，一如经纪人自己所为者。

第五十九条　凡有证券交易所法第十条或物品交易所条例第

十二条各款情事之一者均不得为本所经纪人或代理人。

第五章　经纪人公会

第六十条　经纪人公会由本所经纪人全体组织之,但本所经纪人除组织此项公会外不得再组织他种类似之公会或团体。

第六十一条　经纪人公会应订立规约公同遵守其规约中并愿载明下列各项:

一　组织公会之目的;

二　公会事务所之所在地;

三　公会会长与职员之选举方法及其权限之规定;

四　公会大会之召集及议决之方法;

五　公会之经费及入会费之规定;

六　公会会计年度之规定;

七　委托者所应付委托佣金及委托证据金之规定;

八　经纪人依本细则之规定受停止营业处分时关于该经纪人所有现存买卖之处分方法;

九　为他经纪人代理买卖酬劳之规定;

十　关于经纪人所用账单簿据事项;

十一　关于取缔经纪人委托佣金之减收及其他不正当之竞争事项;

十二　关于委托者及雇员等有不正当之行为须互相通知以保全各经纪人营业上之利益事项;

十三　关于经纪人用人之资格及其他限制事项;

十四　关于违背公会规约者之处分事项；

十五　关于修改公会规约时之手续事项。

第六十二条　经纪人公会对于下列各项须得本所之书面承认方为有效：

一　公会规约之订定并变更；

二　受托契约之方式并变更；

三　委托佣金及委托证据金准率之多寡；

四　对于违背公会规约者应行处分之决定；

五　经纪人所用账簿委托买卖书、买卖通知书及收委托者证据金时所立收据之样式。

第六十三条　本所对于下列各项须征询经纪人公会之意见：

一　本所交易种类之变更；

二　本所买卖经手费准率之变更；

三　经纪人身份保证金准率之变更；

四　本细则之修改或增订；

五　对于经纪人所委代理人之应否承认；

六　除本细则所已规定之经纪人资格及名额外将来所有变更或限制之拟定；

七　临时市场之开业或设立；

八　标准品之决定；

九　仓库之指定。

依本条之规定，本所对于上列九种事项虽应征询经纪人公会之意见，但如本所认为紧急时亦得不预征经纪人公会之意见而自由处置之，此项处置经纪人亦应遵从不得抗议之。

第六十四条　本所对于经纪人公会之会长及职员如认为不能

胜任或有其他原因认为不合时,得以书面通知经纪人公会令其重选,本所对于经纪人公会会长及职员所认为不胜任或认为不合之理由并无说明之义务。

第六十五条　本所认为必要时得由理事长或理事长派员列席经纪人公会之会议而发表意见。

第六十六条　经纪人公会所规定之规约章程或其他之一切事项须经本所书面认可经呈由农商部核准后始生效力。

第六章　买卖交易之委托

第六十七条　本所之买卖交易以本所之经纪人为限。

经纪人受委托者之委托所做买卖本所只认该受托经纪人为买卖之主体,其委托者关于买卖交易上之一切事项除与其所委托之经纪人直接办理外,与本所均无直接或间接之关系。

第六十八条　经纪人与委托者所缔结之一切契约及其契约上所发生权利义务均须遵照本所章程本细则及其他随时规定之章程办理,凡遇经纪人对于委托者有违约情事发生时委托者仍应按照上条之规定直接与该违约之经纪人交涉。

本所除对于经纪人间所有之交易因违约而发生损害,应依照物品交易所条例之规定担负赔偿之责外并无担负其他损害赔偿之责。

委托者如不遵守本条例第一项之规定,则受其委托之经纪人虽未得委托者之承诺亦得将其交易之一部或全部了结并处分其证据金及其他存款,倘有不足仍当向该委托者追偿。

经纪人遇有本条第三项之情事发生时,应即报告本所揭示于市场。

第六十九条　本所依本细则第五十五条第五十六条之规定将经纪人之资产债务互相抵消后尚有余款时,委托者对该经纪人如有债权已得该管官厅之核准者则对于此余款有优先处分之权。

第七十条　经纪人为委托者做成买卖交易时,应即将该交易之物品、种类、期限、数量、价格、时日及其他必要事项详细载明于本所鉴定之通知书内,加盖图章并须经本所盖印证明后通知委托者。

前项通知书之证明除证明其交易之物品、种类、期限、数量、价格、时日及其他必要事项无讹外并不负其他之责任。

倘委托者查悉前项通知书并未经本所盖印证明即向所委托之经纪人送由本所盖印证明之。

第七十一条　经纪人受委托者之委托时得向其征收委托证据金。

经纪人因委托者委托之关系所收得之委托证据金或因市价涨跌所收之追加证据金、计算差金以及其他一切款项与物品,均可视为委托者对于经纪人因交易所发生债务之担保品。

第七十二条　经纪人如遇委托者不缴付下列各项之一时,得将上条所收得委托者之一切款项物品自由处分之:

一　委托各证据金;

二　交割物品;

三　交割代价;

四　委托佣金;

五　计算差金;

六　损失金；

七　其他一切应交之款项或物品。

经纪人将前项之款项物品处分后如仍不足抵偿委托者对于经纪人所欠之债务时,得向其追索不足之数。

第七十三条　委托者对于其所委托经纪人为其做成之交易而应交割者,除有特约外均应将交割物品或交割代价于本月份买卖最终之前一日正午以前如数交付与其委托之经纪人,如是日适逢休假日须提前一日交付之,委托者于前项规定之时日如不将交割物品或交割代价交付与所委托之经纪人,则该经纪人得将该项买卖交易随时转卖或买回,其因此转卖或买回所发生之损害均由委托者担负之。

前项之规定经纪人遇委托者仅交到交割代价或交割物品之一部分时亦适用之。

第七十四条　委托者委托经纪人买卖得限其价格,惟虽可限其价格亦须予所委经纪人以一个叫价单位之伸缩权(即棉花五分、棉纱一钱、棉布一分)。

受托经纪人虽应依照委托者所限之价格代为买卖,但在本条前项所规定之伸缩权范围内亦得代其做成买卖,此项买卖一经做成,委托者即须承认,不得以其逾越限价而否认之。

第七十五条　经纪人以委托者之委托代其买卖时,倘不能做成委托者所定之数量,亦得代委托者做成其数量中之一部分,委托者对此一部分买卖之做成应照承认,不得以其不及委托时所定之数量而否认之。

第七十六条　经纪人与委托者间契约上或交易上之一切权利义务如发生纠葛或至涉讼,无论委托者为何国国籍均应遵照中华民国之法律及物品交易所条例、本所章程、本细则及其他一切规定并经纪人公会规约及其他一切规定。

第七章　计算

第七十七条　定期买卖以本所市场当日之前后两市为一计算区域，以一区域内后市各月期之开收盘二个成交价格平均所得之数为登账价格，再以此登账价格与各月期之各盘成交价格比较之以核算差金之数，其登账价格最小之单位棉花为五钱、棉纱为一两、棉布为五分，均以四舍五入法计算之。

在一计算区域内如仅有一市则以该市各月期之开收盘成交价格平均之数为登账价格并照本条前项之规定计算各月期各盘买卖交易之差金。

各月期之买卖在一市中如开收盘缺一盘或全缺者，即以最后一盘之成交价格为登账价格，或虽开市而无交易者则以前一区域（即前一日）之登账价格为标准，但本所于必要时亦得参照其他月期各盘之成交价格而定其登账价格。

第七十八条　本所认市价有大变动时得不依第七十七条之规定以定登账价格，而以当日前后各盘中之最近成交价格为登账价格。

本所一经依照本条之规定酌定登账价格后，经纪人均须遵从不得抗议之。

第七十九条　经纪人之成交价格与登账价格相核后所得之差金，其缴纳与交付之时限均应以翌日下午二时以前为止。

本所对于经纪人同一种类、同一月期、同一区域之买卖两存而其成交价格不同者,则以登账价格为计算其差金之标准。

第八十条　经纪人于本日前所有之现存买卖如于本日转卖买回者则依前之登账价格与本日之登账价格核算,损益差金由本所收付之。

同一计算区域内之物品转卖买回时应以各自成交之价格核算,其损益差金一计算区域内或两计算区域内之物品因转卖买回而发生之差损金其缴纳之时限应照前条第一项之规定办理。

第八十一条　本所得向买卖经纪人征收经手费,其准率于买卖登账价格百分之一范围内,由理事会议决预行列表公布,与本证据金同时征收之。

第八十二条　凡经纪人所应缴纳之差金、经手费、证据金,得与其同时所应向本所收取之差金、证据金互相抵消。

第八十三条　经纪人如受除名处分或以其他原因而失其资格或受停止营业之处分或被禁止交易时,本所得不依第七十九条之规定而提前征收计算差金及经手费。

第八章　交割

第八十四条　棉花、棉纱、棉布定期买卖之交割日为每月期最终交易日之前一日。

前项所定交割日期如适逢休假日得提前一日行之,如提前之一日亦适为休假日得再提前一日行之,其余均依此类推,惟遇其他事由经本所认为有提前交割之必要时,得咨询经纪人公会之意见而提前行之，但此项提前之日数不得在五日以上并须于十日之前揭示于市场。

第八十五条　定期买卖之交割以前条所规定交割日之上午十二时为限，卖出之经纪人应于该时以前将本所自备或指定仓库之栈单派司（棉花无派司）保险单及本所按照本细则第九十条所发给之检查证明书交纳于本所，其买进之经纪人应依本所核定交割价格之总代价缴纳现银于本所，由本所所员临场执行之。

但买卖经纪人向本所收付物品之价值应与本细则第八条经本所核定之标准品等级表中所列之价值相比较，如有高低时应按照该表以增减之。

本所如经买卖两方经纪人之同意，于前条规定交割时日执行交割以前声请自行交割者得许可之。

但交割物品如遇交割日有发生违约者，所有经纪人在交割以前声请自行交割之物品虽得本所许可应即取消，仍应将该项物品提交本所实行交割以资分配。

第八十六条　花纱布交割价格之标准以该月期各该物品买卖最终之三个登账价格平均计算之，如有余数依四舍五入法办理，其各自成交登账价格与交割价格相比较之差金则于前条规定时日内结算之，但买进经纪人所缴存于本所之证据金如为现银，当交割时得以之移充应缴纳之总代价之一部或全部。

第八十七条　收货经纪人如有二人以上或交割之物品有二种以上者，当交割时限以前本所得以抽签法分配之，但棉花之交割本所得不依本条抽签法之规定而酌量支配之。

依本条前项之规定而举行抽签时，由本所会同收付两方经纪人临场执行之，如经纪人不到场或拒绝时，即认该经纪人为自愿放弃权利,本所得全权代其办理,一经本所代其办理该经纪人即应遵从不得发生异议。

物品之交割本所或抽签分配或酌量支配收货经纪人均应接收本所交与之栈单,不得拒绝,如竟拒绝亦应作为已接收论。

第八十八条　交货经纪人所提交之栈单其数量超过本细则第十条所规定之单位(即棉花一百担、棉纱五十大包、棉布十大包),需分割时其分割费用完全由交货经纪人担任之。

交货经纪人当交割时所提交之物品其数量之单位,棉花以一种品名为限,棉纱、棉布以一种商标为限,不得掺杂其他品名或商标。

第八十九条　同一经纪人当交割时如有同种类、同月期之交货与收货,其相对数量得作抵消。

第九十条　交货经纪人之交割物品,至迟应于交割前三日正午以前在本所自备或指定之仓库内请求本所检查之。

交割物品经本所照本条前项之规定检查后,如认为合格者即发给检查证明书与该交货经纪人,惟本所对于交割物品之检查无论认为合格与否,交货经纪人及收货经纪人均应完全遵从,不得发生异议。

本所依本条第二项所发给之检查证明书,如系棉花其有效时期自交割日起以一星期为限,如系棉纱、棉布则自交割日起以三星期为限,逾此时期本所即不负该检查证明书内所载之证明责任,但在此时期内该交割物品如有移动,本所所发给之检查证明书即完全失其效力。

本所检查交割物品之章程及费用均另定之。

第九十一条　本所依照本细则第八条所规定之标准品代用标

准品及货价等级表均由审查委员会定之。

审查委员定额为十名以内，以经本所所认许为该业中之富有经验与资望者充之，并由本所理事会聘请之。一经本所聘请，所有本所之经纪人均应承认之，对于其所选定之标准品、代用标准品及所审定之货价等级表亦均应承认之，不得主张异议。

标准品及代用标准品之货样（棉花为五磅、棉纱为两小包、棉布为两整匹）悉由本所保存之。

交货经纪人当交割时应以标准品或代用标准品交割之，惟所交之标准品或代用标准品如与本条第三项所述之货样不符，经本所认为不合格时本所得变更货价等级表内该种商标之价格交割之或竟拒绝其交割，本所遇前项情事发生时，即由理事会请审查员及经纪人公会委托之代表会同列席详加讨论，一经审查会评定交货及收货之经纪人即应完全遵从不得发生异议，当讨论期间如有任何损失发生亦均不得向本所要求任何损害之赔偿。

第九十二条　凡交割之棉纱在本所等级表有效时期以内如发生成色低次或与存样不符情事以致与市价相差过远者，应由本所请审查员开临时会审查以变更其价格，一经评定收货及交货之经纪人均应遵从不得发生异议。

第九十三条　凡交割之棉花如有缺少或不合格而其缺少或不合格之数量未满卖买单位百分之三十时，应令交货经纪人自交割日起三日内补足或掉换之，倘于此期限内不照补足或掉换即作为违约论而处分之，但于双方同意交割时不在此限。

前项交割之数量如缺少或不合格在百分之三十以上时即作为违约论。

第九十四条　前条第一项所规定补足或掉换之货物如仍有不

合格者，即认为未曾补足或未曾掉换仍作为违约而处分之。

第九十五条 棉花之交割如照一百担之单位余四五担或缺四五担，其价银悉照交割价格计算，由买进或卖出之经纪人补给或扣除之。

第九十六条 交割物品当交货经纪人交与本所自备或指定之仓库后而于未交与收货经纪人以前如有毁灭或损坏情事，其一切责任仍由交货经纪人担负之。

交割物品遇有本条前项所述之毁灭或损坏，交货经纪人对于其已毁灭损坏之一部或全部得拒绝交割。

当本所未照本细则第八十七条举行抽签以前交割物品如遇有前项所述之毁灭或损坏情事，本所除将其已毁灭或损坏之部分比例分配按照交割价格折算价银付还与收货经纪人外，并应将其未毁灭或未损坏之一部分按照各收货经纪人所买之数量比例分配以交割之。

交割物品之全部或一部如发生毁灭或损坏之情事，于本所举行抽签以后则交货经纪人，对该收货经纪人得拒绝其一部或全部之交割，惟所拒绝之一部或全部之交割仍应依本条第三项之规定，按照交割价格折算价银付还与收货经纪人。

交割物品遇有毁灭或损坏之情事，依照本条第二项第四项之规定交货经纪人对于收货经纪人虽可拒绝交割，但交割物品毁灭或损坏之理由如经本所认为不足免除其交割责任者，则交货经纪人仍应负交割之责。

交割物品如遇大灾兵事以致本埠水陆交通发生窒碍为交货经纪人所不能预防者得不履行交割，惟仍应分别依照本条第三项第四项之规定折算价银付还与收货经纪人。

第九十七条 交割物品遇有毁灭或损坏之情事，交货经纪人除按照前条各项办理外，得另交他种标准物品重行交割之，惟另交他种物品须于交割物品毁灭或损坏发生之翌日以内，以书面报告本所并须将另提之他种物品自交割日起三日以内提交于本所。

交货经纪人如不依上项之规定以书面报告本所，则本所即得限令交货经纪人于交割日之翌日另交交割物品。

第九十八条 本所认为必要时得随时停止本月份买卖，以其最终成交之价格使买卖双方了结之。

第九十九条 交割物品之栈租及保险费至交割日后两日为止由交货经纪人担负之。

第一百条 交割物品在本细则第九十条第三项所规定之时期内，收货经纪人如认为不合格者得以书面请求本所开标准品审查会，由本所定期召集审查员比较标准品而评判之，一经审查员评定本所及有关系之经纪人均应遵从不得再持异论。

审查会评判既定如交割物品确与标准品相符其审查费归请求之经纪人缴纳，如确系低次则审查费归本所负担。

第一百零一条 因前条事由发生之审查费规定如下：

棉花一百担以内	五十两
棉纱五十大包以内	五十两
棉布十大包以内	五十两

上列各物品之数量如在五倍以内（即棉花五百担以内，棉纱二百五十大包以内，棉布五十大包以内），则审查费为七十五两；如在十倍以内，则审查费为一百两。

第九章 制裁

第一百零二条 本所遇有下列事项之一发生时得停止买卖集会之全部或一部或限制经纪人与代理人之入场：

一 市价涨落本所认为不稳当时或虑有发生异常变动或有不稳当之趋势时；

二 本所认经纪人有不稳当或不正当之买卖行为时或有故意紊乱市场行为或其行为将为而未成事实时；

三 本所认为征收买卖证据金有窒碍时；

四 除前列各项外本所认为必要时。

本所认为有上列情事之一而停止买卖集会或限制经纪人代理人入场时，虽有公告并无说明其理由之义务。

第一百零三条 本所遇有下列事项之一发生时得停止经纪人之买卖并禁止经纪人代理人之入场：

一 本所认经纪人有前条第二三项之事由时；

二 经纪人之身份保证金或买卖证据金经司法官厅命令止付或将其假扣押时；

三 经纪人所交庄票或其他票据有不交付时；

四 本所对于经纪人认为有应照本细则第十一章之规定执行处分时；

五 本所认为经纪人有不遵守本所章程本细则或本所随时颁行之章程或揭示之公告或经纪人公会规约或其随时订定之规则之情事时。

第一百零四条 本所认为经纪人有下列事项之一发生时,对于其买卖之履行得拒绝或解除物品交易所条例及本细则第六十八条第二项所规定之赔偿或保证责任并得予以除名之处分。

一 不将应缴纳之预交证据金照交而蒙蔽本所为新买或新卖者;

二 散布谣言行使诈伪买卖以图紊乱市面者;

三 以不正当之手段企图本所之赔偿者。

第一百零五条 经纪人当受本所禁止买卖之限制或停止营业之处分时,如得本所书面之承认于本所指定之时间得行转卖或买回以了结其所存而未了之交易。

上项所述之经纪人于休假日或停市中,倘得本所书面之承认,亦得行转卖或买回以了结其所存而未了之交易。

第一百零六条 经纪人当受本所禁止营业时,其本身或其委派之代理人均不得有下列之行为。

一 入本所市场;

二 悬挂本所发给之牌号;

三 接收新委托之买卖;

四 刊布招徕营业之广告或作其他诱致委托之行为。

第一百零七条 本所执行本章之规定如认为必要时,得采取经纪人公会之意见以处理之。

第十章 公断

第一百零八条 经纪人与经纪人或与委托者发生争议,经当事者以不起诉法庭为条件提出请求书于本所请求公断时,本所应就职员经纪人公会委员及审查委员中临时推定公断员三人以上组织公断委员会以公断之,一经公断委员会照下条之规定公断双方均应遵从不得再持异议。

第一百零九条 公断委员会之公断以全体委员三分之二通过为公断决定。

第一百一十条 公断委员会之议长以本所理事长充任理事长,缺席时以副理事长充任副理事长,亦缺席时则由公断委员临时推选之。

第一百一十一条 提交公断之事项有涉及公断委员本身或其亲属之利害关系者,该委员即应宣告退席不得执行其公断职务。

公断委员因上项所述之事由而宣告退席时,本所即应照第一百零八条之规定补派一人以公断之。

第一百一十二条 公断费于公断决定时由公断委员会定之。

第十一章　违约处分及赔偿责任

第一百一十三条 凡不能按照本细则第八章第八十五条之规定履行交割之经纪人,无论系买方抑系卖方均名之曰违约者,其对方则名之曰被违约者,所有不交割之物品对于违约者则名之曰违约物品,对于被违约者则名曰被违约物品,例如卖出经纪人于交割日不能遵照本细则第八十五条之规定将其所卖出之物品交纳于本所,或买进经纪人不能遵照该条之规定将其买进物品之总代价缴纳于本所,其所不能交纳之物品或总代价对于违约者均为违约物品，对于被违约者均为被违约物品。

第一百一十四条　经纪人对于其买卖交易之任何一部分如有不履行交割情事或不依规定时刻缴纳买卖各项证据金或经手费或计算差金或违背本细则第九十三条九十四条之规定时，该经纪人即应受本章所规定之违约处分。

第一百一十五条　现期买卖如有发生违约者，应将其成交价格与交割日现期公定市价（现期公定市价即经纪人依相对买卖之方法做成现期买卖之成交价格）比较所得之差额并加以差额之百分之五十（譬如差额为三两再加百分之五十便为四两五钱）由违约者赔偿与被违约者，倘交割日无公定市价时，本所即于经纪人中选定五名以上之评价人评定其价格即认为公定市价，一经评定该有关系之经纪人即应遵从不得抗议之。

第一百一十六条　前条所规定之赔偿金，该违约者如于本所存有证据金或他项计算上之剩余金者，得由本所交付与被违约者作为赔偿金，但该被违约者对于本所绝对无要求交付该违约者存于本所之证据金或他项计算上之剩余金之权。

第一百一十七条　定期买卖如在约定期内发生违约时，本所得自违约日起七日以内指定他经纪人对于违约者之违约物品行转卖或买回或以投标方法定其承受人。

本所执行上项之规定时除按照违约者违约物品之佣金扣除经手费外，以该佣金之半数给与上项所述被指定之经纪人。

第一百一十八条　经纪人于本所停止集会买卖时或受本所禁止营业时或于本所临时休假中如有违约之情事发生俟开市时，依照前条之规定由本所处理之，倘本所认为必要时亦得照第一百零五条第二项办理。

第一百一十九条 本月份定期买卖卖出或买进之经纪人如于交割日或其前一日发生违约时,本所应按照各被违约者所买或卖之约定数量将违约物品比例分配之,如有余数不能分配者则以抽签法增减之。

第一百二十条 定期买卖之被违约者以成交之登账价格与交割价格比较如有差益金时,由本所垫付之并以被违约物品总代价百分之十赔偿之。此项赔偿金如被违约者系买进经纪人则依交割价格计算之,如被违约者系卖出经纪人则依成交日之登账价格计算之。

前项被违约者以成交之登账价格与交割价格比较后如无差益金时,本所仍给与该被违约者以违约物品总代价百分之十之赔偿金。如有差损金时,则本所不向该被违约者征收所有本所给与被违约者之赔偿金差益金,及不向被违约者征收之差损金均应向违约者征收之。

凡同一经纪人于同一被违约物品中有二个登账价格以上时,即将各该登账价格平均核算之,以平均核算所得之数为其被违约物品之登账价格。

第一百二十一条 经纪人所有一切做成之买卖交易,当交割时如有一部分履行交割而一部分发生违约者,本所应以该买进经纪人当日买进交易中之最高价格为其违约部分之价格,以计算其差损之数。若卖出经纪人当交割时,而有一部分履行交割而一部分发生违约者,则本所应以该卖出经纪人当日卖出交易中之最低价格为其违约部分之价格,以计算其差损之数。

第一百二十二条 卖出经纪人依本细则第四十四条之规定,将卖出之物品或本所自备或指定仓库所发给之栈单、保险单及检查证明书预交与本所者,倘于交割日前受违约之处分,其所预交之物品不得作为违约物品论,应俟交割日由本所另派经纪人代其实行交割。

第一百二十三条　定期买卖违约如为同种类同月期同一经纪人之买卖两存者其同数量部分之计算应准抵消。

同种类同月期之物品买卖双方均发生违约时,其数量部分之计算准用前项之规定而抵消之。

第一百二十四条　违约者对于本所应担负下列各款之赔偿责任:

一　依本细则第一百一十五条、一百二十条由本所垫付与被违约者之赔偿金差益金及不向被违约者征收之差损金;

二　本所垫付之款项因违约者违约而致有收不足数者;

三　因违约者违约以致本所用去之一切费用或所受之一切损失。

第一百二十五条　依照前条之规定应归违约者负担之款项,本所得将该违约者存于本所之保证金、买卖各证据金、经纪人商号之让渡金、预交物品及其他一切之款项并所有之债权作抵,如有剩余则退还与该违约者,倘有不足则仍得向该违约者追偿之。

第一百二十六条　同种类物品之交割如同时发生二人以上之违约者,则本所对于被违约者之赔偿金垫款及其他费用,须由该二人以上之违约者分担,应分别核算各该违约者之分担额。

第一百二十七条　种类及月期相异之两种以上之定期买卖,其中如有一种违约时,其他种买卖虽无违约情事亦认为违约。

第一百二十八条　经纪人受违约处分时,其身份保证金之证据买卖证据金之往来账簿及其他存据,无论缴还本所与否均作为

附　录

无效。

第一百二十九条　本所对于经纪人之处分除令违约者遵照本章第一百二十四条之规定担负赔偿责任外，仍得处以过怠金停止营业除名之处分。

过怠金之数额定为五十两以上五百两以下。

停止营业之期间定为二日以上三个月以下。

第一百三十条　本所对于经纪人之处分于揭示市场时即发生效力。

第一百三十一条　经纪人无正当理由连续六个月以上于本所市场无买卖交易者应受除名之处分。

第一百三十二条　经纪人当交割日不履行交割者除名，但本所得斟酌该经纪人不履行交割之程度免其除名处分，而处以七日以上之停止营业。

第一百三十三条　经纪人对于下列各种款项如不于本所规定之时刻内缴纳者，本所得处以七日以内之停止营业之处分：

一　身份保证金；

二　买卖各证据金；

三　经手费；

四　过怠金；

五　买卖差损金；

六　计算差金；

七　除上列六种外其他应缴纳于本所之一切款项。

本所对于经纪人执行本条之处分时，于其停止营业期内应规定缴纳之期限通告催缴，倘届期仍不缴纳者则加以除名处分。

第一百三十四条　经纪人违背本细则第五十二条及第一百六

条之规定者,本所应处以除名处分或征收三百两以下之过怠金。

第一百三十五条 本所对于经纪人之营业如认为有将其名义借与他人或有不正当之行为或做不稳当之买卖,损及本所或其他经纪人之信用,或妨碍本所或其他经纪人之营业者,或认为有违背本所章程本细则、经纪人公会规约或本所与经纪人公会随时订定公告之一切章程规则之情事者,得斟酌情形之轻重处以过怠金停止营业或除名之处分。

第一百三十六条 经纪人于一年之间如经本所处分三次以上者应受除名之处分。

第十二章 附则

第一百三十七条 凡为本细则所未规定之一切事项,本所得于市场临时揭示以施行之,一经揭示经纪人即应遵从不得主张异议。

第一百三十八条 本所依本细则规定所有一切处置,经纪人无论以何种名义均不得主张异议、并不得向本所要求任何损害赔偿。

第一百三十九条 本细则未经订明之事项,如本所认为有临时处置或施行之必要者,得依据物品交易所条例及施行细则暨本细则之主旨,参酌经纪人公会之意见随时决定处置之。

第一百四十条 本细则十二章共一百四十条,于中华民国十四年五月十三日经本所理事会议决修正并呈由农商部核准,于中华民国十四年七月十二日施行,但本细则修正之条文须于中华民国十四年七月十二日以后之交易始适用之,其十四年七月十二日以前之交易仍照未修正之原文办理。

十 上海金业交易所股份有限公司修正营业细则

民国十四年印

第一章 总则

第一条 本所市场所做买卖以黄金为目的,分为现期定期两种。

第二章 开市闭市及休假日

第二条 定期买卖集会每日分前后两市前市,上午九时起至十二时止,后市午后二时起至四时止,惟星期六无后市,星期日上午十一时至十二时止,每月十六日掉期,前市以八时半起至十二时止。

其闭市时若交易未终者得延长时间,但不得过三十分钟。每逢星期六星期日下午及银行休业为休假日。

第三条 现期买卖集会随时定之。

第三章　经纪人及其代理人

第四条　经纪人以本埠金业公会所注册之同行各店经理人充之，如被选为本所理事监察人时，得由该经理指定具有会员资格本店之店友充任。

前项经纪人须向本所填具志愿书及商事履历书，由本所呈请农商部注册发给营业执照，如有合伙充任经纪人者，须将合伙之牌号及结合之契约并填具代表者之志愿书及商事履历书。

有物品交易所条例第十二条各款之一者不得为经纪人。

第五条　本所经纪人定额为一百三十八人。

第六条　经纪人及代理人由本所给与入场徽章，非佩带徽章不得入场。

入场徽章不得出借并不得赠与他人。

入场徽章如遇遗失或毁损时得缴纳豆规银二两请求补给。

第七条　经纪人对于已成立之现期或定期交易不履行本所买卖契约时，即丧失经纪人资格。应将该经纪人缴纳之保证股及其所纳之保证金扣留备抵。

第八条　经纪人丧失资格时，一切未完手续应由该经纪人或本所指定其他经纪人代为了清，其扣留备抵之保证股及其所纳之保证金依计算之结果，如有余则给还，如不足则由该经纪人经理之金号各股东按照订结契约股份之多少分别负完全责任补偿之。

第九条　经纪人废业时应将营业执照及本所发给之牌号徽章同时缴还。

第十条　经纪人对于本所章程本细则及其他必要事项,一经公告后即作为已知论,皆有遵守之义务。

第十一条　经纪人金号所用之账簿遇有违反规约时,本所得随时检查如有质问应即答复。

第十二条　本所遇必要时得向经纪人调取各种文件不得抗拒。

第十三条　已注册为本所之经纪人如另为同样或类似其他交易所之经纪人,由经纪人公会审查明确报告本所,应呈请农商部注销其原有之经纪人。

第十四条　每一经纪人在本所从事买卖得委代理人三人。

本所认代理人为不适当时得令其解职或停止入场。

第四章　经纪人公会

第十五条　经纪人应全体组织经纪人公会以增进营业上之利益并矫正其弊害。

第十六条　经纪人公会所定之规约及各种规定或议决事项若本所认为不适当时,得令其更正一部或全部。

经纪人公会之职员等本所认为不能胜任时得令其解职改进。

本所认为必要时理事长及其他理事得列席公会之会议。

第五章　买卖交易之受托

第十七条　经纪人与委托人之权利义务关系除遵守部颁条例外,并依本所章程本细则及其他各种规定并经纪人公会规则为准。

委托人不遵守前项规定时,经纪人虽未得委托人之承诺得将其交易了结并处分其证据金及其他之预存金。经纪人遇有前项情事时须从速报告由本所揭示于市场。

第十八条　经纪人当做成买卖时须即通知委托人,其通知书中应将买卖条额、价格、期限时日及其他必要事项详细载明后交付之。

倘委托人请求核对场账本所应予证明之。

第十九条　经纪人受委托时向委托人征收委托证据金或代用品非至交易结算清楚后不得交还。

第二十条　委托人对于经纪人因委托关系不将委托证据金或交割物件或交割代价或损失金及其他之物件或款项交付与经纪人时,经纪人得自由处分其前条所收受之款项及物件。

前项债务处分后再有不足时得向委托人追偿之。

第六章　买卖交易

第二十一条　本所交易物件为黄金品:(一)国内矿金;(二)各国金块金币;(三)标金[上海通行九七八成色为标准每平计重漕平

七十两（即七条），或以汇丰所挂日本电汇价格四百八十元加元三两作标金一条为标准买卖，以此为单位价格以十两计算]；（四）赤条（即各省及本埠金店银楼应需之足赤每平计重漕平五十两，买卖以此为单位，价格以十两计算）叫价以豆规元五分为单位。

第二十二条　本所交易分为现期、定期两种，依相对买卖之方法行之。

第二十三条　现期买卖以当日交割清楚，定期交易以两个月为限，各月期在期限内准其转卖买回并得随时交割。

第二十四条　买卖成交账经纪人双方盖印对明后随做随交于场务科为凭，如有错误由经纪人双方负责须补做买卖账交与场务科。

买卖成交账未交计算前，依买卖双方之同意请求更正者应予承认已。在已交计算后，本所认为并无错误得拒绝其更正，经纪人不得争论。

第二十五条　现期买卖成交后须将量数、价格及买卖当事者之第号并月日报告场务科登录。

第二十六条　约期买卖于开业后认为必要时由理事会另定之。

第七章　身份保证金及交易证据金

第二十七条　凡在本所买卖之经纪人，其身份保证金须缴纳本所保证股二百股，其所缴保证股经本所给与收据后，该收据不得在外有买卖及抵押情事。

前项收据如遇遗失或毁灭时,为请求补给新收据者除登报声明外,经过一月后并须有二人以上之保证连署盖印方得补给。

第二十八条 对于定期买卖应缴纳证据金分三种:(一)本证据金;(二)预纳证据金;(三)特别证据金。

第二十九条 本证据金依经纪人买卖对除净结条额令双方缴纳之,照登账价格计算,每条征银十两,前项净结条额次日仍以登账价格为标准,不足者补缴,剩余者任凭领还。

前市证据金须下午二点钟前缴纳,后市证据金须下午六点钟前缴纳,若不依时缴纳即以丧失经纪人资格论。

第三十条 预纳证据金于经纪人已有数千余条之买卖,如欲再增买卖本所认为危险,须预纳之前项预纳证据金经本所通告后即应缴纳,若非在缴纳之后不得再增做买卖,如已缴纳后有交易时充为本证据金。

第三十一条 特别证据金因市价有非常变动及其他情由本所认为必要时,得对于现存账之买卖条额关于其全部或一部分缴纳之银数及时限本所随时定之。

第三十二条 买卖本证据金如不缴纳现金,得以本所指定之有价证券及本所股代用之,其代用价格由本所随时决定之。

第八章 经手费及佣金奖励金

第三十三条 本所向买卖双方征收经手费,无论经纪人经理之金号或受人之委托,每条征收豆规元六分,经纪人得十分之七点五,本所得十分之二点五(与本证据金同时征收),复由本所于所征十分之二点五之佣金内,提出四分之一给与各该经纪人为奖励金。

第九章　公定市价及计算

第三十四条　定期买卖以每日前市十二点钟登账价格为标准,即差金之计算价格以满两为最小单位,未满两者以四舍五入法计算之,后市于四点钟时照上次结价,有五两上落者再当结价,如无上落归次日前市结价。

第三十五条　经纪人买卖总账扯价与登账价格之差金,其缴纳与交付均以上海汇划庄票即日清楚,如即日未将差金缴清者以废业论。

证据金如用现金有余时,可以划抵差金,惟代用品则不能作抵。

第三十六条　差金经手费及本证据金若同一经纪人有应收应付现金时可互相抵消。

第十章　交割

第三十七条　标金定期买卖如已届月期,卖出者自一日起除星期及休假日外得随时解交现金,但至迟以月底为限。

第三十八条　定期买卖解交现货,卖出方面先日午后五时前送解单至本所,由本所于七时前通知买进者其交割时限,卖出者上午十一时三十分为最迟时间解至本所,买进者应依先日价格计银缴纳本所(须上海汇划庄票),由本所所员验交之。

本所交割现标金时,未交收货方面之前该金条若有欠平等情,仍由交货方面负责。

但交割时之量数每平轻重不得逾五钱。

标金之牌号非经金业公会证明者不得通行交割,交割时随带金业公会保证单凭单补金,补金时凭保证单向本所照挂牌补水价计算之。

第三十九条　收货方面有二人以上者于交割时限前照成分配,分配时由本所会同收进当事者临场执行,如该经纪人不到场时本所认该经纪人为放弃,会同权利本所得代行之。

第四十条　解交现货悉凭北市公估局批码为准。

第四十一条　如现金币代行交割者以美日两国现金币为限,美国现金币以二百四十元合标金一条(其金色九呈重每元漕平四钱五分五厘),日本现金币以四百八十元合标金一条(其金色九呈重漕平每元二钱二分七厘半),每条卖方应贴与买方火工银五钱,但美日两国现金币本位有更动金色或重量时不适用之。

第四十二条　定期买卖于每月十六号开,转期交易买卖双方均可转期至下一月期。

第四十三条　定期买卖至期末日如货未交清而买方不愿转期者,即照是日汇丰银行初次所挂日本电汇价格为标准(以四百八十元合标金一条),每条由卖方另贴买方费银三两以作了结。买方不得坚持收货以杜垄断,此系照金业公会会员共同议决章程办理。

第十一章　公断

第四十四条　经纪人与经纪人或经纪人与委托人因委托关系发生争议,由当事者提出以不起诉法庭为条件之请求书请求公断时,本所应就职员及经纪人公会职员中临时推定公断员三人以上,组织公断会议判断之,判断后双方不得再持异议。

公断会之主席以理事长任之,理事长有事故时以他理事代之。

第四十五条　交割期货末日万一适遇日本电汇发生意外变动致汇丰不挂日汇价格时(例如民国十二年,即西历一九二三年九月日本地震之时),应照汇丰不挂日汇之前一日初次挂出之日汇与英汇价格推算其英日汇价为标准核算,仍以日汇四百八十元作标金一条,由卖方另贴买方每条费银三两以作了结,买卖双方不得异议。

第四十六条　万一英汇、日汇、汇丰均无挂出时,应静待至到期末日,如至期末时卖方交货未清而汇丰仍无英汇、日汇挂出者,即照汇丰不挂之前一日初次挂出之日本电汇价格为标准,仍以四百八十元作标金一条,由卖方另贴买方每条费银三两,一律了结买卖双方不得异议,如只有英汇价格而无日汇价格,根据第四十五条办理。

第四十七条　凡既经成交之定期买卖,无论汇兑如何变动,概须待至交割末日照章了结清楚后,当再由理事会会同金业公会经纪人公会全体联席会议决定办法公布施行。

第四十五条至四十七条各规定系根据金业公会会同理事会经

纪人公会会议决定办法公布施行。

第十二章 罚则

第四十八条 经纪人以诈欺手段于双方买卖间互相利用希图取得利益者,经本所查觉时除否认其买卖外,并得取消其牌号。

第四十九条 经纪人如有私行交易经本所查实,除向双方经纪人每次各罚银五百两外,并将该经纪人应得之奖励金取消。

第五十条 经纪人遇有下列事项得停止其买卖:

一 故意紊乱市场之行为或在市场有粗暴之行为时;

二 违反本所章程本细则及其他各种规定与指示及经纪人公会之规约与诸规定;

三 违反一般商业道德认其为对于本所或经纪人间丧失信用者;

四 流布虚伪之风说行使诡诈之买卖以谋摇动市面者;

五 以不正当之手续企图本所之赔偿者。

第五十一条 经纪人受停止买卖处分时,于本所指定期间内得行转卖或买回以了结其旧交易。

第五十二条 施行本章认为必要时,得采取经纪人公会之意见处理之。

第十三章　仓库

第五十三条　本所设置仓库可受托存寄一切属于营业部内之物件簿据及代用品等。

第十四章　附则

第五十四条　关于下列事项于市场揭示之：

一　官厅之命令及文告；

二　本所章程细则其他诸规定；

三　本埠金融及国外金融；

四　经纪人丧失资格或死亡；

五　经纪人之金号闭歇时；

六　经纪人停止交易及其回复；

七　临时集会并集会时刻之变更；

八　公布市价；

九　经手费之决定或变更；

十　经纪人公会所定之委托证据金；

十一　关于交割之事项；

十二　公断事项；

十三　惩罚事项；

十四　关于经纪人公会认为必要时；

十五　代用品价格之变更；

十六　其他认为必要之事项。

第五十五条　本所进行业务遇有本细则所未规定而尤非临时处置不可者，本所得依据物品交易所条例及施行细则暨本细则规定之旨趣参酌经纪人公会之意见决定之，于市场临时揭示之。

第五十六条　本细则如有变更时须经理事会之议决并呈请农商部核准施行。

上项细则呈奉农商部核准并经上海公共租界会审公廨存案给谕遵守。

十一 上海面粉交易所股份有限公司营业细则

第一章 市场开闭及休息假日期

第一条 市场集会开市分为前后二市于下列时刻开始：

前市　午前十时；

后市　午后二时三十分；

其闭市本所认为适当时行之。

第二条 休假日期：

一　国庆日；

二　星期日；

三　年终日；

四　岁首日。

但本所认为必要时得于休假日行开市并得另定休假日。

第二章 经纪人及其使用人

第三条 凡欲为本所之经纪人者,须得二人之介绍并填具志愿书,连同商事履历书及其他必要书类请由本所转呈农商部发给营业执照,经纪人如系合伙组织须添具合伙员姓名及出资之数目与组织之契约并代表者之履历书,如系公司组织须添具公司章程、财产目录及董事监察人之姓名。

第四条 本所经纪人以五十五人为额。

但认为必要时得采取经纪人公会之意见经理事会议决增减之。

第五条 经纪人须在本所指定地点内设置营业所。

第六条 经纪人及使用人由本所给予入场徽章非佩带徽章不得入场。

入场徽章不得出借或赠与他人,如遇遗失或毁损时得缴纳相当代价请求补给。

第七条 经纪人不论委托与否,不在本所市场不得行此同一或类似之买卖行为。

第八条 经纪人对于本所应负由其买卖所生之一切责任。

第九条 经纪人关于买卖所用之账簿由本所规定之。

第十条 经纪人所用之账簿须存置于营业所内,本所得随时检查如有质问应即答复。

第十一条 本所随时得向经纪人调取文件,不得抗拒。

第十二条 经纪人之登载广告或为类似登载广告之行为须用

自己名义。

第十三条　经纪人得置使用人二人代理其业务。

第十四条　经纪人置使用人时须将使用人之履历书送交本所,经本所之承认方为有效。

第十五条　使用人不得以他之经纪人或使用人充任。

有物品交易所条例第十二条各款情事之一者不得为使用人。

使用人解职时,经纪人须即将辞职情由向本所报明,并缴还本所给予之徽章。

本所认使用人为不适当时得命其解职或停止入场。

第十六条　经纪人对于本所章程本细则及其他必要事项一经本所公告后即作为已知论。

第十七条　经纪人非在交易关系终了后不得废业,如因死亡或受除名处分或撤销注册及其他原因而资格消灭时,虽失其他之效力而于应了未了之交易关系仍作为尚未废业论。

经纪人废业时须提出废业理由书同时并须缴还营业执照及入场徽章。

第十八条　经纪人或死亡或受除名处分或撤销注册或失其他之效力时,若尚有交易关系,本人或其承继人应速委托他经纪人了结之,倘本人或其承继人置之不理,本所得指定他经纪人代为结算。

第十九条　经纪人或死亡或废业或受除名处分或撤销注册或失其他之效力时,本所得将其一切债权债务互相抵消,如有余则给还本人或其承继人,不足令其本人或其承继人补偿。

第三章　经纪人公会

第二十条　经纪人应全体组织经纪人公会以图增进其营业上之利益及矫正弊害为宗旨。

第二十一条　经纪人公会所定之规约及各种规定或决议事项须经本所承认，呈由农商部核准始生效力，有变更时亦同。若认为不适当时，本所得令其一部或全部之更正于必要时，并得取消其以前之所承认经纪人公会之职员及议董等本所认为不能胜任时得令其解职。

职员议董解职时须从速改选，但经本所认为非必要时得延至下届定期会或改选期行之。

本所认为必要时得列席公会之会议。

第二十二条　经纪人公会关于交易事项应答复本所之咨询或陈述其意见。

第四章　受托

第二十三条　经纪人与委托人之权利义务关系须认定以本所章程本细则及其他各种规定，并经纪人公会规约与诸规定为其契约。

委托人不遵守前项规定时，经纪人虽未得委托人之承诺亦得将其交易了结，处分其证据金及其他之预存金。经纪人遇有前项情事须从速报告由本所揭示于市场。

第二十四条　经纪人遇有第十九条所规定之事实发生时,本所将其债权债务互相抵销后如尚有余款,委托人有优先权。

第二十五条　经纪人因委托关系所受委托人之物件(如委托证据金之代用品及交割物件等)及交易计算上应付于委托人之款项,可视为委托人对于经纪人因交易所生之债务担保品,非委托人至清偿其债务后不得交付。

第二十六条　委托人对于经纪人因委托关系不将委托证据金或交割物件或交割代价或损失金及其他之物件或款项交付于经纪人时,经纪人得处分其前条所收受之物件。

经纪人所处分物件之代价与应付于委托人之款项得合并抵充委托人应偿前项之债务,如再不足得向委托人追偿之。

第二十七条　经纪人代委托人所做之交易若不能做成全部时,得做其一部之交易。

第五章　交易

第二十八条　本所交易之目的物以面粉或麸皮。

第二十九条　定期买卖依相对买卖之方法行之。

第三十条　定期买卖之契约期限以三个月为限。

前项买卖期限卖出一方以每月最终日及每月最终日之前三日为交割日,买进一方以每月最终日及每月最终日之前一日为交割日,又认为必要时可容纳经纪人公会之意见酌量提前,但须于十五日前以揭示之。

第三十一条　定期卖买面粉或麸皮以一千包为单位。

第三十二条　定期买卖须将物件种类、数量、价格及买卖当事者之商号登入场账。

依买卖当事者之同意，在查对场账时请求更正者应予承认，但场账须于登录后迅速查对。

第三十三条　本所认为交易不稳固时得不予登录场账。

第三十四条　定期买卖转卖与买回者此不报告本所作为新买卖论。

第三十五条　定期标准买卖之标准品由本所定之。

标准品与代用品及代用品之价格随时由本所选派审查员审查后定之。

第六章　保证金及交易证据金

第三十六条　凡在本所买卖之经纪人须缴纳保证金及交易证据金以履行其担保。

第三十七条　经纪人之保证金额定二万元。

前项保证金本所认为必要时得增减之。

保证金缴纳后本所给予存款证据。

前项存款证据遇遗失或毁灭时得请求补给，但须依照本所章程第三十一条更换股票之规定。

第三十八条　经纪人之资格丧失者在本所交易如已了给并对于本所一切账目结清，可将保证金发还之。

第三十九条　保证金须以本所股票五十股代用之，其代用价格由本所随时决定揭示之,前项本所股票须记本人户名且须附有不论何时均得处分之权柄单。

第四十条　前条本所股票如本所令其换纳现金或代用价格变动致保证金不足令其补足时,经纪人须于指定期限内将现金如数缴纳。

第四十一条　保证金之现金部分本所应给予相当利息。

代用本所股票之息银届本所发息时其息银如数付给本人。

第四十二条　定期买卖应缴纳之交易证据金,分为证据金、追加证据金及特别证据金三种。

一证据金　于买卖价格百分之三十范围内由理事会议决令买卖当事者双方缴纳之。

二追加证据金　为证据金之半额,按票面所载之价格与每日前市及后市收盘之价格相比较,其差损额达于证据金四分之三时,不论若干次顺次或一时令损者一方缴纳之。

三特别证据金　因市价有非常变动或虑交割有窒碍及其他情由本所认为必要时,得对于现存买卖之物件数量依证据金之三倍范围内令卖买当事者双方或一方缴纳之。

前项证据金于乙丑年三月二十八日经理事会议决,委托人如系以现金交付者,经纪人不得以代用品挪替移用粘签附注。

第四十三条　经纪人为巨数交易本所认为有危险或已有巨数交易而更做交易认为危险或市价有非常变动时,得令经纪人一方或双方关于其全部或一部之新买或新卖依证据金之数额预先缴纳之。

应预缴之证据金非在缴纳之后不得为新买或新卖。

预缴证据金缴纳后有交易时得充为证据金。

第四十四条 经纪人将卖出之面粉或麸皮之厂栈栈单预先送交本所者得免纳其交易证据金。

前项厂栈栈单以卖买目的物之栈单为限,但本所认为必要时得令其改纳现金。

第一项之栈单除买回或缴纳交易证据金外须供交割之用,又本所得随时检查其物质,如遇不合格时得令其更换。

第三项之厂栈栈单遇有违约时,其栈单得视为交易证据金之代用品而处分之。

第四十五条 交易证据金依下列各款发还之:

一 转卖买回清算终了时;

二 追加证据金依第四十二条第二款已缴差损额回复至证据金四分之三时;

三 特别证据金于第四十二条第三款缴纳之事由消灭时。

第四十六条 交易证据金概不给息。

第七章 公定市价

第四十七条 定期卖买依其商标之种类分别契约履行之期限、其总代价所得之数。

第八章 经手费及佣金

第四十八条 本所向卖买双方征收经手费应与证据金同时缴

纳，其数额依其卖买价格百分之一范围内经理事会议决预行列表公示之。

第四十九条　经纪人受委托人之委托应收取一定之佣金，其数额由经纪人公会定之，但因办理委托遇有特别费用按照实数收之

委托人不履行前项之规定时准用第二十六条之规定。

第九章　计算

第五十条　定期买卖转卖或买回时以票面所载之卖买价格与转卖买回之价格结算之。

第十章　交割

第五十一条　定期卖买之交割在本所指定之仓库为之。

第五十二条　定期标准卖买之交割，其卖买价格比较本所所定标准价格若有余或不足，在发还交易证据金时结算之。

第五十三条　定期卖买卖出一方交割时限以最终交割日正午十二时为止，买进一方交割时限以最终交割日午后五时为止。

第五十四条　卖出者须依前条及第三十条之规定缴纳栈单于本所，本所收受栈单时或检查货物或由厂栈在栈单上盖章完全负其责任，其代价须于交到栈单之次日一切手续完竣后给付之。

经厂栈盖章负责之栈单如无货或不足数须于本所通知日起二

日内将货备足履行交货,若期内不为备足或本所认为故意不履行交货时按照该栈单之总代价再加总代价百分之十由该厂缴价收回之。

第五十五条　第五十四条之检查或由厂栈盖章负责之手续完竣,本所于最终交割日或最终交割日之前一日交付栈单于买者,同时应由买者缴纳其总代价。买者收受厂栈之栈单后须在次月内将栈单之货如数移出厂栈,如在期内不出或出其一部者须负担厂栈之栈租费及保险费。

买者得以所缴纳之证据金移充总代价。

第五十六条　本所依第五十五条之规定交付栈单于经纪人时,经纪人若拒不收受即以其拒绝之时认为已收受者。

第十一章　违约处分及其公断

第五十七条　卖买当事者如不履行交割或不迅速缴纳交易证据金或经手费或损失金,该经纪人应受违约处分。

第五十八条　卖者买者不依第五十三条之规定而在最终交割日午后九时以前履行交割者即视为违约,其违约金以总代价百分之十范围内由本所酌定数目,令违约者将违约金交由本所赔偿于被违约者。

第五十九条　定期买卖如在约定期内发生违约时,本所得自违约日起七日内指定他经纪人对于违约物件而为转卖或买回或依投标方法定其承受人。

前项被指定之经纪人本所按照违约物件之佣金额数扣除经手

费外以半数给付之。

第六十条　于集会停止或临时休假中发生违约时,该交易物件待开市时依第五十九条之规定处分之,受集会停止或禁止之命令或届交割日遇集会停止或临时休假发生违约时,依前条之规定处分之。

第六十一条　依第四十四条预缴物件于本所者,若该经纪人在交割日前受违约处分,其预缴之物件不加入于违约物件中,应俟到期日另选经纪人实行交割。

第六十二条　违约者对于本所应负担下列各款:
一　由本所付与被违约者之利益金及其他之款项;
二　由本所代付之款项因违约而致有收不足数者;
三　因违约而致本所发生一切之费用。

第六十三条　应归违约者负担之款项,除保证金、交易证据金、经纪人商号让渡金及预缴之物件并其他一切之债权相抵外,遇有不足时仍向违约者追偿,若有剩余则返还之。

第六十四条　经纪人受违约处分时须将保证金之存款证据及交易证据金之来往账簿依本所通知迅速缴还,否则作为无效。

第十二章　公断

第六十五条　经纪人与经纪人或经纪人与委托人因委托关系发生争议时,由当事者提出以不起诉法庭为条件之请求书请求公断时,本所应就职员及经纪人公会职员中临时推定公断员三人以上组织公断会审议判断之,判决后双方均不得再持异议。

公断会之主席以理事长任之,理事长有事故时以他理事代之。
公断员有涉及本身或其亲属利害关系之事件须回避之。

第十三章　制裁

第六十六条　遇有下列事项得停止集会或限制入场:
一　市价涨落不稳妥时或虞有不稳妥之趋势时;
二　不缴纳交易证据金或认为缴纳有窒碍时;
三　除前列二款外本所认为必要时。

第六十七条　经纪人遇有下列事项得停止其交易或课以过怠金或施行除名处分或令其解职:
一　为不稳妥之买卖或集会不合法或有故意紊乱市场之行为及将为而未成事实时;
二　任意增减委托佣金或违反本所章程本细则及其他各种规定与指示,或不遵守经纪人公会之规约与诸规定;
三　在市场为粗暴之行为并对于本所或经纪人间认为其紊乱秩序者;
四　无正当理由在本所不为交易在三个月以上者;
五　违反一般商业道德认其为对于本所经纪人间之丧失信用者。

前列各款关于经纪人之使用人亦准用之。

第六十八条　本所如遇下列事项不担保其履行且得施行除名处分:
一　应缴纳证据金之经纪人不将该证据金送交本所而为新买

卖者；

二　流布虚伪之风说行使诡诈之买卖以谋摇动市面者；

三　以不正当之手续企图本所之赔偿者。

第六十九条　于集会停止营业停止或临时休假中得本所之承认亦得转卖买回或解约。

第七十条　经纪人于营业停止中不得有下列行为：

一　悬挂牌号；

二　接受新买卖之委托；

三　刊布营业之广告及市价单或揭贴市价并其他诱致委托之行为。

第七十一条　如遇施行本细则之本章认为必要时，得采取经纪人公会之意见处理之。

第十四章　附则

第七十二条　关于下列事项于市场揭示之：

一　官厅之命令或文告；

二　本所章程本细则及其他诸规定；

三　经纪人除名或撤销注册及失其效力时；

四　经纪人之注册废业及死亡；

五　经纪人之营业停止及其回复；

六　使用人之承认与其解职及停止入场；

七　物件之开始交易及中止停止；

八　集会之停止及其回复；

九　临时集会临时休假并集会时刻之变更；

十　公定市价；

十一　经手费之决定或变更；

十二　保证金或交易证据金于其缴纳之日时及代用品之价格及其变更时；

十三　经纪人公会所定之委托证据金；

十四　关于交割之事项；

十五　公断事项；

十六　违约处分事项；

十七　制裁事项；

十八　关于经纪人公会事项认为必要时；

十九　标准品代用品之决定代用品价格之变更；

二十　其他认为必要之事项。

第七十三条　本所股票买卖准用本细则之规定。

第七十四条　本所进行业务遇为本细则所未规定而尤非临时处置不可者，本所得依本细则规定之旨趣或征求经纪人公会之意见决定之。

第七十五条　本细则须经理事会议决并呈由农商部核准之日施行，其有变更时亦同。

十二　上海杂粮油饼交易所股份有限公司营业细则

遵照民国十年六月九日农商部第八三九号批修正

第一章　交易之物品及方法

第一条　本所交易之物品为属于杂粮种类之豆、麦、油、饼、芝麻、菜子等各货及同业习惯上通行交易者。

但米谷一项不在本所营业范围以内。

第二条　本所之交易分为现期买卖及定期买卖、约期买卖三种，均以相对买卖或竞争买卖之方法行之。

第三条　现期买卖以货样或品名依法买卖成交后，须详载物件种类、数量、价格及买卖当事者商行及其代表人之姓名并其年月日报告本所登录场账。

第四条　现期买卖之契约期限定为五日以内。

前项期限以成交日起算，如遇末日为休假日即以其翌日为满期，但其物件须检查过磅者限满期后三日内交割了结。

第五条　现期买卖凡为本细则未规定者依同业习惯行之。

第六条　定期买卖与约期买卖依本所规定交易之顺序每一品

附　录

名各分限期依次买卖。

　　第七条　标准物品以本业在上海市场买卖习惯之普通品为标准,标准物品与代用物品及代用物品之价格经审查员随时选择后由本所定之,审查员之资格及审查方法另定之。

　　第八条　买卖物品及物品单位、物品叫价、货币及货币叫价列表如下。

物　品	物品单位	物品叫价	货币	货币叫价
(一)豆				
轮船大连黄豆	一车	一担	银两	以分为止
火车黄豆	二十吨	一担	银两	以分为止
轮船汉口蚕豆	五百包	一担	银两	以分为止
火车豌豆	二十吨	一担	银两	以分为止
(二)麦	五百担	一担	银两	以分为止
(三)芝麻	二十吨	一担	银两	以分为止
(四)菜籽	五百担	一担	银两	以分为止
(五)油				
轮船大连豆油	五十篓	一担	银两	以分为止
本厂豆油	五十篓	一担	银两	以分为止
牛庄豆油	五十篓	一担	银两	以分为止
南口豆油	五十篓	一担	银两	以分为止
花生油	五十篓	一担	银两	以分为止

菜油	百担	一担	银两	以分为止
（六）豆饼				
轮船大连豆饼	千片	一片	银两	以毫为止
本厂豆饼	千片	一片	银两	以毫为止
（七）菜饼	五百件	百担	银两	以钱为止

（说明）每车三百二十包，每包司马称一百四十斤，共计四百四十八担，含包装在内连正半税。

每吨作十六担八十斤，二十吨共计三百三十六担，含包装在内及落地税票如轮运连正半税。

蚕豆每包一百三十斤，五百包计六百五十担，含包装连正半税。

每篓大连豆油天平称三百五十斤，连篓买卖惟须照例扣除篓皮分两正半税在内，本厂豆油司马称三百三十斤无篓无税。

豆饼每片砠重四十六斤。

菜饼五百件作四百七十担，每件作四十九斤。

前项各品凡未经表明者于该物品交易开始时会同经纪人公会决定之，前项已规定各品到期交货各种手续本业习惯各各不同，于交易开始时另行会同经纪人公会详细规定。

第九条　定期买卖之契约期以三个月为限，约期卖买以六个月为限，前项买卖期限卖出一方以每期最终日之前一日为交割日，或展缓至最终日午前十二时为限，买进一方以每期之最终日为交割日，以午后五时为限，如遇休假则提早一日，又认为必要时可容纳经纪人公会之意见酌量提前但须于一星期以前揭示之。

第十条　定期买卖与约期买卖须将物品种类、数量、价格、期限及买卖当事者之商号登入场账始生效力,依买卖当事者之同意在查对场账时得声明更正。

第十一条　本所认交易为不稳固时得不予登录场账。

第十二条　定期买卖与约期买卖如为转卖或买回时,须于集会终了后之次日对该项买卖之契约向本所清算了结之。

第二章　经纪人及其代理人之规定

第十三条　本所以向业杂粮种类之行号为经纪人,凡欲为经纪人者须得理事会之议决并征求经纪人公会之同意。

第十四条　本所以同业开设之行号为经纪人,每一经纪人牌号须有代表人一人主理业务。

第十五条　凡欲为本所之经纪人者须得同业二行号之介绍,填具志愿书连同代表人之商事履历书及其他必要书类,由本所呈请　农商部发给营业执照。

经纪人或系同业行号合股组织者,本所亦只认其具名为经纪人之商号及其代表人,该经纪人对于本所一切关系由具名之商号及其代表人负完全担任之责,代表人更调时并须将更调情由向本所报明。

第十六条　本所经纪人定额为一百人。

但认为必要时理事会得会同经纪人公会议决增减之。

第十七条　经纪人不论其形式如何及委托与否,若非在本所市场内不得行此同种或类似之买卖。

第十八条　经纪人对于本所应负由其买卖所生之一切责任。

第十九条　经纪人关于买卖所用之账簿由本所规定之。

第二十条　经纪人所用账簿及文件遇有必要时本所得检查之,如有咨询应即答复。

第二十一条　每经纪人得任用代理人二人,但须将代理人之履历书开送本所存记备查。

代理人不得以他之经纪人或代理人充任,有违反交易所条例之规定者不得为代理人。

代理人解职时,经纪人须将其辞职情由向本所报明备查。

本所认代理人为不适当时,得知照该经纪人令其解职或停止入场。

第二十二条　经纪人及代理人均由本所给与入场徽章,无徽章不得入场。入场徽章不得出借或赠与他人,如遇遗失或毁损时,可缴纳相当代价声请补给。

第二十三条　经纪人对于本所章程与本细则及其他必要事项既经本所公告及通知经纪人公会后即须共同遵守。

第二十四条　经纪人有交易关系未了结时不得废业,除因该经纪人之商号歇业或受除名处分或撤销注册并其他原因而资格消灭时,虽失其他之效力而有应了未了之关系仍作为尚未废业论。

经纪人废业时须提出废业理由书,即将营业执照及入场徽章缴还本所。

第二十五条　经纪人之商号或歇业或受除名处分或撤销注册或失其他之效力时,若尚有交易关系,其代表人应速托他经纪人了结之,倘其代表人置之不理本所得指定他经纪人代为结算并得即将其一切债权债务互相抵消,如有余给还不足令其补偿。

第二十六条　具名为经纪人之行号或歇业时即失其为经纪人

之资格,应即照前条办理之。

第三章 经纪人公会之组织

第二十七条 经纪人应由全体组织经纪人公会以增进其营业上之共同利益及矫正其弊害。

第二十八条 经纪人公会所定之规约及其决议事项须经本所承认,呈由农商部核准始生效力。若认为不适当时本所得令其一部或全部之更正。

第四章 经纪人对于委托人之关系

第二十九条 经纪人对于委托人所有买卖一切关系须依照本所章程与本细则及其他各种规定并经纪人公会规约与诸规定履行之,委托人不遵守前项之规定时,经纪人虽未得委托人之承诺,亦得将其交易了结,处分其证据金及其他之预存金,但须从速报告本所揭示于市场。

第三十条 经纪人遇有第二十五条所规定之事实发生时,本所将其债权债务互相抵销后如尚有余款委托人有优先权。

第三十一条 经纪人因受委托关系所收受委托人之物件(例如委托证据金之代用品及交割物件等)及交易计算上应付与委托人之款项,可作为委托人因交易所生之债务担保品。委托人若不将委托证据金或交割物件或交割代价或损失金及其他之物件或款项交付于经纪人时,经纪人得即处分其所收受之物件。

经纪人所处分物件之代价与应付于委托人之款项得合并抵充,委托人应偿之债务如有余则给还,不足得再向追补之。

第三十二条　经纪人当做成交易时须即时通知委托人,其通知书中应将交易物件之种类、期限、价目、月日及其他必要事项一一载明,由本所盖印证明后交付之,或交付于本人或送往其住所与商号。

第三十三条　经纪人代委托人所做交易若不能照所托之数全数做成,得以能做之数代做之。

第五章　保证金及交易证据金

第三十四条　凡在本所买卖之经纪人须缴纳保证金及交易证据金以履行其担保。

第三十五条　经纪人之保证金额定一万元,但本所认为必要时得增减之,保证金缴纳后本所给予存款证据。

前项存款证据不得在外抵押及买卖,遇有遗失或毁灭时得声请补给,但须依照本所章程第十四条、第十五条更换股票之规定。

第三十六条　经纪人之资格取销时在本所交易如已了结并对于本所一切账目结清,可将保证金发还之。

第三十七条　保证金得以本所公司股票代用之,其代用价格由本所按照市价随时酌定揭示之。

前项本所公司股票须记本人户名并附有权柄单(声明遇有第二十五条所规定之事实发生时本所得以处分之)。

第三十八条 前条本所公司股票如本所令其换纳现金或代用价格变动致保证金不足令其补足时,经纪人须于指定期限内将现金如数缴纳,本所应给予相当利息代用本所公司股票之息银,届本所发息时其息银亦如数付给本人。

第三十九条 定期买卖应缴纳之交易证据金分为本证据金、追加证据金、特别证据金三种。

一 本证据金。于买卖价格百分之三十范围内由理事会议决令买卖当事者双方缴纳之。

二 追加证据金。按买卖成单所载订定之价格与每日前市及后市收盘之价格相比较,其差损额达于本证据金四分之三时,不论若干次顺次或一时令损者一方缴纳之。

三 特别证据金。因市价有非常变更或虑交割有窒碍及其他情由本所认为必要时,得对于现存买卖或新买卖之物件数量依本证据金之三倍范围内令买卖当事者双方或一方缴纳之。

前项各证据金经纪人对于委托人认为必要时,得照上项规定酌量增加之或征收其预存金。

第四十条 经纪人为巨数交易本所认为有危险或已有巨数交易而更做交易认为危险或市价有非常变动时,得令经纪人一方或双方关于其全部或一部之新买或新卖依本证据金之数额预先缴纳之,应预缴之证据金非在缴纳之后不得为新买或新卖。

预缴证据金缴纳后有交易时得充为本证据金。

交易证据金应与场账之登录同时缴纳之。

第四十一条 经纪人将所有买卖成交之货物或转卖或买回足以抵直者得免其交易证据金。

第四十二条 经纪人将卖出物品之轮船提单、火车车单或厂栈单预先送交本所者得免纳其证据金,但本所认为必要时得令其改纳现金。

前项提单、车单、厂栈单之物品本所得随时检查,遇有违约时(即买卖违约所生之损害),本所得以其单开之物件作为交易证据金之代用品而处分之。

第四十三条　交易证据金以下列各款发还之:

一　转卖买回清算终了时;

二　追加证据金依第三十九条第二款已缴差损额回复至本证据金四分之三时;

三　特别证据金于第三十九条第三款缴纳之事由消灭时。

第四十四条　交易证据金概不给息。

第六章　经手费及佣金

第四十五条　本所得向买卖双方征收经手费,应与证据金同时缴纳,其数额依其买卖价格百分之一之范围内,经理事会之议决预行列表公示之。

第四十六条　经纪人受买卖之委托得向委托人收取一定之佣金,其额数由经纪人公会定之,因办理委托遇有特别费用亦得按照实数收取之。

委托人不履行前项之规定时准用第三十一条之规定行之。

第七章　市场之集散时间及休假日期

第四十七条　市场集会开市每日分前后两市,其开始时间规定如下:

前市　午前十时;

后市　午后二时。

其闭市本所认为适当时行之。

第四十八条　休假日期规定如下:

一　星期日;

二　国庆日;

三　岁首;

四　年底。

本所认为必要时得另定休假日并得于休假日开市。

第八章　公定市价

第四十九条　本所物品交易之市价依下列方法公定之:

一　现期买卖依其物品之种类,就每日买卖之总数量平均其总代价所得之数。

二　定期买卖与约期买卖依其物品之种类分别契约履行之期限,就每日买卖之总数量平均其总代价所得之数。

第九章　计算

第五十条　定期买卖与约期买卖转卖或买回时，以票面所载买卖价格与转卖买回之价格结算之。

第五十一条　定期买卖与约期买卖届期交割与转卖买回结算时，亏者须向本所缴纳亏蚀金，赚者由本所代亏蚀者垫付之。

第十章　交割

第五十二条　现期买卖之交割以交割日之午前十时至午后五时为限，买卖双方应将交割物件及货价备齐，由本所临场行之，但经双方同意声请自行交割亦可承认。

第五十三条　定期买卖与约期买卖之交割在本所或在本所指定之地点为之（如轮船、火车起上之原栈，本厂货之厂栈及本所之仓库），其货物须经本所聘任之检查员检定之。

第五十四条　定期买卖与约期买卖之交割，其买卖成交订定价格比较交割时本所所定标准价格若有余或不足，在发还交易证据金时结算之，其交割之时日依第九条之规定行之。

第五十五条　卖出者须依第九条之规定将提单或车单或厂栈单盖章交于本所，其代价须于交到该单之日一切手续完毕后给付之。厂栈单如无货或不足数该厂栈应于本所通知日起两日内将货备足履行交货，若期内不为备足或本所认为故意不履行交货时，按照该货单之数量由该厂栈缴价收回之(其价格照交货日之市价结算)。

第五十六条　本所于期满交割日交付提单或车单或厂栈单于买者同时,应由买者缴纳其总代价,即将该单之货如数出清,其出货期限按照交割日起以十天为止,买者得以其所缴纳之证据金作为总代价。

前项提单或车单或厂栈单之货物所有在栈水火不测等责任,银期以内由卖出者担负,银期以外由买进者担负(银期自交割日起十天为期)。

本所依前项之规定交付提单或车单或厂栈单于经纪人时,若无故拒不收受即以其拒绝之时认为已收受者。

第五十七条　定期买卖与约期买卖物品之交割手续本业习惯各货不同,如衡量之分别、包装之除否、捐税之连否、物质之等级、数量之参差及标准品代用品价格之升降等一切交割之关系,由理事会会同经纪人公会各按种类参照习惯另行详细定之,呈报农商部备案。

前项交割各手续经理事会会同经纪人公会决定后,无论买者卖者均不得主张异议。

第十一章　违约处分及赔偿责任

第五十八条　买卖当事者如不履行交割或不迅速缴纳交易证据金或经手费或损失金,该经纪人应受违约处分。

第五十九条　无论现期买卖、定期买卖、约期买卖,不依照本细则及本所诸规定履行交割者即视为违约,以总代价之百分之十范围内酌量情形责成违约者赔偿之。

第六十条 定期买卖与约期买卖如在约定期内发生违约时,本所得自违约日起七日内指定他经纪人对于违约物件而为转卖或买回,或依投标方法定其承受人。

前项被指定之经纪人本所按照违约物件之佣金额数扣除经手费外,以半数给付之。

第六十一条 于集会停止或临时休假中发生违约时,该交易物件待开市时依第六十条之规定处分之。

受集会停止或禁止之公告或届交割日遇集会停止或临时休假发生违约时,依前条之规定处分之。

第六十二条 依第四十二条预缴物件于本所者,若该经纪人在交割日前受违约处分,其预缴之物件不加入于违约物件中,应俟到期日另选经纪人实行交割。

第六十三条 违约者对于本所应负下列各款:

一 由本所付与被违约者之利益金及其他之款项;

二 由本所代付之款项因违约而致有收不足数者;

三 因违约而致本所发生一切之费用。

第六十四条 应归违约者负担之款项除保证金、交易证据金、经纪人商号让渡金及预缴之物件并其他一切之债权相抵外,遇有不足时仍向违约者追偿,若有剩余则返还之。

第六十五条 经纪人受违约处分时,须将保证金之存款证据及交易证据金之往来账簿等件依本所通知迅速缴还,否则作为无效。

第十二章 公断

第六十六条 经纪人与经纪人或经纪人与委托人因委托关系发生争议时,由当事者提出以不起诉法庭为条件之请求书请求公断时,本所应就职员及经纪人公会职员中临时推定公断员三人以上组织公断会审议判断之,判决后双方均不得再持异议。

公断会之主席以理事长任之,理事长有事故时以他理事代之。

公断员有涉及本身或其亲属利害关系之事件须回避之。

第十三章 制裁

第六十七条 遇有下列事项得停止集会或限制入场:

一 市价涨落不稳妥时或虞有不稳妥之趋势时;

二 不缴纳交易证据金或认为缴纳有窒碍时;

三 除前列二款外本所认为必要时。

第六十八条 经纪人遇有下列事项得停止其交易或课以过怠金或施行除名处分或令其解职。

一 为不稳妥之买卖或集会不合法或有故意紊乱市场之行为;

二 任意增减委托佣金或违反本所章程本细则及其他各种规定与公告,或不遵守经纪人公会之规约与诸规定;

三 在市场为粗暴之行为并对于本所或经纪人间认其为紊乱

秩序者；

四　无正当理由在本所不为交易三个月以上者；

五　违反一般商业道德认其为对于本所或经纪人间之丧失信用者。

第六十九条　本所如遇下列事项不担保其履行且得施行除名处分：

一　应缴纳证据金之经纪人不将该证据金送交本所而为新买卖者；

二　流行虚伪之风说、行使诡诈之买卖以谋摇动市面者；

三　以不正当之手续企图本所之赔偿者。

第七十条　于集会停止营业停止或临时休假中得本所之承认亦得转卖买回或解约。

第七十一条　经纪人于营业停止中不得有下列行为：

一　悬挂牌号；

二　接受新买卖之委托；

三　刊布营业之广告及市价单或揭贴市价并其他诱致委托之行为。

第七十二条　如遇施行本细则之本章认为必要时，得采取经纪人公会之意见处理之。

第十四章　仓库

第七十三条　本所设置属于营业物品之仓库得发行栈单，仓库营业细则另定之。

第十五章 附则

第七十四条 下列事项于市场揭示之：

一　官厅之命令或文件认为必要者；

二　本所章程本细则及其他诸规定变更时；

三　经纪人之注册废业及所设之行号歇业时；

四　经纪人除名或撤销注册及失其效力等事；

五　经纪人之营业停止及其回复；

六　代理人之承认代理权之消灭及停止入场；

七　物件之开始交易及中止停止；

八　集会之停止及其回复；

九　临时集会临时休假并集会时刻之变更；

十　公定市价；

十一　经手费之决定或变更；

十二　保证金或交易证据金于其缴纳之日时及代用品之价格及其变更时；

十三　经纪人公会所定之委托证据金；

十四　关于交割之事项；

十五　公断事项；

十六　违约处分事项；

十七　制裁事项；

十八　关于经纪人公会事项认为必要时；

十九　标准品代用品之决定及代用品价格之变更；

二十　其他认为必要之事项。

第七十五条　本所进行业务遇为本细则所未规定而尤非临时处置不可者,本所得依本细则规定之旨趣或征求经纪人公会之意见决定之。

第七十六条　本细则经理事会之议决,呈农商部核准之日施行,其有变更时亦同。

十三　上海华商证券交易所业务规则

第一章　市场

第一条　本交易所每日开场二次：上午九点三十分至十一点三十分为前场，下午二点三十分至四点三十分为后场。如于前后场规定时间内交易未毕，本所得延长之，但不得过三十分。

第二条　本所休息日规定如下：

一　星期日；

二　国庆；

三　端午；

四　中秋；

五　阳历新年一天；

六　阴历新年四天；

七　阴历年底一天。

认为必要时得于休息日开场交易并得另定休息日。

第三条　定期买卖交货日及其前二日停止本月份定期交易。

第四条　遇市价涨落悬殊过甚或有其他事故，本所得停止市场集会之一部或全部。

第五条 市场买卖专限于经纪人及其代理人，非经纪人而欲买卖证券时可委本所经纪人代为买卖。

本所为保护经纪人营业起见对于经纪人市场定期买卖负完全责任。

第二章 买卖

第六条 本所买卖分为定期、现货二种。

第七条 凡各种证券须经本所公布于市场后经纪人始得开始买卖。

第八条 定期及现货买卖成交后，经本所登入场簿，由买卖双方盖章为凭。

第九条 定期买卖除登场簿外由本所填通知书送经纪人查存。

第十条 现货买卖交货时间规定如下：

前场限当日下午一时前；

后场限次日上午十二时前。

定期买卖，分本月份，下月份，再下月份三期；前项买卖，适用阳历，以届该月底为交货日；如遇休息日，即以其前一日为交货日；至交货时间，以上午十二时前为限。

现期买卖凡为本规则所未规定者可以习惯行之，但本所于习惯上认为不适时得以酌量变更。

第三章 经纪人及其代理人

第十一条 凡欲入本所为经纪人者,须经经纪人二人以上之介绍,出具志愿书载明资本及独资,合资各性质,并附加商事履历书,由本所调查核准再咨询经纪人公会之意见后即发给凭照。

第十二条 本所经纪人额数暂定五十五名,如认为必要时得经纪人公会之同意随时增加之,经纪人并得委托二人为代理人,每日按时得代表经纪人到场交易,但须先填送委托书,开具姓名、籍贯并商事履历书报经本所核准始得入场买卖。

第十三条 凡本所核准之经纪人应遵守本所章程规则、市场公告及经纪人公会规则等,至经纪人在场所做交易即该经纪人之公司或字号之全体股东应负完全连带责任,其代理人在场所做交易由该经纪人负完全责任。

第十四条 经纪人对于本所章程、规则、一切公告并其他必要事项一经公告后悉应遵守,勿得诿为不知任意有紊规章。

第十五条 经纪人及代理人均由本所给予徽章,佩带入场借资辨别,无徽章者不得入场,并不得通融借佩及赠与等情,该徽章由本所制办,各经纪人缴费具领。

第十六条 经纪人有自愿连同其公司或字号让与他人经营者,须将期货完全结束后方得与继承人共同具书报告本所,得本所之承认并经纪人公会同意后,继承人始准到所交易。

第十七条 经纪人废业时须具废业理由书,并将营业执照及入场徽章一并缴还。

第十八条　经纪人非待交易结束后不得废业，如因死亡或受除名处分并其他原因而本人尚有应了未了之交易关系，应速由本人或继承人委托他经纪人处理之，倘本人或承继人置之不理，本所得指定他经纪人代为结束，该经纪人不得拒绝。

第十九条　经纪人或废业或死亡或受除名处分或失其他效力时须本所清理者，本所得有权处分债权债务，倘互相抵消尚有余裕则给还本人或其继承人，不足亦应限令本人或其继承人按数补偿之。

第四章　经纪人公会

第二十条　经纪人为增进其营业上共同利益及矫正一切弊害起见应组织经纪人公会。

第二十一条　经纪人公会所定之规约及决议事项须经本所认可后方可施行，有变更时亦须得本所之承认。

第二十二条　经纪人公会之各种规定或议决事项本所认为不适当时，得令其一部或全部之更正，于必要时得撤消以前之认可，本所并得列席公会之会议。

第二十三条　经纪人公会关于交易事项应答复本所之咨询或陈述其意见。

第五章　买卖委托人

第二十四条　买卖委托人与经纪人之权利义务关系须遵守本所章程及各种规定，委托人如不遵守各项规定，经纪人得结束其所做之交易及处分其证据金，再有不足应由委托人如数补偿之。

第二十五条　买卖成交后委托人应遵守本所规定之证据金或其代用品如数交与经纪人，设使交易上委托人应交经纪人之损失金则以上之证据金或其代用品即作为委托人对于经纪人因交易上发生债务之担保品，非至偿清其债务时不得交还。

第二十六条　经纪人如遇有第十九条所规定之事发生，本所得将其债权债务互相抵消，唯委托人须交出一切与经纪人在本所交易上发生债权之证据方可代为结算。

第二十七条　经纪人当做成交易时须即时通知委托人，其通知书中应将交易证券之种类、期限、票面、价目、时日及其他必要事项一一载明，经本所盖印证明交付之。

第二十八条　凡数人同时限价限额或不限价额委托一经纪人同场做成交易之价格设有上落及买卖不能足额，得分别匀摊价额报告之。

第二十九条　经纪人代委托人所做之交易若不能全数做成得将已做成,之交易实数报告之。

第六章 保证金

第三十条 本所经纪人保证金定为本所股票二百股一次缴纳。

第三十一条 经纪人所缴保证金之本所股票须照该经纪人之号数而记名之。

第三十二条 保证金收据倘或遗失须由经纪人登著名报纸一星期,过三十日后觅具保人方可补给。

第七章 证据金

第三十三条 该证据金计分三种:
一 本证据金;
二 追加证据金;
三 特别证据金。

本证据金应于买卖成交后二小时内缴纳,其金额须随时视各种买卖之状况,照本所市价百分之十五以内,由理事会议定令买卖双方缴纳之。

追加证据金凡遇买卖成交后尚未到交货日期其行市已见涨落一方损失额已逾本证据金之半数,本所应即时向该方追加之,但恢复原价时亦即予给还。

特别证据金因市价有非常变动,经纪人有超过限制之买卖或虑交货时发生困难或及其他一切情由本所认为必要时,得照本证据金原额令买卖当事人双方或一方缴纳之。

第三十四条　遇市价涨落过甚或经纪人为巨数之交易或已有巨数之交易而仍买卖不已本所认为危险时,得令经纪人一方或双方关于全部或一部之新买卖依本证据金之定额预先缴纳之。

第三十五条　应预缴之证据金非缴纳后不得为新买卖。

第三十六条　交易证据金概不给息,除本证据金外不得以代用品缴纳之。

第三十七条　本所收到各项证据金时即发给收据,买卖清结后由经纪人即将该收据缴销,亏则在此项证据金内扣除,盈则随同证据金付给。

第三十八条　各项证据金勿论是否委托人及经纪人自行缴纳,倘逾期尚未缴到应由经纪人完全负责,不得推诿。

第八章　经手费佣金

第三十九条　本所应收之经手费由理事会规定,经经纪人公会同意,当交易成立时向买卖双方征收之。

经纪人应收之佣金由经纪人公会规定,经理事会议决,受买卖委托后交易成立时向委托人收取之,但不得违背经纪人公会规定之数目,至办理委托遇有特别费用得按照实数向委托人结算。

第四十条　委托人不履行前项规定,经纪人得依据本规则第二十四条处分之。

第九章　交货

第四十一条　现货买卖按照本规则第十条办理,由经纪人自行交货。

第十章　违约处分

第四十二条　经纪人如有违背交货日期或不能如期交割或不迅速缴纳保证金、交易证据金或经手费、损失金等,该经纪人应受违约处分。

第四十三条　现期买卖如发生违约时应将其原订市价与违约日午前公定市价之差额由违约者赔偿与被违约者,倘违约日无公定市价,得由本所就经纪人中选定评价者五人评定其价格即作为公定市价,一经评价者评定后违约者不得违背。

第四十四条　定期买卖如在期限内发生违约情形,本所得自违约日起三日内指定他经纪人将违约物件转卖或买回,如有亏损仍令违约人如数赔偿。

第四十五条　凡有一种之违约或卖主有数人时,其因违约所受之损失应由卖主分负之。

第四十六条　本所对于保证金以及各种证据金有处分优先权。

第四十七条　经纪人如有违法等情,一经本所揭示市场,该收据即作为无效。

第十一章 公断委员会

第四十八条 公断委员会会员以本所理事及经纪公会董事中推选之委员组织之。

第四十九条 公断会议之议长以理事长充之,理事长有事故时以他理事代之。

第五十条 经纪人与经纪人或经纪人与委托人间因交易而发生争议时,得由当事者提出以不起诉法庭为条件之请求书请求公断。

第五十一条 公断员有涉及本身不得行其职务。

第十二章 制裁

第五十二条 遇有下列事项发生本所得停集会之全部或限制入场:

一 市价涨落过巨或虑有发生危险;

二 不缴纳交易证据金或不依本所所定之时限缴纳;

三 除前列二款外本所认为必要时得临时制裁之。

第五十三条 经纪人及代理人遇有下列事项得停止其交易或科以罚金或施行除名处分或令其解职:

一 为不稳妥之买卖或故意捣乱市场之行为;

二　任意增减委托佣金或违反本所章程规则及他各种规定或不守经纪人公会规约；

三　在市场有粗暴行为由本所认为其紊乱秩序者。

第十三章　附则

第五十四条　本规则如有未尽事宜或为本所未经规定而事有必须临时处置者,本所得随时讨论增修之,惟必须经理事会之议决。

第五十五条　本所遇有特别事项得开理事会随时议决公告之。

十四　北平证券交易所业务规则

第一章　总则

第一条　凡买卖各种证券均由本所公布于市场,如有未列公布之证券,须经本所查定公布后经纪人方得开始买卖。

第二条　本所认为有下列各项之一者,得停止市场集会之一部或全部及阻止经纪人买卖或制限其买卖额:

一　市价高低剧变已现不稳之形势或本所认为有必要时;

二　经纪人为不稳当之买卖及集会方法不得其宜或有故意欲紊乱市场之行为时;

三　买卖证据金之征收有障碍及有妨碍公益上之情势时。

第三条　本所对于定期买卖之经纪人得制限其买卖额。

第四条　本所对于买卖两方均负完全监督责任,如有违约者,对于被违约者所生之损失由本所担认赔偿,其赔偿金及一切费用本所应向违约人追偿。

第二章　市场开闭

第五条　市场集会每日分前后两场,其开闭时间由本所随时决定揭示,如于规定时间内交易未完本所得延长之,但不得过三十分钟。

第六条　遇有市价暴动多数经纪人证据金未能照收或应追加增加而尚未足额,以及认为必须临时揭算整理账目等事以致无暇开场时,本所得通告临时休业。

第七条　本所休息日除交割日外依照各银行例假,但认为必要时得于休息日开场交易。

本月份定期买卖,在交割期前二日,停止交易。

第八条　凡非经纪人而欲买卖证券者,应委托经纪人代为买卖,不得入场自为买卖。

第三章　定期及现货买卖

第九条　定期买卖分本月、下月、再下月三种。交割期依理事会所议决之例定期日行之。

第十条　定期买卖可随时转卖或买回。

第十一条　凡在市场卖买证券,经纪人须以当众所叫之价为据,不得私相授受。

第十二条　买卖约定后经纪人应立即报告本所登记场账并在

场账上盖章为凭,但定期买卖须先缴到双方交易票方准登记场账。

第十三条　现货买卖之揭算清交如在上午成立者即限下午四时以前,下午成立者即限次日上午十一时以前清结之。凡遇次日假期应提前于当日各自清交,如须延期经本所认可者应缴纳相当之证据金于本所。

第四章　买卖证据金

第十四条　定期买卖之证据金分为下列四种:

一　本证据金;

二　追加证据金;

三　增加证据金;

四　特别证据金。

第十五条　本证据金应于开市前按照本所公布定率单位先缴,由本所发给交易票凭票交易。

第十六条　本证据金按执买卖价格十分之一以上,由理事会诉决整数向买卖两方征收之。

前项证据金得以现金五成或六成,代用品四成或五成充之,至代用品之种类及代价折合现金标准由本所随时订定,呈报农商部备案。

第十七条　凡同种同月期货公债有转卖买回者,俟差金收齐后,其证据金得退回之。

第十八条　追加证据金以买卖当日记账价格与以后每日记账价格比较其差额如已逾本证据金现金一半时,得向亏损者征收,但遇价格回复时本所仍交还之。

第十九条 增加证据金以买卖市价有大变动时，或遇假期有数目休息认为市价于假期后有剧变时，本所得以当日记账价格百分之五十以内向买卖两方或一方征收之，其交还时与前条同。

第二十条 特别证据金以经纪人为请求超过制限之买卖经本所之许可，照本证据金之半额向买卖两方或一方特别征收之，但未经本所许可不得为超过制限之买卖。

第二十一条 各项证据金现金皆不计利息。

第二十二条 买卖完结后经纪人应凭证据金收据收回证据金，如有亏损即在证据金内扣除，有盈余时加入揭算。

第二十三条 揭算时如有亏损经纪人不将证据金收据缴还者，其收据即作为无效。

第五章 计算

第二十四条 定期交易每二场为一计算界限。

第二十五条 本所记账价格以计算界限内第二场之开盘、收盘两价之合数以二分之截去零数为准，但第二场无交易者以第一场之开收两盘之价为凭，如第一场亦无交易得递推之。

第二十六条 计算差金即以买卖价格与记账价格比较算出之，经纪人须于接到本所通知书后立即来所收付清讫。

第二十七条 交割标准价格以交割期前三日间之账记价格平均算出之。

第二十八条 每日交易之经手费每星期六结算于次星期一

缴清。

第二十九条　各证券之买卖单位如下：

公债　额面五千元；

股票　五股。

第六章　交割

第三十条　凡遇交割期,须在下午三时以前,将当期各项买卖交割清楚。

第三十一条　凡所交公司股票如因股数太大须分作数张时,卖主得请本所代换股票,其费用归卖主负担。

第三十二条　证券交付后所有一切权利均归买主所有,其有记名证券因过户而发生纠葛,应由卖出之经纪人完全负责。

第三十三条　定期买卖,未到交割期,如有买卖两方,合意预约交割者,可由本所提出双方同意书,得准提前交割。

第七章　经纪人

第三十四条　凡欲为本所经纪人须有银行号两家保证,并填写志愿书及商事履历书,签名盖章送交本所核准。

经本所加具意见书呈请农商部核准注册发给执照。

第三十五条　本所经纪人之额数以六十名为限。

第三十六条　经纪人得组织经纪公会,其规约应送由本所核定,转呈农商部立案,有修改时亦照此办理。

第三十七条　凡为本所经纪人须须纳保证金现洋五千元,由本所负责分存各殷实银行随时发表以昭信用,并按年给予相当之利息。

第三十八条　经纪人非交足保证金额时不得在本所为定期或现期之买卖。

第三十九条　经纪人非缴还执照、撤销经纪人之资格时不得收回原保证金。

第四十条　经纪人须缴入场费全年五元,未满一年者亦征收全额。

第四十一条　经纪人所用之重要账簿应由本所制定式样颁给之。

第四十二条　经纪人在市场内应佩带本所发给之证章,如有遗失时应由本经纪人具函报告,本所补给之,但须缴纳换章费五角。

第四十三条　经纪人违背证券交易所法施行细则及其附属规则暨本所业务规则及一切章程规则并经纪公会规约,又于交易所为不稳当之买卖或妨害他经纪人之营业及其他不正当之行为时,得分别情节科以五百元以内之责任金或停止其营业或除名。

经纪人应缴责任金至迟不得逾二十日,逾期不缴得停止其营业,仍限期追缴,如于期限内缴付者解除其停业,倘再不缴得即除名,并将应交之责任金在该经纪人所存之保证金项下如数扣除之。

科经纪人责任金及停止其营业或除名时应报告农商部备案。

第四十四条　经纪人违背证券交易所法第十四条或第二十六条之规定或受同法第三十二条之处分应即除名。

第四十五条 经纪人得于其商店及住所悬挂北京证券交易所经纪人牌号。

第四十六条 经纪人得设营业所于本所管辖之区域内,但每人以设立三处为限,并应先将地点商号陈明本所核准。

第四十七条 凡有停止营业之经纪人如得本所之认可为办理其经手未了之事宜,仍得入场照常买卖。

第四十八条 经纪人对于委托买卖者应征收之佣钱,其率须经本所核定。

第四十九条 经纪人得用派出人二人,每日依时到场凭本所证章入场交易。

第五十条 经纪人不得委托其他经纪人及他经纪人之派出人为派出人。

第五十一条 经纪人如更换派出人时须陈明本所。

第八章 买卖委托人

第五十二条 委托经纪人买卖证券者应遵守本所一切规则。

第五十三条 凡经纪人业已成交委托人应履行买卖上一切义务。

第五十四条 凡经纪人同时受数人之委托买卖而同时同价不能照数买卖足额时,可按照原定数目均摊。

第五十五条 经纪人遇市价高低不一时可照公定市价或买卖平均价格代委托人买卖。

第五十六条 买卖成立后如委托人不缴证据金以及缴不足额

时,经纪人可将其订定之货随时转卖或买回,如有亏损仍向委托人追偿。

第五十七条　委托人如到期不履行契约或揭算时,经纪人得将其订定之货处分了结,如有亏损仍向委托人追偿。

第五十八条　经纪人如有代表委托人支出通信费、运送费得向委托人请求照付。

第九章　交易所经手费及经纪人佣钱

第五十九条　凡在场内买卖各项证券须纳经手费及经纪人佣钱,其定率另行规定之。

第六十条　不论何种理由买卖经手费及佣钱均不得由个人任意增减。

第六十一条　买卖完结后经纪人应将经手费报告计算处结算。

第十章　违约处分

第六十二条　经纪人为现货及定期买卖有下列事项之一者,均以违约人论:

一　不纳各项证据金时;
二　不纳买卖上之损失金及其计算差金时;
三　不纳保证金及各证据金所生之亏损时;

四　违背交货日期及不履行揭算时；

五　不履行其他买卖上一切义务时。

第六十三条　经纪人为现货及定期买卖因受违约之处分时，其经手现货及定期物件均以违约物论。

第六十四条　违约物如为现货买卖，应以违约当日午前公定市价为标准，与原订市价对照当场为买卖之揭算，倘有亏损仍按数赔偿被违约人。

第六十五条　违约物如为定期买卖，应自违约之日起于五日以内由本所选定其他经纪人将违约物全部或一部代为转卖或买回。如有亏损由违约人按数赔偿，其有得被违约人之同意得以交货期前十五日间之公定市价平均价格为标准，与原订市价对照揭算赔偿之，如遇停市得由本所垫偿，仍向违约人如数追还之。

第六十六条　违约人如在当期、下期或再下期各期均有买卖，其中有一宗货物违约时，本所对于其余各宗买卖同等之货物均得照第六十五条办理。

第六十七条　凡有保证金及证券等项存在本所者，遇有违约事件发生时，本所有处分之优先权。

第六十八条　本所对于违约人所生之损失得将所存保证金及证据金按数充抵，如有不足仍向违约人追偿，有余剩时得交还之。

第六十九条　遇有同种之物件违约，若买主仅一人而卖主有数人时，其因违约所生之损失应由卖主分担之。

第七十条　违约人如受违约处分停止其营业或除名时，应由本所报告农商部备案。

第十一章 公断

第七十一条 本所得置公断委员会以本所选派职员四人,经纪人中公选三人组织之,其经纪人中所选委员应先陈明本所认可。

第七十二条 违约人与经纪人或经纪人与委托买卖者因交易而起争议时,得由双方合意陈明公断。

第七十三条 公断委员会于本所选派职员中互推委员长一人,经纪人公选三人中互推副委员长一人。

第七十四条 当选之正副委员长如无特别事故不得辞退。

第七十五条 公断委员如有缺额时得补选之。

第七十六条 欲陈请公断委员会公断者,须加具理由及各项买卖单据送会公断委员会,认有询问之必要时,得令陈请人随时到会陈述。

第七十七条 陈请人如遇有不得已事故不能到会陈述时,经委员长之许可得委托代表人到会。

第七十八条 公断委员会开会时须有半数以上之委员出席。

第七十九条 公断委员会遇有可否各半时应取决于委员长。

第八十条 公断委员会须调查各项证据时,得随时征集人证或物证到会查询。

第八十一条 公断委员如遇公断事件与自己有直接或间接之关系者,得申请回避或由委员长令其回避。

第八十二条 公断决定后应拟具公断书,经委员长及各委员签名盖章,其公断书抄发陈请人收执为据。

第八十三条　关于公断各项费用由双方负担之。

第十二章　附列

第八十四条　本规则如有未尽事宜得随时修正，通过理事会并呈请农商部核准备案。

第八十五条　本规则自农商部批准之日起实行。

十五　宁波棉业交易所股份有限公司营业细则

第一章　开市闭市及休假日

第一条　市场集会每日分前后两市依下列时刻开始：

前市　午前九时；

后市　午后一时。

其闭市本所认为适当时行之。

第二条　休假日规定如下：

一　星期日；

二　国庆日；

三　岁首岁末；

四　阴历年节。

第三条　遇下列情形之一本所得变更开市或闭市时间，并得于休假日宣告临时开市：

一　市情涨落认为不稳当时或认为有发生不稳当之涨落时或认为交易上有必要时；

二　经纪人有不稳当之买卖行为或其开市方法不合宜或有故

意紊乱市场秩序之行为时,或将发生紊乱市场秩序时;

　　三　关于征收买卖证据金认为有窒碍时;

　　四　除以上各端外本所视为碍及公益时。

第二章　经纪人及其代理人

　　第四条　经纪人限定为向业棉花之同业华商,年满二十五岁以上者可以充任,但有物品交易所条例第十二条各款事情之一者不得为本所经纪人。

　　第五条　经纪人额设五十名,由本所开经纪人资格审查会选任之,但认为必要时得采取经纪人公会之意见,由本所理事会表决增减之。

　　第六条　经纪人得本所认可后须备具物品交易所条例施行细则第十二条所规定各种书类请,由本所附加意见转呈农商部核准注册发给营业执照,如系合伙组织须添具合伙员姓名及出资之数目与组合之契约并代表者之履历书,如系公司组织须添具公司章程、财产目录及董事监察人之姓名。

　　前项经纪人须依物品交易所条例第十三条规定缴纳执照规费。

　　第七条　经纪人应于本所指定地点内设置营业所。

　　第八条　经纪人及其代理人入场均须佩带本所给予之徽章,前项徽章如遇遗失或毁损时得请求补给,但须缴纳银圆壹元。

　　第九条　经纪人对于买卖上在本所所生之责任应由经纪人完全负责,其对于原委托人之关系亦由经纪人自理之。

第十条　经纪人在本所市场从事买卖得置代理人。

经纪人欲置代理人时须将代理人之履历书送交本所,经本所之承认方为有效。

代理人之名额每一经纪人以三人为限。

有物品交易所条例第十二条各款事情之一者不得为代理人,代理人不得以他之经纪人或他之经纪人之代理人充任。

代理人之代理权消灭时经纪人须报明本所并缴还第八条本所给予之徽章。

本所认代理人不适当时得命其解职或停止入场。

代理人在市场内所发生事件应由经纪人完全负责。

第十一条　经纪人号次由本所编定之。

第十二条　经纪人应领用本所定式之各种账簿、单据以归划一其工料及印刷费须由经纪人缴纳之,但经经纪人公会之议决得添用必要之补助簿惟仍须本所盖章者为有效。

第十三条　经纪人之账簿须存于营业所。

第十四条　本所有权随时检查经纪人所用之账册文件。

第十五条　经纪人有服从本所章程及细则与公告之义务。

第十六条　经纪人保证金未缴足以前不得在市场为买卖行为,或已缴之保证金有变动时当追缴其不足额。

第十七条　经纪人对于本所征收之款项有不能如期缴付时即认为违约,本所得停止其一部分之营业或取消其经纪人资格。

第十八条　经纪人非在交易关系终了后不得废业,如因死亡除名或其他原因而资格消灭时,对于未了之交易关系仍作为未废业论。

第十九条　经纪人如有前条情形资格消灭时本所即停止其营

业并吊销其执照与徽章,若尚有未了之交易关系,本人或其承继人应速委他经纪人了结之。倘本人或承继人置之不理,本所得指定他经纪人代为结算,本人或承继人当承认之并担负其清结时所生之损失。

前项经纪人本所得将其债权、债务互相抵消,有余给还本人或其承继人,不足令本人或其承继人补偿。

第三章　经纪人公会

第二十条　经纪人为增进其营业上共同利益及矫正其弊害应组织公会。

第二十一条　经纪人公会所定之规约须经本所呈由农商部核准始生效力,有变更时亦同。

经纪人公会之规约及各种规定或决议事项须经本所承认,若认为不适当时仍得令其一部或全部之更正。

第二十二条　经纪人公会职员选出后须将姓氏及履历报告本所,如本所认为不能胜任时随时得令其解职。

本所认为必要时得列席公会之会议。

第二十三条　经纪人公会关于交易事项应答复本所之咨询或陈述其意见。

第四章　受托

第二十四条　经纪人与委托人之权利、义务以本所章程本细则及其他规定并经纪人公会规约与诸规定为其契约，委托人不遵守前项之规定时，经纪人虽未得委托人之承诺亦得将其交易了结，处分其证据金及其他之预存金。

第二十五条　经纪人遇有第十九条所规定之事实发生时，本所将其债权债务互相抵消后如尚有余款，委托人有优先权。

第二十六条　经纪人因委托关系所收受委托人之物件（例如委托证据金之代用品及交割棉花等）及交易计算上应付于委托人之款项，作为委托人对于经纪人因交易而生之债务，担保品非至委托人之交易终了及款项偿清后不得交付。

第二十七条　委托人对于经纪人因委托关系不将委托证据金或所交割棉花或所交割代价或损失金及其他之物件或款项交付于经纪人时，经纪人得处分其前条所收受之物件。

经纪人所处分棉花之代价与应付于委托人之款项均得抵充委托人前项之债务，如有余则发还，不足得向委托人追偿之。

第二十八条　经纪人当做成交易时须即时通知委托人，其通知书中应将交易棉花之种类、期限、数量、价目、时日及其他必要事项一一载明，经本所盖印证明后交付之。

第二十九条　前条通知书经纪人须交付于本人或送往其住所或营业所。

第三十条　经纪人代委托人所做之交易若不能做成全部时，

得做其一部分之交易。

第五章 交易

第三十一条 本所交易物品限定棉花一种,然不限棉花之种类。

第三十二条 本所之交易分为现期、定期两种。

第三十三条 现期买卖于成交后须将棉花种类、数量、价格及买卖二方之姓名或商号并其年、月、日报告本所登录场账。

第三十四条 现期买卖于成交日之次日即行交割,但须检查过磅者限三日内交割了结。

第三十五条 现期买卖不得转卖或买回,又未经本所承认者不得解约。

第三十六条 现期买卖凡为本细则所未规定依习惯法行之。

第三十七条 定期交易以继续买卖方法行之,其期限以一个月至三个月为限,以每月月终为到期日。

第三十八条 前项到期日即为交割日,其前五日即停止该到期月之交易,为办理该到期月之交割事宜。

第三十九条 定期买卖须将棉花种类、数量、价格、期限及买卖当事者之商号登入场账后始发生效力。

依买卖当事者之同意在场账查对以前请求更正应予承认,但场账须于登录后迅速查对。

第四十条 本所认交易为不稳固时得不予登录场账。

第四十一条 在卖出者而又买进,买进者而又卖出,其买卖如为转卖或买回时,须于集会终了后二小时内指定其交易种类及原买卖日向本所报告之,其不报告者作为新买卖论。

第四十二条　各种棉花品质之标准经审查委员选择后由本所定之,选择新棉标准品时期于每年九月行之,审查委员之资格并审查方法另定之。

第四十三条　买卖数量以对为单位,每对两包,每包六十斤,即每对一百二十斤。叫价亦以对为单位,货币以通用银圆为标准货币,叫价小数则以分为止。

第六章　保证金及交易证据金

第四十四条　凡在本所买卖之经纪人须缴纳保证金及交易证据金以履行其担保。

第四十五条　经纪人之保证金额定为五千元,保证金缴纳后本所给予存款证据。

前项存款证据遇遗失或毁灭时得请求补给,但须登报声明。

第四十六条　经纪人之资格丧失者在本所之交易如已了结且对于本所一切账目亦已结清,可将保证金发还之。

第四十七条　保证金得以本所股票或本所所指定之有价证券或银行存单或其他之货币代用之,其代用价格由本所随时决定揭示之。

前项本所股票或有价证券或银行存单如为记名者,须以本人名义且附有不论何时均得处分之权柄单为限。

第四十八条　前条本所股票有价证券或银行存单或其他之货

币如本所令其换纳现金或因代用价格变动致保证金不足令其补足时,经纪人须于本所指定期限内将现金或可以代用之证券如数缴纳。

第四十九条 缴纳保证金如为现金时,本所应给予相当之利息,代用证券之附有息票者由本所代为领息,如数付给本人。

第五十条 定期买卖应缴纳之交易证据金分为本证据金、追加证据金及特别证据金三种。

一 本证据金。于记账价格百分之三十范围内由理事会议决令买卖当事者双方缴纳之。

二 追加证据金。为本证据金之半额,按买卖成立日之记账价格与每日记账相比较其差损额达于本证据金之半数时,不论若干次顺次或一时令损者一方缴纳之。

三 特别证据金。因市价有非常变动或虑交割有窒碍及其他情由本所认为必要时,得对于现存买卖或新买卖之物件数量依本证据金三倍之范围内令买卖当事者双方或一方缴纳之。

第五十一条 本所指定之交易棉花于星期或假期内遇有外面同类之市价剧烈变动时,本所得以相当市价追加各期证据金或依第三条之规定宣告临时开市,但开市与否经纪人无请求权。

第五十二条 同种类之定期交易市场内只开得一期市价已有变动当追加证据金时,虽别期未有成交市价,本所亦得取一相当价值追加其证据金。

第五十三条 经纪人为巨数交易本所认为有危险或已有巨数交易而更做交易认为危险或市价有非常变动时,得令经纪人一方或双方关于全部或一部之新买或新卖依本证据金之数额预先缴纳之。

应预缴之证据金若非在缴纳之后不得为新买或新卖。

预缴证据金缴纳后有交易时得充为本证据金。

第五十四条　交易证据金于登录场账时缴纳之。

第五十五条　第五十条之交易证据金在买者一方缴纳之数得以其买卖总代价为限。

第五十六条　同种类、同期限、同数量、同价格之同时卖买会存者须交双方之交易证据金，但依第三十七条之规定改变卖买方法或为竞争卖买时不在此限。

第五十七条　经纪人将卖出之棉花或本所仓库或本所指定之仓库所发行之栈单预先送交本所者，得免纳其交易证据金。

前项棉花或栈单除买回或缴纳交易证据金外须供交割之用，但得另送交割棉花或栈单请求更核，第一项、第二项之棉花本所得随时施行检查，遇不合格时得令其更换。

前三项之棉花或栈单遇有违约时，其棉花或栈单得视为交易证据金之代用品而处分之。

第五十八条　交易证据金除追加证据金外准用第四十七条第四十八条之规定，但代用货币虽为追加证据金亦得用之。

第五十九条　交易证据金依下列各款发还之：

一　履行交割者于第七十一条之清算终了时；

二　转卖买回者于第六十四条第五项清算终了时；

三　追加证据金于第五十条第二款已缴纳之差损额回复主本证据金之半数时；

四　特别证据金于第五十条第三款缴纳之事由消灭时。

第六十条　交易证据金概不给息，但缴纳有价证券时准用第四十九条第二项之规定。

第七章　公定市价

第六十一条　公定市价依下列方法定之：

一　现期买卖依其棉花之种类，就每日买卖之总数量平均其总代价所得之数；

二　定期买卖依其棉花之种类分别契约履行之期限，就每日买卖之总数量平均其总代价所得之数。

第八章　经手费及佣金

第六十二条　本所得向买卖双方征收经手费，其数额依其买卖约定价格百分之一之范围内经理事会之议决，与本证据金同时征收之。

第六十三条　经纪人受买卖委托时须向委托人收取一定之佣金，其数额由经纪人公会定之，但因办理委托遇有特别费用亦得按照实数收取之。

委托人不履行前项之规定时准用第二十七条之规定。

第九章　计算

第六十四条　定期买卖以当日之前后两市交易为一计算区

域,以一区域内前后市之开盘、收盘四个价格平均之数记账价格与各个约定价格为差金之计算。

在一日中遇有事故前后两市仅开一盘时,即以其一盘价格为记账价格;如一日中仅开两盘或三盘时,即以其两盘或三盘价格平均之数为记账价格。

计账价格以元为单位,其余数以四舍五取法办理。

同一计算区域内为转卖买回时以各自约定之价格结算之。

计算区域不同之转卖买回以经纪人所指定原买卖之记账价格与转卖买回之记账价格结算,损者须向本所缴纳损失金,益者由本所代损者垫付之。

第六十五条 各经纪人之约定价格与记账价格之差金,其缴纳与交付之时限应于缴纳本证据金之翌日午前行之,一计算区域或两计算区域内转卖买回之损益金,其缴纳或交付之时限准用前项之规定。

第六十六条 经纪人或死亡或受除名处分或撤销注册或失其效力时,及受停止营业处分或禁止交易时,本所得不依第六十二条第六十五条之规定提前征收经手费、损失金及差金。

第十章 交割

第六十七条 现期买卖之交割以交割日午后一时为限,买卖双方应将交割棉花及货价备齐,由本所临场行之,但经双方同意请求自行交割亦得承认之。

第六十八条 定期买卖之交割在本所或本所仓库或本所指定

之地点。

第六十九条　定期买卖交割之标准价格依交割日前五个记账价格之平均数计算之，以角为单位，其余数依四舍五取法办理。

各记账价格比较标准价格若有余或不足，在发还交易证据金时结算之。

第七十条　定期卖买之交割以交割日正午十二时为限。

第七十一条　交割时卖者应将其自己有权可以处分之本所仓库或本所指定仓库之栈单，连同保险单及检查证缴纳于本所。

第七十二条　交割时买者所缴纳之交易证据金（除代用证券）得移充总代价。

第七十三条　凡定期买卖到期之前五日，买者当依标准价格之总价银交付本所。

第七十四条　本所对于卖者交割之棉花检查过秤交收完毕依次发还总价银，但陆续交收亦得陆续给价。

第七十五条　交割时依卖买双方之同意不交付其棉花及代价于本所亦得了结，但双方须于第七十条规定时限以前报告本所。

第七十六条　交割日之翌日检查员就所在地依次检查之，但因雨雪于检查有窒碍时按日暂缓之。

收货人未确定时用抽签法定之，在交割日前七日内卖者愿将应交棉花请求本所预检查，经本所执行预检查者得免前项之检查手续。

第七十七条　检查完竣后买卖双方得请求省略定级检查。

第七十八条　第七十六条第一项之检查告竣，本所以市场揭示之日时交付栈单于买者，卖者得就其交割了结之部分依次向本所领取其相当之估价，至全部交割了结时清算之。

前项估价依其品质之良否以百分之九十范围内数目交付之。

依第八十九条受有预检查证之棉花而为交割时,于第七十二条手续终了之日,本所将其代价交于卖者,预检查证则交于买者。

第七十九条　前条手续终了之翌日买卖双方齐集本所依检查之结果,由本所定其棉花之等级会同了结其交割,但因不得已事故不能交割时得按日展缓之。

第八十条　本所依第七十八条之规定交付栈单或预检查证于经纪人,经纪人若拒不收受,即以其拒绝之时认为已收受者。

经纪人不为或拒绝第七十六条第二项所规定之抽签时,本所得代该经纪人为之。

前条会同了结交割经纪人如不到场或拒绝时,本所认该经纪人为放弃会同之权利。

第八十一条　交割棉花经本所检查定为等级及其他事项决定后,无论买者卖者均不得主张异议。

第八十二条　交割棉花之总数量遇有疵累或不足,以百分之三为限依标准价格结算交割之。

第八十三条　交割棉花之总数量如缺少或不合格未满百分之三十时,应自通知日起四日内补足之,若期内不为补足即作违约而处分之,但由双方同意交割者不在此限。

交割棉花之总数量缺少或不合格在百分之三十以上时即为违约而处分之。

第八十四条　前条第一项之补足棉花如仍有不合格者再限三日内更换之,若期内不为更换或虽更换而对于补足棉花数量仍有百分之十以上之不合格者即为违约而处分之。

第八十五条　经交割双方之同意省略交割手续之全部或一部而为交割时，须双方署名报告于本所。

前项报告本所认为适当即予承认而为交割结算，但仍须令其负担检查费之半。

第八十六条　依第七十一条之规定，卖者交栈单于本所尚未交付买者时，其棉花遇有毁灭损坏等情应归卖者负其责任，倘遇有特别变故非卖者自己过失时，对于该部分得拒绝交割之履行。

遇有前项特别变故事项而致毁灭损坏在未为第七十六条第二项抽签前，则比例买人之数量分配在抽签定收货人后则对于收货人生拒绝交割之效力。

前项拒绝交割之时其毁损棉花付还于卖者，又对于被拒绝交割之部分以标准价格之金额付还于买者。

第八十七条　交割棉花之仓库费及保险费至检查完毕日止由卖者负担，从其翌日起则为买者负担。

第八十八条　卖者对于仓库所藏之棉花应缴纳检查费依第七十六条第三项请求预检查者，请求时应将检查费送至本所。

第八十九条　依本所第七十六条第三项之规定为预检查时须载明预检查之结果于检查证并盖印章，但已受盖印检查证之棉花须供交割之用，若有不得已事故不能用于交割时，须于交割日前载明其事由报告本所得本所之承认。

预检查之有效期限由本所定之。

第九十条　受预检查合格之棉花当交割时须品质及包装无变动者方为有效，其有无变动由本所决定之，品质及包装如认为有变动时应作检查未毕之物品论。

第九十一条　交割棉花之检查方法及其经费与标准棉花比较

等级法等另定之。

第十一章　违约处分及赔偿责任

第九十二条　买卖当事者如不履行交割或不迅速缴纳交易证据金或经手费或损失金或计算差金或第四十八条所规定之不足额或第八十三条及第八十四条不补足或不合格时，该经纪人应受违约处分。

第九十三条　现期买卖如发生违约应将其约定价格与交割日之现期公定市价之差额并加以差额百分之十由违约者赔偿与被违约者，若交割日无公定市价以本所就经纪人中选定五名以上之评价人定其价格即认为公定市价。

前项赔偿金该违约者于他项计算上如有剩余金时由本所交付之，否则由被违约者与违约者自行结算。

第九十四条　定期买卖如在约定期内发生违约时，本所得自违约日起七日内指定他经纪人对于违约棉花而为转卖或买回或依投标方法定其承受人。

前项被指定之经纪人，本所按照违约者违约棉花之佣金额数扣除经手费外以其半数给付之。

第九十五条　定期买卖如于交割日发生违约时，被违约者应比较约定棉花之数量分受违约棉花，若有余数按四舍五入法办理，倘再有余或不足时以抽签加减之。

被违约者记账价格与标准价格对照有利益时由本所垫付之，并对于被违约者以被违约棉花总代价百分之五赔偿之。

前项被违约者虽无利益本所仍给予赔偿金,其有差损时本所不征收之。

第二项总代价百分之五赔偿金被违约如为买者有利益时,依记账价格计算,无利益时依标准价格计算。被违约如为卖者有利益时,依标准价格计算,无利益时依记账价格计算。

第九十六条　于集会停止或临时休假中发生违约时,该交易棉花待开市时依第九十四条之规定处分之,受集会停止或禁止之命令或届交割日遇集会停止或临时休假发生违约时,依前条之规定处分之。

第九十七条　遇前条第二项一部分棉花违约,其记账价格有两个以上时被违约者得就该物件任意指定之。

第九十八条　依第五十七条预缴棉花于本所者,若该经纪人在交割日前受违约处分,其预缴之物不加入于违约棉花中,应俟到期日另选经纪人实行交割。

第九十九条　定期买卖违约如为同种类、同期限之买卖两存者,其同数部分之计算与其他之被违约者无涉。

同种类、同期限之棉花买卖双方均发生违约时,其同数部分之计算准用前项之规定。

第一百条　违约者对于本所应负担下列各款:

一　依第九十三条第九十五条由本所付与被违约者之赔偿金及利益金;

二　由本所所付之款项因违约而致有收不足数者;

三　因违约而致本所发生一切之费用。

第一百零一条　应归违约者负担之款项,除保证金、交易证据金、经纪人商号让渡金及预缴之棉花并其他一切之债权相抵外,遇有不足时仍向违约者追偿，若有剩余则返还之。

第一百零二条　同种类棉花之交割同时发生二人以上之违约，对于被违约者之赔偿金垫款等须两人以上分担时，应分别算出违约者之分担额。

交割棉花有一部分违约时如系买者则就最高价格之部分计算，如系卖者则就最低价格之部分计算。

第一百零三条　种类及期限相异之两种以上之定期买卖如有一种违约时，其他种之买卖亦认为违约。

第一百零四条　经纪人受违约处分时须将保证金之存证收据及交易证据金之来往账簿依本所通知迅速缴还，否则作为无效。

第十二章　公断

第一百零五条　经纪人与经纪人或经纪人与委托人间发生争议时，由当事者双方提出以不起诉法庭为条件之请求书请求公断时，本所应就职员及审查委员中临时推定公断员三人以上组织公断会审议判断之，判断后双方均不得再持异议，公断会之议长以理事长充之，理事长有事故时以他理事中公推代之。

公断员有涉及本身或其亲族利害关系之事件不得行其职务。

公断费于公断时定之。

第十三章 制裁

第一百零六条 遇有下列事项得停止集会之全部或一部或限制入场：

一 市价涨落不稳妥时或虞有发生不稳妥之趋势时；

二 不缴纳交易证据金或认为缴纳有窒碍时；

三 除前列二款外本所认为必要时。

第一百零七条 经纪人及代理人遇有下列事项之一，得依物品交易所条例第十八条之规定停止其营业或课以一千元以下之过怠金或呈经农商部核准除名：

一 为不稳妥之买卖或集会不合法或有故意紊乱市场之行为及将为而未成事实时；

二 任意增减委托佣金或违反本所章程本细则及其他各种规定与揭示，或不遵守经纪人公会之规约并诸规定；

三 在市场为粗暴行为并对于本所或其他经纪人间认其为紊乱秩序者；

四 无正当理由在本所不为交易至六个月以上者；

五 违反一般商业道德认其为对于本所或经纪人间之丧失信用者。

第一百零八条 本所如遇下列事项不担保其交易之履行且得行使除名处分：

一 应缴纳预缴证据金之经纪人不将该证据金送交本所而为新买卖者；

二　流布虚伪之风说行使诡诈之买卖以谋摇动市面者；

三　以不正当之手续企图赔偿者。

第一百零九条　于集会停止营业停止或临时休假中得本所之承认亦得转卖买回或解约。

第一百一十条　经纪人于营业停止中不得有下列行为：

一　悬挂本所发给之牌号；

二　接收新买卖之委托；

三　刊布营业之广告及市价表或揭贴市价并其他诱致委托之行为。

第一百一十一条　本细则本章所规定如认为必要施行时，得采取经纪人公会之意见处理之。

第十四章　仓库

第一百一十二条　本所设置属于营业物品之仓库得发行栈单，仓库营业细则另定之。

第十五章　附则

第一百一十三条　下列事项于市场揭示之：

一　官厅之命令或文件认为必要时；

二　本所章程本细则及其他诸规定变更时；

三　经纪人之注册废业及死亡；

四　经纪人除名或撤销注册及失其效力等事；

五　经纪人之营业停止及其回复；

六　代理人之承认代理权之消灭及停止入场；

七　物件之开始交易及中止停止；

八　集会之停止及回复；

九　临时集会临时休假并集会时刻之变更；

十　公定市价；

十一　经手费之决定或变更；

十二　保证金或交易证据金于其缴纳之日时或其代用货币及代用证券之种类并其代用时所定之价格及变更其价格时；

十三　经纪人公会所定之委托证据金及代用证券之种类并代用价格；

十四　关于交割之事项；

十五　公断事项；

十六　违约处分；

十七　制裁事项；

十八　关于经纪人公会事项认为必要者；

十九　其他认为必要之事项。

第一百一十四条　本所进行业务遇为本细则所未规定而尤非临时处置不可者，本所得依本细则规定之旨趣或征求经纪人公会之意见决定之。

第一百一十五条　本细则经理事会之议决呈由农商部核准施行，有变更时亦同。

十六　滨江粮食交易所股份有限公司营业细则

第一章　开市闭市及休假日

第一条　市场集会每日分前、后两市,其开市闭市时刻规定如下：

前市上午九时开十一时闭；

后市下午二时开四时闭。

本所遇必要时得宣布停市。

第二条　定期买卖之交割日停止其应交割之定期买卖。

第三条　休假日规定如下：

一　星期日（午前照常开市午后休假半日）；

二　年假；

三　国庆纪念日；

四　地方习惯休假日。

认为必要时得另定休假日并得于休假日开市。

第二章 经纪人及其代理人

第四条 凡欲为本所之经纪人者,须为中华民国国民年满二十以上,经两人之介绍并须由本所认为相当之保证人二人以上连署盖印,向本所提出志愿书载明交易项数及资本数目等项,附加商事履历书与其他必要书类,由本所调查详明呈请农商部注册发给营业执照。

欲为经纪人者如系合伙组织,须添具合伙者之姓名及出资之数目与组织之契约并代表者之履历书;如系公司组织,须添具公司章程、财产目录及董事监察人之姓名。

第五条 已准注册之经纪人应将遵守本所章程、本所细则、市场公告及一切指示之誓约书送交本所,本所始将定式牌号发交经纪人。

第六条 本所之经纪人定为定期经纪人及现期经纪人二种。

定期经纪人得向本所声明兼为现期经纪人。

取得一种定期经纪人之资格者经本所之承认得兼为他项之定期买卖。

第七条 经纪人以八十家为限,但认为必要时得由理事会议决增减之。

第八条 定期经纪人应于本所指定之地点内设置营业所,但在未开办之先或无正式门面或仅有一二人附属其他商号内寓者以无营业所论。

经纪人不论形式如何,于指定地点外不得为定期买卖之营业。

第九条　经纪人不论委托与否,不在本所市场不得行此同一或类似之买卖行为。

第十条　经纪人对本所应负由其买卖所生之一切责任。

第十一条　经纪人关于买卖应备用本所定式之各种账簿,但经纪人公会议决得添用必要之补助簿。

第十二条　经纪人应将所用账簿置于营业所,本所得随时检察,如有质问应即答复,调取文件亦不得拒绝。

第十三条　经纪人在本所市场从事买卖得置代理人。

经纪人欲置代理人时须将代理人之履历书送交本所经本所,之认可方为有效。

有物品交易所条例第十二条各款情事之一者不得为代理人。

代理人不得以他之经纪人或代理人充任。

代理人之代理权消灭时,经纪人须将消灭情由向本所报明并缴还第十四条本所给予之入场证,本所认代理人为不适当时得命其解职或停止入场。

第十四条　经纪人及代理人均由本所给予入场证,若无入场证者不得入场,入场证不得出借并不得赠与他人,入场证如遇遗失或毁损向本所请求补给时须缴纳国币一元二角。

第十五条　经纪人或代理人须缴纳市场卫生费,其数额及期限本所采取经纪人公会之意见定之。

前项经费专供市场卫生设备之用。

第十六条　经纪人对于本所章程、本所细则及其他必要事项既经公告即作为已知论。

第十七条　经纪人有自愿将其商号让渡与他人时,须先报告本所得本所之承认。

让渡人于让渡后未满二年不得再为本所之经纪人。

第一项之让渡如得有让渡金时,本所得依二十条之规定处分之。

第十八条 经纪人非在交易关系终了后不得废业,如因死亡或受除名处分或撤销注册并其他原因而资格消灭时,虽失其他之效力而于应了未了之交易关系仍作尚未废业论。

经纪人废业时须提出废业理由书,并将营业执照及本所发给之牌号与入场证同时缴还。

第十九条 经纪人或死亡或受除名处分或撤销注册或失其他之效力时,若尚有交易关系本人或其承继人或其保证人应速委托他经纪人了结之,倘本人或其承继人及保证人置之不理,本所得指定他经纪人代为了结,前项指定之经纪人不得拒绝。

第二十条 经纪人或废业或死亡或受除名处分或撤销注册或失其他之效力时,本所得即将其一切债权债务互相抵消,其余则给还本人或其承继人,不足时令本人或其承继人及其保证人补偿。

第三章 经纪人公会

第二十一条 经纪人为增进其营业上共同利益及矫正其弊害应组织公会分别交易项数设立各部。

第二十二条 经纪人公会所定之规约其决议事项经本所承认后方可施行,有变更时亦同。

本所对于经纪人公会之规约及各种规定或决议事项若认为不适当时,得令其一部或全部之更正,于必要时并得取消其以前之所承认。

本所对于经纪人公会之职员及各部议董认为不能胜任时得令其解职。

经纪人公会职员及各部议董解职时须从速改选,但经本所认为必要时得延至下届定期会或改选期行之,本所认为必要时得列席公会之会议。

第二十三条　经纪人公会关于交易事项应答复本所之咨询或陈述其意见。

第四章　受托

第二十四条　经纪人与委托之权利义务关系须认定以本所章程、本所细则及其他各种规定并经纪人公会规则与诸规定为其契约。

委托人不遵守前项规定时,经纪人虽未得委托人之承诺亦得将交易了结处分其证据金及其他之预存金,经纪人遇有前项情事时须从速报告,由本所揭示于市场。

第二十五条　经纪人遇有第二十条所规定之事实发生时,本所将其债权债务互相抵消后如尚有余款委托人有优先权。

第二十六条　经纪人因委托关系所收受委托人之物件(例如委托证据金之代用品及交割物件等)及交易计算上应付与委托人之款项,可视为委托人对于经纪人因交易而生之债务担保品,非至委托人偿清其债务后不得交付。

第二十七条　委托人对于经纪人因委托关系不将委托证据金

或交割物件或交割代价或损失金及其他之物件或款项交付于经纪人时,经纪人得随时处分其前条收受之物件,经纪人所处分物件之代价与应付于委托人之款项得合并抵充委托人应偿之债务,如再不足得向委托人追偿之。

第二十八条 经纪人当做成交易时须即时通知委托人,其通知书中应将交易物件之名目、期限、数量、价目、时日及其他必要事项一一载明,经本所盖印证明后交付之。

第二十九条 经纪人交付委托人之通知书或交付于本人或送往其住所或营业所。

第三十条 受一人或数人限价之委托而做成交易之价格不能各别分割时,就其限价范围内之约定价格之平均数(以总个数除总代价)定为一个价格而报告之。

受一人或数人不限价之委托而成交易之价格不能各别分割时,亦得以其约定价格之平均数报告之。

第三十一条 经纪人代委托人所做之交易若不能做成全部时,得做其一部之交易。

第五章 交易

第三十二条 本所交易物件分为下列各项:

一 大豆;

二 小麦;

三 面粉;

四 豆油;

五　豆饼；

六　杂粮。

第三十三条　本所交易分为现期买卖、定期买卖及约期买卖三种。

第三十四条　现期买卖以货样或品名依相对买卖或投标买卖或竞争买卖之方法行之。

第三十五条　为现期买卖者须详载交易数量、价格及买卖当事者之姓名或商号并其年月日报告本所登录场账。

第三十六条　现期买卖之契约期限定为五日以内。

前项期限自买卖成立日起算，如遇末日为休假日即以其翌日为满期，但其物件须检查过磅者限满期后五日内交割了结。

第三十七条　现期买卖不得转卖或买回，又未经本所承认者不得解约。

第三十八条　现期买卖凡为本所细则所未规定者，依习惯行之。

第三十九条　定期买卖依左列竞争买卖之方法行之。

依本所规定交易之顺序每一品名各分期限自由竞买，其初次名曰开盘，其末次名曰收盘。

竞争买卖成交时由买卖当事者自将姓名、商号及买卖数量、价格、期限写入市场牌板，本所即根据登录场账，竞争买卖一经写入市场牌板即为成立，不得自由涂抹，违者取消其经纪人或代理人之资格。

第四十条　标准物件依市场所集散之普通品为标准物件及其代用物件，每半年或一年经审查委员选择后由本所定之。

审查委员之资格并审查方法另定之。

第四十一条 买卖物件及物件单位、物件叫价、货币分别列表如下但数量不含包装在内。

物件	物件单位	物件叫价	货币分别
大豆	一车	一布特	国币
面粉	一车	一布特	官帖
小麦	一车	一布特	
豆饼	一车	一布特	
豆油	一车	一布特	
杂粮	一车	一布特	

第四十二条 买卖之期限如下：

一 定期以三个月为限；

二 约期以一百八十日为限。

定期买卖期限以每月最终营业日为满期日，约期买卖以约定之日期为满期日，即为交割日，如遇休假则提前一日，又认为必要时可容纳经纪人公会之意见酌量提前，但须于十五日以前揭示之。

第四十三条 买卖成立后一小时内须将买卖成立报告书交付本所核对场账，如有错误应速更正，前项报告书式由本所规定之。

第四十四条 本所认交易为不稳固时得不予登录场账。

第四十五条 在卖出者而又买进、买进者又卖出，其买卖无论为转卖或买回，本所统作新买卖论。

第四十六条 买卖价格涨落限制不得超过公定市价国币五分。

第六章　保证金及交易证据金

第四十七条　凡在本所买卖之经纪人须交纳保证金及交易证据金以履行其担保，但现期经纪人得免其缴纳，定期经纪人兼为现期经纪人时免纳现期经纪人之保证金。

第四十八条　定期经纪人之保证金额定为国币二千元以上。

经纪人之保证金交存本所指定银行，给予存款收据按年六厘计息。

前项存款收据遇遗失或毁损时得请求补给，但须依照本所章程第十五条第十六条更换票股之规定。

第四十九条　经纪人之资格丧失者在本所之交易如已了结，且对于本所一切账目亦已结清，可将保证金发还之。

第五十条　定期买卖应交纳之交易证据金分为证据金、续证据金及特别证据金三种。

一　证据金按买卖当日之公定市价百分之二十范围内令买卖当事者双方交纳之，其伸缩率由本所临时酌定悬牌公告。

二　续证据金按逐日之公定市价与买卖当日之公定市价两相比较，其差损额达于本证据金百分之五时，不论若干次须依次或一时令损者一方缴纳之。

三　特别证据金因市价有非常变动或虑交割有窒碍及其他情由本所认为必要时，得对于现存买卖或新买卖之物件数量依本证据金三倍之范围内令买卖当事者双方或一方缴纳。

第五十一条　经纪人为巨数交易本所认为有危险或已有巨数

交易而更做交易认为危险或市价有非常变动时,得令经纪人一方或双方关于其全部或一部之新买或新卖依本证据金之数额预先缴纳之。

应预缴之证据金若非在缴纳之后不得为新买或新卖。

预缴证据金缴纳后有交易时得充为本证据金。

第五十二条 交易证据金应于本所通知之次日缴纳之。

第五十三条 交易证据金依下列各款发还之:

一 履行交割者于六十五条所规定终了时;

二 转卖买回者于五十九条第四项清算终了时;

三 续证据金依第五十条第二款已缴纳之差损额回复至原公定时;

四 特别证据金于五十条第三款缴纳之事由消灭时。

第五十四条 交易证据金缴纳本所指定银行代收概不给息。

第七章 公定市价

第五十五条 公定市价依下列方法定之:

一 现期买卖依其交易之名目,就每日买卖之总数量平均其总代价所得之数;

二 定期买卖依其交易之名目分别契约履行之期限,就每日买卖之总数量平均其总代价所得之数。

第五十六条 本所以当日公定市价为所有买卖记账价格并以之公布次日涨落限制。

第八章　经手费暨佣金

第五十七条　本所得向买卖双方征收经手费,应与证据金同时交纳,其数额依买卖公定价格百分之一范围内由理事会议决,预行列表公示之。

经纪人不履行前项之规定时得于保证金及证据金内扣算。

第五十八条　经纪人受买卖委托时须向委托人收取一定之佣金,其数额由经纪人公会定之,但因办理委托遇有特别费用亦得按照实数收取之。

委托人不履行前项之规定时准用第二十七条之规定。

第九章　计算

第五十九条　定期买卖以当日之前后两市为一计算区域,以一区域内买卖记账价格与各个约定价格为差金之计算。

约定价格高于记账价格者使买方纳入差金,由本所交付于卖方,下于记账价格者使卖方纳入,差金由本所交付于买方。

同一计算区域内为转卖买回时以各自约定价格与记账价格比较结算之,计算区域不同之转卖买回以经纪人所指定原买卖之记账价格与转卖买回当日之记账价格结算,损者向本所缴纳损金,益者由本所垫付之。

第六十条　各经纪人之约定价格与记账价格之差金,其缴纳与交付之时限应于证据金同时为之。

一计算区域内或两计算区域内转卖买回之损益金,其缴纳或交付之时期与差金同。

第六十一条　经纪人或死亡或受除名处分或撤销注册或失其他之效力时及受停止营业处分或禁止交易时,本所得不依第五十七条及五十九六十等条之规定提前征收经手费损金及差金。

第十章　交割

第六十二条　现期买卖之交割以交割日当日为限,买卖双方应将交割物件及货价备齐,由本所临场行之,但经双方同意请求自行交割本所亦予承认。

第六十三条　定期买卖之交割在本所或在本所仓库或本所指定之地点。

应行交割之地点分列如下。

道里:东至大桥,西至九站,南至巴厘街(即警察街),北至江沿。

道外 { 粮台(即八站):东至傅家甸,西至铁道,南至秦家岗下坎,北至江沿。
江堤:东至十二道街,西至八站,南至旧堤,北至新堤。

其他沿线各站曾经本所之公布者。

第六十四条　定期买卖交割之标准价格依交割日前五个记账价格之平均数计算之。

第六十五条　定期买卖之交割,于交割当日卖者应将自己有权可以处分之本所仓库或本所指定仓库之栈单连同保险单及检查证缴纳于本所,买者应依买卖当日公定市价缴总价金于本所,惟物品之授受其数量如遇交收两方同在百车以内者,以五日为限,同在百车以外者,以十日为限。如一方在百车以外,其对方为二人以上而在百车以内者,亦以百车以外论,但依对方之车数较少者次第查验交收,不得援十日之例。

定期买卖之交割买者所交纳之交易证据金得移充总代价。

定期买卖之交割如同一货物而收货人为二人以上时,须于交割时限以前用抽签法定其收货人。

第六十六条　交割物于交割日之前日起检查员就所在地依次检查之,但因雨雪于检查有窒碍时按日展缓之。

在交割日前十五日内卖者愿将应交物件请求本所预检查者本所应即为检查,已执行预检查者得免前项之检查手续。

第六十七条　检查完竣后买卖双方得请求省略定级检查。

第六十八条　第六十六条之检查告竣,本所以市场揭示之日时交付栈单于买者,卖者得就其交割了结之部分依次得向本所领取价金,至全部物件交割了结时清算之。

依八十一条受有预检查证之物件而为交割时,于六十五条第一项手续终了之日,本所将其代价交于卖者,预检查证交于买者。

第六十九条　前条手续终了之翌日买卖双方齐集本所,依检查之结果本所定其物品之等级,会同了结其交割,但因不得已事故不能行其交割时得按日展缓之。

第七十条　本所依第六十五条及第六十六条第二项之规定交付栈单或预检查证于经纪人,经纪人若拒不收受即以其拒绝之时认为已收受者。

经纪人不为或拒绝第六十五条第三项所规定之抽签时,本所得代该经纪人为之,前条会同了结交割经纪人如不到场或拒绝时,本所认该经纪人为放弃会同权利者。

第七十一条　交割物件经本所检查定为等级及其他事项决定后无论买者卖者均不得主张异议,以第六十六条第二项预检查合格之物品供交割之用时亦同。

第七十二条　交割物品之总数量遇有疵累或不足以百分之十为限,依交割日前最终之价格结算交割之。

第七十三条　交割物品之总数量如缺少或不合格未满百分之三十时,应自通知日起三日内补足之,若期内不为补足即作违约而处分之,但由双方同意交割者不在此限。

交割物品之总数量缺少或不合格在百分之三十以上时即为违约而处分之。

第七十四条　前条第一项之补足物品如仍有不合格者再限二日内更换之,若期内不为更换或虽更换而对于补足物品数量仍有百分之十以上之不合格者即为违约而处分之。

第七十五条　经交割双方之同意省略交割手续之全部或一部而为交割时须双方署名报其情由于本所。

第七十六条　依第六十五条第一项之规定卖者交栈单于本所尚未交付买主时,其物件遇有毁灭损坏等情应归卖者负其责任,倘遇有特别变故非卖者自己过失时,对于该部分得拒绝交割之履行。

遇有前项特别变故之事而致毁灭损坏在未为第六十五条第四项抽签前,则比例买货人之数量分配在抽签定收货人后则对于收货人生拒绝交割之效力。

前项拒绝交割之时其毁损之物件付还于卖者,又对于被拒绝交割之部分以标准价格之金额付还于买者。

第七十七条　交割物品之仓库费及保险费至第六十六条检查完毕日止由卖者负担，从其翌日起为买者负担。

第七十八条　卖者对于仓库所藏之物品应缴纳检查费，依第六十六条第二项请求预检查者亦应于请求时将检查费送交本所。

第七十九条　本所依第六十六条第二项之规定为预检查时，须载明预检查之结果于检查证并盖印章，但已受盖印检查证之物件须供交割之用，若有不得已事故不能用于交割时，须于交割日前载明其事由，报告本所得本所之承认。

预检查之有效期限由本所定之。

第八十条　受预检查合格之物品当交割时，须品质及包装无变动者方为有效。其有无变动由本所决定之，品质、包装如认为有变动时应作检查未毕之物品论。

包装物品之麻袋凡已经用过之旧麻袋统以三斤扣算，凡初次使用之新麻袋统以二斤半扣算。

第八十一条　交割物品之检查方法及其经手费与标准物件比较等级法等另定之。

第十一章　违约处分及赔偿责任

第八十二条　卖买当事者如不履行交割或不迅速缴纳交易证据金或经手费或损金或差金或第五十条所规定之不足额或第七十三条及第七十四条不补足或不合格时，该经纪人应受违约处分。

第八十三条　现期买卖如发生违约时应将其约定价格与交割之现期公定市价之差金并加以差额百分之十由违约者赔偿与被违

约者,若交割日无公定市价时本所就经纪人中选定五名以上之评价人评定其价格即认为公定市价。

前项赔偿金如遇违约者不履行时,得将该违约者之保证金于他项计算上所有之剩余金由本所交付,如有不足仍应向该违约者或保证人追足。

第八十四条　定期买卖如在约定期内发生违约,本所得自违约日起七日内指定他经纪人对于违约物件而为转卖买回或依投标方法定其承受人。

前项被指定之经纪人本所按照违约物件之佣金额数扣出经手费外以其半数给付之。

第八十五条　定期买卖如于交割日或其前一日发生违约时,被违约者应比较约定物件之数量,受违约物件被违约者以记账价格与标准价格对照有利益时,由本所垫付之并对于违约者以被违约物件总代价百分之十赔偿之。

前项被违约者虽无利益本所仍给予赔偿金,其有差损时本所不征收之。

第二项总代价百分之十赔偿金被违约如为买者有利益时依记账价格计算,无利益时依标准价格计算,被违约如为卖者有利益时依标准价格计算,无利益时依记账价格计算。

第八十六条　于集会停止或临时休假中发生违约时,该交易物件待开市时依第八十三条之规定处分之。

受集会停止或禁止之命令或届交割日遇集会停止或临时休假发生违约时,依前条之规定处分之。

第八十七条　遇前条第二项一部分物件违约,其记账价格有两个以上时被违约者得就该物件任意指定之。

第八十八条　定期买卖违约如为同名目、同期限之买卖两存者，其同数部分之计算与其他之被违约者无涉同名目、同期限之物件买卖双方均发生违约时其同数部之计算准用前项之规定。

第八十九条　违约者对于本所应负担下列各款：

一　依第八十二条及第八十四条由本所付与被违约者之赔偿金及利益金；

二　由本所代付之款项因违约而致有收不足数者；

三　因违约而致本所发生一切之费用。

第九十条　应归违约者负担之款项除保证金、交易证据金、经纪人商号让渡金及预缴之物件并其他一切之债权相抵外，遇有不足时应向违约者追偿，若有剩余则返还之。

第九十一条　同名目物件之交割同时发生二人以上之违约，对于被违约者之赔偿金垫款等须两人以上分担时，应分别算出违约者之分担额。

交割物件有一部分违约时如系买者则就最高之价格之部分计算，如系卖者则就最低之价格之部分计算。

第九十二条　名目及期限相异之两项以上之定期买卖如有一项违约时其他项之买卖亦认为违约。

第九十三条　经纪人受违约处分时须将保证金之存款证据及交易证据金之来往账簿依本所通知迅速缴，还否则作为无效。

第十二章　公断

第九十四条　经纪人与经纪人或经纪人与委托人间发生争议

时,由当事者双方提出以不起诉法庭为条件之请求书公断时,本所应就职员及审查委员中推定公断员三人以上组织公断会审议判断之,判决后双方均不得再持异议。

公断会之议长以理事长充之,理事长有事故时以他理事代之,公断员有涉及本身或其亲族利害关系之事件不得行其职务,公断费于公断判决时定之。

第十三章　制裁

第九十五条　遇有下列事项得停止集会之全部或一部或限制入场：

一　市价涨落不稳妥时或虞有不稳妥之趋势时；

二　不缴纳交易证据金或认为缴纳有窒碍时；

三　除前列两款外本所认为必要时。

第九十六条　经纪人及代理人遇有下列事项得停止其交易或课以过怠金或施行除名处分或令其解职：

一　为不稳妥之买卖或集会不合法或有故意紊乱市场之行为及将为而未成事实时；

二　任意增灭委托佣金或违反本所章程、本细则及其他各种规定与指示,或不遵守经纪人公会之规约并诸规定；

三　在市场为粗暴之行为并对于本所或经纪人间认为紊乱秩序者；

四　无正当理由在本所不为交易在一个月至二个月以上者；

五　违反一般商业道德认其为对于本所或经纪人间之丧失信

用者。

前列各款关于经纪人之使用人亦准用之。

第九十七条　本所如遇下列事项不担保其交易所之履行且得行使除名处分：

一　应缴纳预缴证据金之经纪人不将该证据金送交本所而为新买卖者；

二　流布虚伪之风说行使诡诈之买卖以谋摇动市面者；

三　以不正当之手续希图本所之赔偿者。

第九十八条　经纪人于营业停止中不得有下列行为：

一　悬挂本所发给之牌号；

二　接受新买卖之委托；

三　刊布营业之广告及市价表或揭贴市价并其他诱致委托之行为。

第九十九条　因第九十六条第四项之事项而受除名处分者或自请除名者非过六个月后不得请求复为经纪人。

第一百条　如遇施行本细则之本章认为必要时，得采取经纪人公会意见处理之。

第十四章　仓库

第一百零一条　本所设置属于营业物品之仓库得发行栈单，仓库营业细则另定之。

第十五章 附则

第一百零二条 下列事项于市场揭示之：

一 官厅之命令或文件认为必要时；

二 本所章程本细则及其他诸规定变更时；

三 经纪人之注册废业及死亡；

四 经纪人除名或撤销注册及失其他效力等事；

五 经纪人营业停止及其恢复；

六 代理人之承任代理权消灭时及停止入场；

七 物件之开始交易及中止停止；

八 集会之停止及其回复；

九 临时集会临时休假并集会时刻之变更；

十 公定市价；

十一 经手费之决定或变更；

十二 保证金或交易证据金于其缴纳之时日，或其代用货币及代用证券之种类并其代用时所定之价格及变更其价格时；

十三 经纪人公会所定之委托证据金及代用证券之种类并代用价格；

十四 关于交割之事项；

十五 公断事项；

十六 违约处分；

十七 制裁事项；

十八 关于经纪人公会事项认为必要时；

十九　其他认为必要之事项。

第一百零三条　本所进行业务遇为本细则所未规定而尤非临时处置不可者,得依本细则规定之旨趣或征求经纪人公会之意见或依地方之习惯及办事之向例决定之。

第一百零四条　本细则须呈由实业厅转呈农商部核准之日施行,其有变更时亦同。

十七　滨江货币交易所办事细则

第一条　本所以现期、约期、定期各种货币买卖之担保对于买卖主双方收取佣金为营业目的。

第二条　本所担保各种货币买卖除现期、约期外，其定期分为三种：甲种五日，乙种十日，丙种十五日，至多不得逾三十日。

第三条　凡本所认为经纪人者必须觅有殷实商号保证及缴纳保证金后方取得经纪人资格。

第四条　本所对于交易者之买卖限度订为三等：甲等以三十万元为限，乙等以二十万元为限，丙等以十万元为限。

第五条　凡交易者互相买卖货币时由本所发给二联票据，由交易者填明买卖字号、币别、数量、价格、期限互相交换以凭登记本所账簿如无票据概作无效。

第六条　本所对于经纪人征收保证金计分甲、乙、丙三等，甲等收大洋一千元，乙等八百元，丙等五百元。

第七条　本所征收经纪人证据金，每买卖货币万元收大洋一千元，遇有涨落逾于限定价格外其追加证据金伸缩率以变更程度为增减之标准。

第八条　本所每日应收证据金经纪人于规定时间若不如数缴纳，得宣布停止其交易。

第九条　经纪人如有亏赔无力缴纳除将其保证金及证据金处

分外，其余由保证人负完全赔偿之责。

第十条　本所担保经纪人买卖各种货币，得向经纪人酌量币别、价格、期限，收取大洋佣金至多不得过万分之一。

第十一条　凡开行市价与闭行市价涨落逾于限定价格外即由监市人鸣铃散市，如逾二小时内将追加证据金收齐得继续开行。

第十二条　凡交易者按照本所章程办事细则买卖各种货币由本所担保至交易终结时止。

第十三条　本所章程、办事细则及一切临时公告事项凡各经纪人均有遵守之义务，违则取销其经纪人资格。

应于市场公告之事项如下：

一　经纪人加入或退出；

二　经纪人取消或歇业；

三　经纪人之交易停止；

四　市场之开闭时间及休息日；

五　每市行情涨落及买卖数量之限度；

六　证据金之增加或减少；

七　其他认为必要事项；

第十四条　本所聘任经理凡关于钱款文牍庶务、账簿、用人、维持一切秩序、监视行情涨落及其他事项皆属之，非有二家以上之殷实商号担保不得充任。

第十五条　本细则自批准之日实行，如有未尽事宜经理事会议决呈准地方行政长官得修改之。

十八　交易所法施行细则

第一条　凡欲设立交易所之发起人应具呈请书呈经地方主管官署核转工商部核办，前项呈请书应记载下列事项：

一　各发起人之姓名籍贯住址及其职业略历；

二　股份有限公司组织之交易所各发起人所认之股数，同业会员组织之交易所各发起人之出资额；

三　股本或出资之用途概算及收支预算；

四　交易物品之种类及名称；

五　交易所之区域；

六　交易物品在该区域之集散状况及交易所买卖额之预算；

七　营业或业务之概要。

第二条　股份有限公司组织之交易所其发起人应在二十人以上。

第三条　股份有限公司组织之交易所其资本应为国币二十万元以上。

第四条　股份有限公司组织之交易所公积金之规定应为盈余十分之二，动用时应呈请工商部核准。

第五条　交易所法第三十四条之营业保证金为其资本总额三分之一，以通用货币为限。

第六条　股份有限公司组织之交易所不得发行无记名股票并

不得以股票转让或抵押于非中华民国之人民或法人,违反前项规定者其转让为无效。

第七条　股份有限公司组织之交易所关于设立登记之呈请应依公司法及其附属法令各规定连同营业细则,由全体职员呈经地方主管官署核转工商部核办。

第八条　同业会员组织之交易所其发起人应占该区域同业总数之半数以上,前项发起人均须在该区域继续营业三年以上并依法注册者,其已成立同业公会之地方由该公会证明之。

第九条　同业会员之资格准用前条第二项之规定。

第十条　同业会员组织之交易所发起人募足会员时应于一个月内召集设立会,以会员半数以上之同意议定章程并选任职员。前项选任之职员应具设立登记呈请书全体署名连同下列文件呈经地方主管官署核转工商部核办:

一　章程及业务细则;

二　会员姓名或商号营业种类及地址之详表并其证明文件;

三　记载各会员出资额及缴纳额之文件;

四　设立会决议录。

第十一条　同业会员组织之交易所章程中应载明下列各款:

一　目的;

二　名称及区域;

三　关于会员之出资事项;

四　关于会员之加入退出事项;

五　关于会计事项;

六　关于会议事项;

七　关于职员之职权名额任期及其进退事项;

八　关于解散时余存财产之处分事项。

第十二条　自核准发起后满六个月不呈请设立登记者,其发起之核准即失其效力。自设立登记后满一年不开始营业者,其设立之登记即失其效力。

第十三条　交易所营业期满拟请续展者,应于期满三个月前呈请工商部核办,但以合于交易所法第二条规定者为限,前项续展期限每次至多不得逾十年。

第十四条　交易所章程及营业或业务细则有变更时,应呈请工商部核准。

第十五条　交易所之区域以市或特别市之行政区域为一区域。

第十六条　工商部对会员组织之交易所应将下列事项公布之其事项有变更时亦同：

一　核准设立时其目的、名称、区域、会员姓名及核准年月日；

二　核准选任职员时其姓名及核准年月日；

三　核准续办时其年限及核准年月日；

四　解散时其年月日及清算人姓名；

五　清算完结时其年月日。

第十七条　凡欲为经纪人者应填具原书,连同商事履历书及其证明文件请由所属之交易所加具意见书转呈工商部核办。经纪人系合伙组织时须添具合伙者之姓名及出资数目、组织契约并代表者之履历书,系公司组织时须添具公司章程、贷借对照表财产目录、股东名簿及职员履历书,经纪人有定额之交易所非缺额时不得将第一项之原书转呈。

第十八条　工商部核准经纪人之注册时,应将经纪人营业执照发交所属之交易所,通知本人于二十日内填具请领书转给之,仍将请领书呈缴工商部。

第十九条　经纪人遗失执照得声叙事由,经所属之交易所证明呈请工商部补发执照,经纪人变更其姓名或名称时得经所属之交易所证明呈请工商部换给执照。

第二十条　经纪人营业执照费以工商部部令定之。

第二十一条　经纪人因死亡、解散、歇业、除名及其他事由失其经纪人之资格时,交易所应即声叙事由连同执照呈缴工商部。

第二十二条　经纪人核准为其他交易所之经纪人时,其原有经纪人之核准即失其效力。

第二十三条　经纪人或会员之保证金及证据金有无以有价证券代用及其证券之种类、代用之价格应由交易所于每届结账时呈报工商部。

第二十四条　呈请核准选任职员时应具履历书,但连任者不在此限。

第二十五条　交易所之买卖得用下列各方法:

一　定单位买卖;

二　竞争买卖;

三　约定期限内转卖或买回依交易所账簿所记载彼此抵消;

四　就标准物订立买卖契约以交易所规定货价等差中之同种物品代行交割,交易所于期货买卖得采用前项第三款第四款方法,于现期买卖及期货买卖得采用前项第一款第二款方法,但均须事前呈经工商部核准。

第二十六条　交易所审定期货买卖之标准物时,应将其一份呈工商部,一份交经纪人或会员于营业所中保存之,交易所应将前项标准物保存至凭此买卖之交割日期经过后六个月为止。

第二十七条　交易所对于其所有或受寄之银钱及证券并其他财产应拟定保管方法,呈请工商部核准。

第二十八条　股份有限公司组织之交易所,其委托佣金率及受托契约准则由交易所拟定,呈请工商部核准,其变更时亦同。会员组织之交易所,其委托佣金率及受托契约准则由会员拟定,请由所属之交易所加具意见书转呈工商部核准,其变更时亦同。

第二十九条　经纪人在交易所买进、卖出及交割之行为其通知书非由所属之交易所盖章证明不生效力。

第三十条　交易所法第七条第三十三条之事项应由交易所于营业细则中规定之。

第三十一条　交易所应分别物品之种类及期限,以其成交之价格认为适当者平均之定为公定市价。交易所应将每日公定市价及其平均价格揭示于市场,但经工商部之核准得不揭示公定市价之一部。

第三十二条　交易所应按日发行市价表。

第三十三条　各经纪人或各会员所为之买卖种类或买卖额应分别交割日期及买额、卖额揭示之,工商部得令变更买卖额之揭示方法或指定无需公示之买卖种类。

第三十四条　交易所选任评议员或鉴定员时应开具下列事项,连同履历书呈报工商部:

一　姓名、籍贯、职业略历;

二　报训;

三　定有任期者其期间评议员或鉴定员退职时应呈报工商部,交易所不得选任买卖该项货物之经纪人或会员为评议员或鉴定员。

第三十五条　交易所应造具下列各表册呈报工商部：

一　市价表；

二　买卖总额表；

三　每届结账时之财产目录、贷借对照表、损益计算书、营业报告书及公积金与利益分配之议决案；

四　每届结账时之股东姓名及其所有股数表；

五　每届结账时之经纪人或会员表，前项第一款及第二款之表册，现货买卖应于每月末日，其他买卖应于每交割日造成之，第一项第三款、第四款之规定于同业会员组织之，交易所不适用之，但须造具财产目录贷借对照表、业务报告书。

第三十六条　遇有下列各事件交易所应即呈报工商部：

一　交易所知其经纪人或会员有交易所法第十二条、第十三条、第二十一条第二项、第三项之情事时；

二　为交易所法第二十条、第三十八条第二项之处分时；

三　违约事件发生及实行其赔偿时；

四　交易市场临时开市或停市时；

五　开始中止或废止有价证券之买卖时；

六　停止市场之集会或禁止经纪人或会员之市场买卖时；

七　行仲裁公断时；

八　职员在任期中因死亡或其他事由退职时；

九　交易所职员、经纪人或会员于职务或业务上为诉讼之当事者及诉讼判决时；

十　评议员、鉴定员、经纪人或会员因犯罪之嫌疑被起诉时；

十一　会员加入或退出时；

十二 经纪人或会员之公司其营业资本或无限责任股东监察人及其他执行业务之职员有变更时；

十三 评议员及鉴定员就职或退职时；

十四 评议员会有所决议时工商部认为必要时得于前项以外指定应行呈报之事项。

第三十七条 依交易所法第五十五条第一项合并之，交易所以合于交易所法第一条规定，并无公司法第一百四十七条情事者为限。

第三十八条 交易所法施行前核准之，交易所其章程、营业细则有与交易所法及本细则抵触者，应于交易所法施行后六个月内修正，呈请工商部核办。

第三十九条 交易所法施行前交易所所有之买卖得照旧办理，至该项买卖了结时为止。

第四十条 本细则与交易所法同日施行。